Bestsellerautorin von GENDERGAGA

BIRGIT KELLE

NOCH NORMAL?

DAS LÄSST SICH GENDERN!

Gender-Politik ist das Problem, nicht die Lösung

FBV

Bibliografische Information der Deutschen Nationalbibliothek
Die Deutsche Nationalbibliothek verzeichnet diese Publikation in der Deutschen Nationalbibliografie; detaillierte bibliografische Daten sind im Internet über http://d-nb.de abrufbar.

Für Fragen und Anregungen:
info@finanzbuchverlag.de

1. Auflage 2020

Nymphenburger Straße 86
D-80636 München
Tel.: 089 651285-0
Fax: 089 652096

Lektorat: Anne Büntig
Umschlaggestaltung: Sonja Vallant
Satz: Bernadette Grohmann, Röser MEDIA GmbH
Druck: CPI books GmbH, Leck
Printed in Germany

ISBN Print 978-3-95972-364-0
ISBN E-Book (PDF) 978-3-96092-671-9
ISBN E-Book (EPUB, Mobi) 978-3-96092-672-6

Weitere Informationen zum Verlag finden Sie unter

www.finanzbuchverlag.de

Beachten Sie auch unsere weiteren Verlage unter www.m-vg.de.

INHALT

Warnung

Teile dieses Buches könnten Sie nachhaltig beunruhigen

PROLOG: DER KAISER IST IMMER NOCH NACKT

Ach, wären wir doch bei den geschlechtssensiblen Spaßvögeln von einst geblieben, bei ihren BUMS-Seminaren, queer-veganen Sexshops, den Gender*sternchen_Innen-Schreibweisen, den 60-LGBTQ-was-auch-immer-Geschlechtern, bei den schwulen Mädchen auf ihren Unisextoiletten, den Ampelweibchen und Regenbogenfähnchen. All das hat zwar bereits Unmengen an Budgets und Ressourcen verbrannt, war aber dennoch harmlos und lächerlich im Vergleich zu dem, was inzwischen realpolitisch angerichtet wird, wenn man jenen freie Hand lässt, die sich im Kampf um sogenannte »Geschlechtergerechtigkeit« weiter selbst ermächtigen. Gender-Mainstreaming – diese lustige Ideologie mit Weltverbesserungsanspruch zur Untergrabung des gesunden Menschenverstandes, die jeden Komiker mit Arbeitslosigkeit bedroht – treibt nicht nur unser Land immer weiter Richtung Absurdistan. Wenn Gender sich an der Realität abarbeitet, wird es schnell bitterernst.

Bis heute fehlt eine echte demokratische Legitimation – es gab keine einzige Bundestagsdebatte über die Frage: Wollen wir das überhaupt mehrheitlich, was im Namen von Gendergerechtigkeit auf allen politischen Ebenen und Institutionen getan und auch verboten wird? Wer hat beispielsweise einzelnen Professoren, Bürgermeistern oder auch Behörden die Kompetenz überschrieben, die Muttersprache eines ganzen Kultur- und Sprachraums handstreichartig und wie Territorialfürsten mit neuen Regeln, Schreibweisen und Schreibverboten zu belegen? Und bitte, man erspare uns allen den Hinweis, Sprache sei schon immer im Fluss gewesen. Denn was hier passiert, ist keine »Einbürgerung« neuer Ausdrucksweisen, es sind Verordnungen zu einem »Neusprech«, die durch Druck und Androhung von Nachteilen eingeführt werden, um das böse Wort der »Nötigung« zu vermeiden. Alternativ sind es Belehrungen mit der Attitüde der Überheblichkeit, wenn in der *Tagesschau* oder in der Talksendung Anne Will, beim *Deutschlandfunk* oder in der *Bundeszentrale für politische Bildung* Gendersternchen neuerdings nicht nur geschrieben, sondern in künstlichen Sprechpausen gar live eratmet werden, um vorbildlich zu demonstrieren, wie der brave, gebühren- und steuerzahlende Bürger sich gendersensibel auszudrücken hat.

Jahr für Jahr werden die Daumenschrauben hinsichtlich politisch korrekter Sprache, Verhaltensnormen und Meinungen enger gezogen. War der Online-#Aufschrei noch ein Aufwärmspielchen des hysterischen Netzfeminismus, werden bei #MeToo weltweit längst etablierte männliche Karrieren im Namen des Kampfes gegen Sexismus handstreichartig ruiniert. Wen interessiert schon die Wahrheit, wenn der Grad von Diskriminierungserfahrung heute in der Maßeinheit des persönlichen Beleidigtseins gemessen wird? Wen interessiert in dieser angeblichen »Emanzipation« noch die ganz normale Frau, wenn eine große sexuelle Vielfalt weltweit um Aufmerksamkeit und Budgets buhlt? Und was ist überhaupt noch eine Frau, wenn jeder sich Frau nennen darf, der es unbedingt sein will und Geschlecht heute angeblich selbst definiert werden kann? Nichts bedroht die Errungenschaften der Emanzipation gerade mehr als das propagierte Märchen, Weiblichkeit sei nur eine dekonstruierbare, soziale Angewohnheit, die sich jeder aneignen könne, der selbst gern eine Frau wäre.

Gender ist lächerlich, aber nicht witzig. Es steht nicht weniger als alles auf dem Spiel, was bisher als normal galt. Falls man das Wort »normal« noch sagen darf, ohne sofort in eine homophobe, transphobe oder gleich in die rassistisch-rechte Ecke, alternativ ins »Diversity«-Trainingscamp verbannt zu werden, nur weil man Vater-Mutter-Kind noch immer für eine Durchschnittsfamilie hält und mit der Variable von zwei Geschlechtern absolut zufrieden ist. Eine ganze Genderindustrie arbeitet fleißig an der Schaffung einer neuen Normalität, und jene, die nie gefragt wurden, dürfen das alles mit ihren Steuergeldern finanzieren.

Täglich tagt das Twitter-Gericht, wo selbsternannte Sprachpolizist*innen (Sprech*pause nicht vergessen!) und Netz-Blockwarte reflexartig Shitstorms inszenieren, bei jedem »unsensiblen«, »antifeministischen«, oder gar »toxisch männlichen« Wort. Akribisch wird jede »Mikroaggression« geahndet oder gleich als »Hate Speech« angezeigt. Wie schön und hilfreich, dass der Gesetzgeber in Deutschland fleißig die rechtliche Basis und die Budgets geschaffen hat, um die Zensur missliebiger Meinungen unbürokratisch in den vorjuristischen Raum sozialer Netzwerke »outzusourcen«.

Minderheiten sammeln fleißig Opferpunkte, um beim Wettlauf im Sturm auf die gefühlte Diskriminierungspyramide als Erster ganz nach oben zu gelangen. Ach, Sie wurden noch gar nicht diskriminiert? Macht nichts, solange Sie sich dennoch so fühlen, sind Sie im großen Opfertopf mit dabei. Gender lässt niemanden zurück, nicht einmal jene, die es gerne würden.

Heute gilt: Gefühl sticht Fakten, Frau sticht Mann, homo sticht hetero, schwarz sticht weiß, trans sticht alles. Galt persönliche Betroffenheit früher als Befangenheit, ist sie jetzt gar das Topqualifikationsmerkmal für Quotenjobs und Studienplätze. Die Zukunft ist nicht weiblich. Das ist nur T-Shirt-Feminismus für Anfänger. Ich wage eher die Prognose, sie gehört der genderfluiden schwarzen Transfrau mit Sexismuserfahrung als Schlüsselkompetenz. Denn je mehr darauf beharrt wird, dass individuelle Merkmale wie Geschlecht, Hautfarbe oder Herkunft keinen Unterschied machen dürfen bei der Verteilung von Macht, Jobs und Rechten, umso mehr werden genau diese Eigenschaften als alles bestimmendes Merkmal sogar betont und ins Rampenlicht gerückt. Was zählt, ist nicht mehr Leistung, sondern die richtige Identität. Nicht mehr das Individuum, sondern die Zugehörigkeit zur richtigen Opfergruppe. Guten Tag, mein Name ist Kelle, ich bin cis-weiblich[1] und heterosexuell.

Schon vor einigen Jahren wurde in einem feierlichen Akt in der deutschen Bundeshauptstadt der erste Lesben-Friedhof Deutschlands eröffnet. Eine erhellende kleine Randnotiz über die Selbstinszenierung sexueller Minderheiten. Seither gilt nicht nur Asche zu Asche und Staub zu Staub, sondern auch Lesbe zu Lesbe. Warum? Kämpften ganze Generationen von Minderheiten früher noch dafür, »Gleiche unter Gleichen« sein zu dürfen und nicht wegen eines einzelnen Merkmals wie Hautfarbe, Geschlecht oder Sexualität als Mitglied der gleichberechtigten Menschheit herabgewürdigt zu werden, trägt man diese Merkmale heute wie eine Monstranz vor sich her, sammelt verschiedene Opferpotenziale und grenzt sich selbst sehr bewusst von der Mehrheit ab. Was geht in Menschen vor, die unbedingt auf einem Extrafriedhof beerdigt werden wollen, weil sie bis in den Tod nur unter »ihresgleichen« ruhen wollen? Haben sie keine Eltern, Geschwister, Freunde, Kinder, die zu ihnen gehören? Geschlechtergerechtigkeit reicht als Politikum bis in Jenseits. Wenn die Frage, mit wem ich dieselben sexuellen Vorlieben teile, bis in den Tod mein alles bestimmendes Identitätsmerkmal ist als Mensch, dann ist das keine Gesellschaft auf dem Weg zu mehr Toleranz für das Anderssein, sondern eine, die nicht nur separate Liegeplätze auf Friedhöfen, sondern auch wieder separate Sitzplätze in Bussen anbieten wird. Die Denkweise ist dieselbe.

Und nun verstehe ich durchaus das Dilemma und den Schmerz, den es bereiten kann, sich selbst ständig als Ausnahme von der wie auch immer gearteten Norm einer Gesellschaft zu erleben. Das betrifft übrigens nicht nur sexuelle Vorlieben. Nahezu jeder Mensch ist irgendwann schon einmal irgendwo ausgegrenzt worden, weil er zu anders, zu groß, zu dick, zu bebrillt, zu rothaarig oder auch nur neu in der Schulklasse oder im Ort war. Viele kennen auf ihre Weise das Gefühl, allein unter Fremden zu sein, gepaart mit dem persönlich empfundenen Unvermögen, sich selbst zu ändern oder sich an die Normalität der anderen anzupassen. Auch ohne Wertung und Kommentierung einer medial viel diskutierten, neuen »sexuellen Vielfalt« kann und muss man ihre schlichte Existenz anerkennen und die Probleme, die sich ergeben können, wenn wenige mit der Norm der vielen konfrontiert sind, und die vielen unter den Bedingungen der Demokratie damit auch immer eine systemimmanente politische Mehrheit besitzen.

Statistik diskriminiert jedoch nicht. Sie hält nur den Status quo fest, von dem aus das Denken überhaupt erst beginnen kann. Dass die Mehrheit der Weltbevölkerung also trotz eines unermüdlichen Genderaktivismus stoisch in der Heterosexualität verharrt, ist kein Akt der Diskriminierung und auch keine Mikroaggression, sondern erst einmal nüchterne Realität. Wer damit ein Problem hat, möge sich bitte zunächst beim Schicksal, beim Universum oder bei seinem persönlichen Gott beschweren, aber nicht bei seinen Mitmenschen.

Der Wunsch nach einer gesellschaftlichen Vielfalt ohne Abwertung Einzelner erscheint in dieser Realität, mit der man vielleicht hadert, absolut nachvollziehbar und verständlich. Ja, menschlich! Die gute Nachricht ist: All das ist bereits gedacht worden und mit unwiderruflichen universalen Menschenrechten in allen freien Gesellschaften weltweit in Verfassungen manifestiert. Alle Menschen sind gleich, keiner ist gleicher.

Offensichtlich empfinden das jene, die statt von einer freiheitlichen Gesellschaft gerade eher von einer »Zwangsheteronormativität«[2] ausgehen, anders. Ihr Heilsversprechen der Befreiung aus den Schranken und der Unterdrückung des derzeitigen Systems funktioniert aber nur unter Verzicht auf bisher anerkannte Wahrheiten, Werte, Moral, Ethik und die Prinzipien der freiheitlichen Demokratie. Denn wenn alles erlaubt ist, weil alles gleich sein muss – was darf dann noch verboten sein, warum überhaupt und durch wen? Es ist faktisch die Abschaffung der viel zitierten »roten Linien«, die wir gesellschaftlich derzeit halten, die damit aber keine Legitimation mehr besäßen. Wer hält das Monopol und die Definitionshoheit über die Normalität, wenn es nicht die gelebte Realität, nicht die Tradition, nicht die Naturwissenschaft, nicht die Religion und nicht einmal die Statistik mehr sein darf?

Schon jetzt lässt sich feststellen, dass die große »Befreiung« des Menschen durch Gendergerechtigkeit in Wahrheit nichts mit Freiheit zu tun hat, sondern nur mit der Verschiebung von Machtverhältnissen, der Schaffung anderer Verbote und neu konstruierter Normen. Es wartet kein befreites Paradies hinter dem gendersensiblen Regenbogen, es wechseln nur die Aufseher. Man sollte meinen, dass wir als Menschheit bereits genug schlechte Erfahrungen gesammelt hätten mit diversen Heilsbringern und Ambitionen zur Schaffung des »neuen Menschen«. Wer die Normen angreift, muss sich im Klaren sein, dass er damit auch Stabilität und Zusammenhalt aufgrund bisheriger Werte über Bord wirft und Risiken schafft, deren Folgen noch niemand absehen kann. Zerstörung schafft zunächst Trümmer.

Gerade wird die Axt an die Natur des Menschen und die kleinste soziale Einheit jeder Gesellschaft angesetzt: die natürliche Familie. Ja, natürlich. Ohne Abstammungsrecht, Vormundschaftsgericht, Geburtsurkunde, Vaterschaftstest, Adoptionsurkunde, Standesamt, rechtliche Zuordnung und Sorgerechtsvereinbarung: Ein Mann und eine Frau tun sich zusammen und zeugen ein Kind. Dazu braucht es kein Recht, kein Gesetz und keinen Staat, sondern nur eine Gelegenheit. Es braucht keine Religion und auch keine Erlaubnis. Es ist die Basis des Fortbestandes jeder menschlichen Gesellschaftsform. Es ist Natur, Biologie, Fortpflanzungstrieb. Nahezu reaktionär einfach.

Wir wären längst ausgestorben, wenn die Frage, ob und wann oder mit wem und mit wie vielen wir uns sexuell vergnügen oder gar fortpflanzen sollten, vom Beratungsergebnis morgentlicher Stuhlkreise im Genderseminar abhinge. Wer die Gesellschaft zerstören will, greift das Fundament, also die natürliche Familie an. Sie nennen es »Dekonstruktion«, so als könne man den Menschen wie aus Legosteinen auseinandernehmen und danach neu und Hauptsache vielfältig und »bunt« zusammenstecken. Nach wessen Bilde wäre er dann geschaffen?

Dekonstruktion ist per definitionem die Zerstörung des Bestehenden. Die Vorboten dieses Niedergangs kann man bereits betrachten, die ersten Opfer bereits zählen – und es werden immer mehr.

»Zivilisationen sterben nicht, sie begehen Selbstmord«, formulierte es treffend der britische Geschichtsphilosoph Arnold J. Toynbee. Genderpolitik ist dabei einfach eine langsame Variante des Sterbens. Wir brauchen keine äußeren Feinde, um den viel zitierten Untergang des Abendlandes herbeizuführen. Wir schaffen das auch ganz allein.

Wenn die Normalität als Affront empfunden wird von denen, die sich abseits der Mehrheit befinden, dann gibt es an diesem Punkt nur zwei Wege: Integration und Umarmung der Menschen, die – wie auch immer – anders sind als die statistische Norm. Oder Überführung der Mehrheiten in die Idee der Minderheit. Wir haben uns derzeit auf den letzteren Weg gemacht. Wir erleben den Strategiewechsel einer Minderheitenbewegung, die nicht mehr nach Annahme in der Mehrheitsgesellschaft ruft, sondern stattdessen die Zerstörung der Normalität als erklärtes Ziel propagiert, um die neue Gesellschaft und den neuen Menschen aus den Ruinen wiederauferstehen zu lassen, falls er danach nicht verkrüppelt sein sollte. Das wiederum nimmt man billigend in Kauf. Das »Macht kaputt, was euch kaputt macht« der Studentenrevolte der 68er schlägt sich in der Geschlechter- und Identitätspolitik gerade erneut eine Bahn. Zwar ist der »alte weiße Mann« à la Trump dabei zum Symbolfeind avanciert, in Wahrheit ist man aber bereit, jeden zu stoppen, der sich in den Weg stellt.

Eine Frau, die nicht mitziehen will im sogenannten *intersektionalen, antirassistischen Genderfeminismus*[3] und eifrig an der Dekonstruktion der systemimmanenten *Rape Culture*[4] der patriarchatsgestützten Zwangsheteronormativität mitarbeitet, steht damit ebenfalls am Pranger. Wenn Sie den Satz gerade nicht verstanden haben, trösten Sie sich: Sie sind ganz normal und dieses Buch bietet zudem jene Gendersprachexkurse, ohne die man als Anfänger im Genderdschungel zwischen PoCs[5], Cis-Weiblichkeit, Dykes[6], Girlfags[7], Gender Fluidity[8], Intersektionalität, toxischer Männlichkeit, dekonstruierter Binarität[9] und sexistischen Stereotypen nahezu aufgeschmissen ist. Gendersprache ist nämlich gar nicht inklusiv, wie immer behauptet wird, sondern sogar ein extrem exklusiver Geheimcode nur für Eingeweihte.

Ich besitze zum Beispiel im Sinne des intersektionalen, antirassistischen Genderfeminismus bereits qua Geburt einen Doppelopferstatus: Frau mit Migrationshintergrund. Aber obwohl ich in Transsilvanien das Licht der Welt erblickte, bin ich dennoch kein bisschen »trans«, sondern langweilig heterosexuell. Das gibt leider Abzüge in der Opfernote, genauso wie meine Verteidigung der traditionellen Familie als die natürlichste Familienform der Menschheit. Hinzu kommen als Minuspunkte zahlreiche Jahre des Hausfrauendaseins, ein überzeugter Übertritt zur Katholischen Kirche, vier Kinder und eine Mitgliedschaft in der CDU. Und es kommt sogar noch schlimmer, denn ich halte den Islam für frauenfeindlich und die Silvesternacht 2015 auf der Kölner Domplatte nicht für ein »Festival der Kulturen«. Damit bin ich auf der Opferskala faktisch irgendwo bei mindestens minus 10 und somit auf der Trump'schen Täterseite angelangt. Merke: Auch Frauen können alte weiße Männer sein, immer dann nämlich, wenn sie nicht mitmarschieren wollen gegen das Phantom der angeblich »toxischen« weißen Männlichkeit. Während die normale Frau oder – Gott bewahre – die Hausfrau und Mutter ignoriert wird, erheben Genderfeministinnen neuerdings die Selbstverhüllung mit muslimischem Kopftuch zum emanzipatorischen Akt. Familienministerinnen erklären Burkinis zur Schulkleidung und die Bundeszentrale für politische Bildung kürt Mohammed zum Feministen der ersten Stunde.

Ich habe das leidige Genderthema nie gesucht, es hat sich eher aufgedrängt und ist zu allem Überfluss auch noch geblieben. Es fiel mir in den Schoß als Antwort auf meine Frage, warum die Familienpolitik in diesem Land nicht funktioniert. Warum es immer heißt, es gäbe kein Geld, keine Budgets, keine Möglichkeiten, wenn es um die Belange durchschnittlicher Frauen und ihrer Familien geht. Die Antwort, die seit fast zwei Jahrzehnten immer kommt, ist: Genderpolitik. Niemand interessiert sich da draußen mehr für die Durchschnittsfrau mit ihrer Durchschnittsehe und ihren durchschnittlichen 1,57 Kindern. Stattdessen will man politisch die gelebte Normalität ständig ändern. Frauen von ihren Männern und Kindern, neuerdings gar von ihrer Fruchtbarkeit befreien, anstatt die Frage zu stellen: Wie muss Politik aussehen, die diese Frauen in ihrem Leben ernst nimmt, statt ständig zu versuchen, sie dort »herauszuretten«, obwohl sie gar nicht danach verlangen? Wer sein Leben in der traditionellen Familie großartig findet, wird hingegen bloß noch als Opfer sexistischer Stereotypvorstellungen bedauert. Wer es ganz normal findet, dass Jungs sich auch mal prügeln und Mädchen sich schminken, gerät bereits in den Verdacht, erziehungsunfähig, alternativ fundamentalistisch oder – Höchststrafe – »Biologist«[10] zu sein. Die Widerworte drängen sich nahezu auf, wenn unser aller Leben plötzlich zur Matrix erklärt wird, zu einer erdrückenden Scheinrealität, aus der wir und unsere Kinder im Zweifel auch gegen unseren Willen der angeblich selbst gewählten Unmündigkeit entrissen werden sollen. Wie sollte man nicht widersprechen müssen, wenn auch noch so getan wird, als sei das »Feminismus« oder als kämpfe man für »die Frau«. Ich halte es nicht für eine Errungenschaft der Emanzipation, dass wir jetzt unsere Weiblichkeit als »Konstrukt« verleugnen, unsere Lebensläufe geschlechtsneutral gestalten und unseren Haushalt mit dem wie auch immer geschlechtlichen Lebensabschnittspartner paritätisch aufteilen sollen.

Nehmen wir das Positive vorweg: Diesem Land geht es fantastisch. Denn solange wir noch die Zeit und das Geld haben, über 160

Genderlehrstühle mitzufinanzieren, ist es ein Jammern auf hohem Niveau. Es beantwortet aber nicht die Frage, warum wir die Lehrstühle für Demografie – immerhin derzeit das größte Problem unserer Gesellschaft und unserer Wirtschaft – an einer Hand abzählen können, während Millionensummen verschlungen werden, damit Menschen über ihr teilweise frei erfundenes »Geschlecht« sinnieren können und darüber, wie wir ihnen als Mehrheit gefälligst endlich entgegenkommen müssen. Es ist eine Luxusdebatte übersättigter Wohlstandsgesellschaften, denn Gender umkreist zielsicher genau jene Länder, in denen die Gleichberechtigung der Frau tatsächlich verweigert wird.

Nicht nur in Krisenländern, auch in Krisenzeiten gibt es nur zwei Geschlechter. Nicht umsonst trat die gesamte Genderdebatte im Zuge der weltweiten Corona-Pandemie in allen Ländern massiv in den Hintergrund. Die Frage, ob ich in der Notaufnahme als selbst definierte »non-binäre« Person mit korrektem Personalpronomen angesprochen werde, ist im Ringen um Luft zweitrangig. Dass in den Sterbestatistiken nur Gesamtzahlen oder Männer und Frauen erfasst wurden – und das weltweit –, hängt nicht damit zusammen, dass alle »dritten« Geschlechter eine medizinisch bahnbrechende Corona-Resistenz vorweisen, sondern liegt daran, dass das Wunschgeschlecht am Beatmungsgerät der Intensivstation schlicht irrelevant ist. Das Überleben der Menschheit hängt eben nicht davon ab, wie viele Genderexperten die Welt durch die regenbogenfarbene Geschlechterbrille betrachten, sondern davon, wie viele Wissenschaftler dasselbe durch ein Mikroskop im Labor tun.

Nichts bringt die Verfechter der Gendertheorien mehr in Rage als der Vorwurf, ihre Forschung sei überflüssig und keine echte Wissenschaft. Soziologisch betrachtet diskutieren sie neue Ideen vom Menschen. Das ist legitim, auch wissenschaftlich betrachtet, manches davon sogar spannend und berechtigt, und das tun auch andere Philosophen übrigens schon seit Jahrtausenden. Das Problem beginnt dort, wo nicht mehr wissenschaftlich gedacht werden darf, weil es nicht gedacht werden soll.

Es beginnt dort, wo Wissenschaft verhindert wird, um nicht mit politisch korrekten Grundsätzen zu kollidieren, dort, wo Soziologie und Philosophie glauben, sich über erwiesene Erkenntnisse naturwissenschaftlicher Forschung erheben zu dürfen, oder sie gar für nichtig erklären. Das Problem beginnt dort, wo der Realität nicht mit freiem Denken, sondern mit Scheren im Kopf begegnet wird. Dort, wo mit bekannten Zügen einer Ersatzreligion gegenteiligen Meinungen nicht etwa mit Argumenten, sondern mit Lehr- und Sprechverboten geantwortet wird. Ungläubigen droht gesellschaftliche Exkommunikation, das war bei Bekenntnisbewegungen schon immer so. Dem dabei zur Unterbindung von Widerspruch gern gebrüllten Slogan »Hass ist keine Meinung« möchte man an dieser Stelle zurückrufen: »Und Gefühl ist kein Fakt.«

Immer wieder hört man den Satz, die Genderstudien stellten ja nur neue Fragen. Das ist schön, aber haben sie auch Antworten? Und damit meine ich nicht, die Formulierung neu entdeckter Problemfelder inklusive Forderung nach Beauftragten und Budgets, um jene Probleme zu lösen, von denen die Mehrheit bislang nicht einmal wusste, dass sie sie hat. Es drängt sich die Beobachtung auf, je mehr »Genderforschung« betrieben wird, desto größer statt kleiner wird das Problem, das man vorgibt zu lösen. Evolutionsbiologen, Genetiker und Hirnforscher zu ignorieren, alternativ für nichtig zu erklären oder an Universitäten niederzubrüllen, weil ihre Forschungsergebnisse dem eigenen Weltbild widersprechen, ist jedenfalls kein wissenschaftlicher Diskurs. Eine wissenschaftliche Hypothese, die nur funktioniert, wenn der Rest der Bevölkerung und alle anderen Wissenschaften den Mund halten und das Denken einstellen, ist keine Wissenschaft, sondern Ideologie.

Wer die richtigen Antworten finden will, muss die richtigen Fragen stellen. Was passiert aber, wenn das Stellen von Fragen, das Äußern von Einwänden oder berechtigter Kritik einen inzwischen Budgets oder gleich den Job kosten können? Universitäten, einst Horte des freien Denkens wider totalitäre Ideen und Enklaven ambitionierter Wissenschaft, zensieren sich heute lieber selbst, schaffen »*Safe Spaces*«[11], um ja nicht mit »verletzenden«, sprich anderen Meinungen in Berührung zu kommen. Was ist das für eine Studentengeneration, die glaubt, sich gegen Kontakt mit anderen Meinungen wie gegen einen Virus absichern zu müssen? Ist das dann »*opinion distancing*«? Universitäten streichen Literaturklassiker als »antifeministisch« und »rassistisch« von Leselisten, versehen Texte mit Trigger-Warnungen: Achtung, andere Meinung als die geliebte eigene[12]. Ja, auch Teile dieses Buches könnten sie nachhaltig verunsichern! Sie nötigen »Studierende« zu gendersensibler Schreibweise unter Androhung von Punktabzug[13]. Abweichende Meinungen werden zu »Hate Speech« deklariert. Die Leitplanken des freien Denkens sind längst zur Mittellinie versetzt. Die moderne Bücherverbrennung benötigt dabei kein Streichholz mehr. Man arbeitet daran, dass diese Bücher gar nicht erst erscheinen und Verlage Autoren mit »falscher« Meinung fallen lassen oder gar nicht erst aufnehmen[14]. Bestrafe einen, erziehe Hunderte.

Derweil ist der Gender-Kaiser immer noch nackt. Wie in dem Märchen von Hans Christian Andersen wandelt er durch die Straßen, lechzt nach Aufmerksamkeit, macht sich lächerlich, und alle schweigen. Niemand möchte der Erste sein, der die Wahrheit ausspricht, dass er gar nicht non-binär-fluid-queer-oder-sonstwie-geschlechtlich ist, sondern auch nur ein alter weißer Mann. Wo kein prächtiges Gewand weit und breit zu kriegen ist, muss hart an der Aufrechterhaltung der Illusion gearbeitet werden, was auch die Aggression der LGBT[15]-Bewegung erklärt, die ganz im Widerspruch steht zu ihren eigenen Parolen von Toleranz, Akzeptanz und Gerechtigkeit. Ja, der Gender-Kaiser ist immer noch nackt, aber das Kind, das mit dem Finger auf ihn zeigt und lacht, lernt neuerdings in der Kita, dass auch Papas schwanger werden können[16]. Das ist zwar Unfug, aber moderne, geschlechtssensible Pädagogik.

Das anfängliche Wording um »Toleranz« oder gar »Akzeptanz« auf dem Schulhof war nur Augenwischerei. Nur das Vorspiel, denn wenn die Genderlobby wirklich Ernst macht, dann erklärt die WHO die sexuelle Bildung von Kleinkindern zur Staatsaufgabe und belästigt in Kitas und Schulen die nächste Generation mit der Sexualität Erwachsener. Dieser Exhibitionismus ist aber nicht strafbar, sondern neuerdings »Bildung«.

Dann folgt nach der »Ehe für alle« konsequent »Kinder für alle«, zu kaufen jetzt schon von der »Leihmutter« auf dem Weltmarkt. Mutti wird aber nicht geliehen, sondern ihr Bauch wird gemietet. Prostitution als Brutkasten und somit die nächste Stufe der Ausbeutung der Frau ist erreicht. Dann ist Familie im neuen Abstammungsrecht nicht mehr Generationenfolge, gar in natürlicher Verwandtschaft, sondern nur noch rechtliche Zuordnung, nur noch Verträge, die jederzeit und egal mit wie vielen geschlossen und wieder verworfen werden können.

Dann werden die Errungenschaften der Emanzipation den »kulturellen Eigenheiten« des Islam unterworfen, weil die Nachwuchsfeministinnen lieber die Frauen an den Pranger stellen, die auch die Frauenverachtung des »jungen schwarzen Mannes« beklagen, als jene Frauen zu beschützen, die unter diesen Herren zu leiden haben.

Immer wieder bemühen die Protagonisten und auch die »*innen« der Genderszene das Narrativ der angeblich irrationalen Angst, die Gendergegner vor der Veränderung der Gesellschaft hätten. Was dann auch erklären würde, weswegen Mensch, dagegen sind und sich wehren, endlich den Weg aus der heterosexuellen Matrix hin in die sexuelle Vielfalt der Geschlechter mitzugehen. Angst also als Begründung für Widerstand und Ablehnung, so als gäbe es keine rationalen Gründe, sich gegen eine Idee zu wehren, die behauptet, wir könnten uns durch Gedankenkraft über unsere genetische Beschaffenheit erheben, und empfiehlt, ohne Beweis dieser durchaus steilen These dennoch die gesamte Politik freier Gesellschaften radikal nach diesem Denkmuster zu verändern. Würde man sowas als Drehbuch einreichen, man bekäme es mit der Randbemerkung »hanebüchen« ungelesen zurück. Wir setzen das Skript stattdessen politisch um. Es entbehrt zumindest nicht eines gewissen Humors, dass Menschen anderen Angst vorwerfen, die sich selbst gerade im »Panicroom« ihrer Selbstbestätigungsblase verschanzt haben und auf alles schießen, was nach einer anderen Meinung aussieht.

Wir erleben aber auch eine Bewegung, die mit aller Kraft gegen den eigenen Körper kämpft und gegen seine eigene Vernunft. Während wir jedes Ökosystem dieser Erde gerade versuchen naturbelassen und unberührt für die Nachwelt zu erhalten, wird ausgerechnet die *Ökologie des Menschen*[17] ignoriert. Das Ergebnis ist die Verleugnung der eigenen Biologie statt die Versöhnung mit ihr. Wie viele scheitern und verzweifeln gerade in dem Versuch, sich über den eigenen Leib zu erheben, weil man ihnen fälschlich versprochen hatte, dass dies ihr Glückslos sei? Was für ein Trugschluss, dass dies angeblich möglich sein soll. Wie gefährlich ist es für unsere Kinder, dass dieses Gedankengut gerade in die Schulen getragen wird. Und wie aberwitzig ist aus dieser Perspektive die Behauptung, angeblich für Frauen zu kämpfen, wenn man nicht ein einziges Merkmal ihrer Weiblichkeit überhaupt als natürlich anerkennen will.

Wer Gender will, bekommt es bis zum bitterbösen Ende. Wagen wir also einen Ausblick Richtung Endziel dieser Theorien, denn es ist ja nicht so, als könne man nicht vorhersehen, wohin es führt. Genau genommen kann man das schon seit langer Zeit beobachten. Nur wenige Jahre, aber Millionen Euro später ist auch klar: Es wird auch noch schlimmer kommen, als manche jetzt bereits denken. Und es ist deswegen an der Zeit, diesen Wahnsinn in seine Schranken zu weisen.

KAPITEL 01: ICH BIN EINE KATZE

Wagen wir ein Gedankenexperiment. Denn glaubt man zahlreichen Soziologen dieser Tage, sind wir alle nur Gefangene unseres Geistes, Sklaven unserer beschränkten Vorstellungskraft. Das Gleichnis von Platons Höhle, aus der wir nur die Schatten der Welt, aber nicht ihre wahre Realität erhaschen, ist als Idee immer noch lebendig. Auch die Befreiungsrhetorik ist geblieben, das Bedürfnis mancher, den Menschen im Zweifel auch mit Gewalt aus seiner »Höhle« zu zerren und mit dem Licht neuer »Wahrheit« zu konfrontieren. Wie weit kommen wir aber mit unserer Vorstellungskraft, um die Existenz von Dingen zu akzeptieren, die wir offensichtlich nicht sehen oder die gar nicht da sind? Muss ich mir etwas vorstellen, es sehen können, um es als Wahrheit anzuerkennen? Hat der Kaiser doch Kleider an? Bin ich nur zu blind, um es zu erkennen?

Man kann nicht verleugnen, dass nichts auf dieser Welt hätte erfunden werden können, wenn es nicht immer wieder Menschen gegeben hätte, die wagten, das Undenkbare zu denken, zu tun oder auszuprobieren. Gegen jede Vernunft, jede Erfahrung, jede Warnung von Bedenkenträgern, gegen jede Tradition und jeden religiösen Glauben. Plakativ gesagt, würden wir immer noch auf den Bäumen leben und befürchten, am Ende der Erdscheibe ins Ungewisse zu fallen, gäbe es nicht auch jene, die sich über den Tellerrand des Sicheren gewagt hätten. Unser gesamtes Streben nach Erneuerung und Innovation, jeder Erfindergeist ist beseelt von dem Willen, Grenzen zu überschreiten, Mauern einzureißen, Neues und vor allem anderes zu wagen. Kinder haben es noch in sich, das Ungestüme, Experimentierfreudige, bevor sie gebremst werden, um dabei nicht schon jung und übermütig umzukommen. Unsere gesamte Gesellschaft ist auf Veränderung gepolt, sie lebt vom Wachstumsdenken und von Dynamik. Sie findet ihre Stabilität in einer ständigen Beschleunigung und Ausdehnung der Weltreichweite, wie der Soziologe Hartmut Rosa es als kategorischen Imperativ der Moderne ausdrückt[18]. Höher, schneller, weiter! Stillstand wird als Lähmung empfunden, stetige Veränderung hingegen paradoxerweise als Garant eines modernen Status quo.

Nun kann man Dinge erfinden, verändern, optimieren und umgestalten – neu begreifbar machen. Aber kann man das auch mit einem Menschen, mit einem lebenden Organismus? Und wenn man es kann, darf man es auch, und wer wäre die Instanz, bei der man sich die Erlaubnis dazu abholen müsste? Die dynamische Eskalationstendenz, die Rosa in seinem Buch *Unverfügbarkeit* beschreibt, beschränkt sich nicht nur auf die Welt da draußen, jetzt hat sie final auch den Menschen selbst ergriffen. Indem er sich selbst verwandelt, optimiert, immer wieder neu denkt und damit getrieben ist in dem Wandel, den er selbst betreibt. Wenn alles erobert ist, dann kann ich mich nur noch selbst bekämpfen und besiegen. Aber was ist noch sicher, wenn selbst der Mensch nicht mehr sicher ist?

Die Frage nach der Geschlechtlichkeit berührt etwas absolut Wesentliches unseres Daseins als Mensch. Es ist nicht auf derselben Relevanzstufe wie unsere Haarfarbe, Kleidung, Religion oder das Zungenpiercing als Ausdruck unserer Individualität. Geschlecht ist Substanz. Hardware. Es geht darum, ob wir substanziell unser geschlechtliches Dasein rein durch unsere Willenskraft verändern können. Können wir es durch einen Eingriff in unseren Organismus? Und als Preisfrage obendrauf: Ändert, was wir tun, dann tatsächlich die Substanz, oder besser gesagt die Wahrheit, über unser Sein? Um es praktisch konkret auszudrücken: Kann ich mich selbst zum Mann erklären, wenn ich mein Frausein nicht will? Kann ich substanziell das Geschlecht wechseln, verändern, so wie es mir die Gendertheorien suggerieren? Ist Geschlecht tatsächlich »genderfluid« – fließend in alle möglichen Richtungen und zurück – und von mir allein gesteuert? Die Gendertheorie besagt ja in Konsequenz nicht weniger, als dass wir alle unser eigener Gott sind, uns selbst schaffen können und entsprechend nicht gebunden sind an die Vernunft und die Regeln einer Schöpfung durch eine andere Kraft, einen anderen Gott oder auch nur durch die Unergründlichkeit des Zufalls im Universum.

Wenn es keinen Gott gibt, gibt es auch keine universale, »übermenschliche« Moral mehr, keine Oberinstanz von Gut und Böse, sondern nur noch menschliche Mehrheits- und schlimmstenfalls Minderheitsentscheidungen über das, was gerade richtig, falsch, gut, böse, sagbar, denkbar oder fühlbar sein darf. Moral ist dann nur noch eine Variable von vielen. Die Frage nach der Instanz, bei der ich mir die Erlaubnis holen muss, ist in diesem Denkschema einfach: Es gibt keine. »Wenn es keinen Gott gibt, ist alles erlaubt«, Fjodor Dostojewski hatte es bereits klar ausgedrückt.

SCHEIN UND SEIN

Wagen wir also einmal kurz das durchaus absurde Gedankenexperiment, wie es diverse Universitätsstudenten in Schweden oder auch in den USA mit Kommilitonen bereits mehrfach durchgeführt haben. Es ist etwa in den Videos der Schwedin Hanna Lindholm[19] dokumentiert oder bei den Amerikanern Joseph Backholm[20] und Paul Witt[21].

Ob es okay sei, wenn sie als junge Frau sage, sie sei ein Mann, hören wir etwa die blonde Schwedin Hanna bei der Straßenumfragen auf dem Campus fragen. Sie erntet großes Verständnis und Toleranz. Keiner will ihr das Mannsein absprechen, schließlich sei es eine Sache des »inneren Gefühls«, wie jemand sich »identifiziert«. Die Kommilitonen sehen kein Problem in der anderweitigen Biologie. Alle nicken brav bei Hanna als Mann, die Bereitschaft, tolerant zu sein trotz optischer Zweifel, funktioniert bis zu diesem Level wunderbar. Bei der nächsten Frage kommen den ersten Befragten Zweifel, dann nämlich, als die blonde Schwedin behauptet, sie sei Japanerin. Ob das auch okay sei, sich als Japanerin zu identifizieren? Die Befragten beginnen sich zu winden, sie ahnen bereits, dass sie mitten auf dem Weg in eine gedankliche Sackgasse sind, wollen aber auch nicht umkehren. »Du siehst nicht japanisch aus« reicht plötzlich als Begründung, um es dem anderen abzusprechen. Fragen wir als Nächstes nach der Körpergröße und stellen die steile These auf, sich selbst als ein Zwei-Meter-Riese zu identifizieren, steigen die meisten ebenfalls in allen Umfragen gedanklich aus. Schließlich sei es ja »offensichtlich«, dass man es nicht sei. Man könnte es ja *sehen*. Viele, die noch bereit waren, das Frausein zu »übersehen«, waren es nicht bei Ethnie und Körpergröße.

Die Umfrage schaukelt sich unerbittlich auf der Skala der Identitäten weiter hoch: Was, wenn die Behauptung ist, man identifiziere sich als siebenjähriges Kind? Auch hier gibt es immer noch jene, die ganz viel Verständnis und Toleranz aufbringen, jedenfalls solange man »niemandem damit schade«, dann sei es doch okay, wenn sich jemand so identifiziere und sich damit gut fühle. Aha, es geht ihnen also darum, bloß nicht die Gefühle des anderen zu verletzen. Heikler wird es bei der Nachfrage, ob man dann auch das Recht habe sollte, sich als Siebenjähriger noch einmal einschulen zu lassen. Alle Befragten haben bei der Alterssache großen Zweifel, wagen aber nicht, klar auszusprechen, dass das ein ziemlicher Irrsinn sei. Die blonde Schwedin treibt es schließlich auf die Spitze: Was, wenn ich sage, ich bin eine Katze? Das finden alle lächerlich, niemand will sie als Katze anerkennen, weil es offensichtlich falsch sei und biologisch unmöglich.

Wieso darf ich keine Katze sein, selbst wenn ich mich sehr danach fühle und damit identifiziere? Wenn die »Hardware« der Biologie, das natürliche Aussehen, aber auch Gene und Chromosomen bei der Definition von Mann oder Frau für irrelevant erklärt werden, wieso gelten dieselben Maßstäbe nicht bei Katzen?

Keine Sorge, Sie sind völlig normal, wenn Sie mich nicht als Katze anerkennen. Was dieses Gedankenspiel aber zeigt, ist die Inkonsequenz einer Argumentation, die bei einer biologischen Unmöglichkeit (Frau zu Mann) ja sagt, alle anderen Unmöglichkeiten aber im selben Atemzug ausschließt. Ja, was denn nun? Wer A sagt, muss auch B sagen, es sei denn, A ist falsch. Wenn A aber sein darf, dann bin ich eine Katze, und zwar immer, wenn ich es sein will.

Die Gratwanderung zwischen Zustimmung und Ablehnung einer Verwandlung machen die meisten Menschen schlicht an ihrer eigenen Vorstellungskraft fest. Die einen sehen den nackten Kaiser, und die anderen sehen ihn im pompösen Kleid. Über die Wahrheit wissen wir dadurch aber noch nichts. Allerhöchstens etwas über Halluzinationen oder Verkleidungen. Das Schlüpfen in andere Geschlechterrollen ist ja nicht erst durch Genderstudies erfunden worden. Kinder machen das andauernd im Spiel. Das »so tun, als ob« ist fester Bestandteil von Kunst und Kultur und der gesamte rheinische Karneval lebt davon, sich hinter Kostümen und Masken zu verstecken oder zu inszenieren. Jetzt soll es aber ernst sein.

Die Verwandlung von Mann zu Frau oder zurück kann optisch durch Operationen, Make-up, Kleidung und Medikamente besser vorstellbar gemacht werden, während die Illusion einer afrikanischen, asiatischen oder europäischen Herkunft optisch nur schwer zu verdecken oder herzustellen ist. Auch die Körpergröße lässt sich selbst mit High Heels nur begrenzt vergrößern und schon gar nicht verkleinern. Ein Siebenjähriger mit Bartwuchs und Schultüte überzeugt uns nicht. Intellektuelle Zustimmung zur körperlichen Verwandlung wird wahrscheinlicher, je perfekter die optische Illusion, je weniger Diskrepanz unser Gehirn zwischen Wahrheit und Schein noch erkennen kann. Böse könnte man formulieren: Der Mensch hat die Tendenz, Dinge zu glauben, solange sie wahr zu sein scheinen. Die DNA lügt aber nicht und lässt sich auch nicht mit Make-up überschminken. Sie ist, wie sie ist – und zwar mit stoischer Intoleranz gegenüber unserem Willen zur Veränderung. Die gesamte Genderdebatte ist letztendlich nicht mehr als ein Streit über Schein und Sein. Ein Streit über die Grenzen der Selbstermächtigung und die Frage, wo die Grenzüberschreitung zur Hybris wird.

Wer es gern theologisch haben will: Es ist ein Streit zwischen dem Schöpfer und seinem Geschöpf. Ein Zwergenaufstand gegen den Riesen. Die Kinder Gottes gegen den Vater. Eine pubertäre Rebellion im Versuch, sich mit dem Kopf durch die Wand wollend über den eigenen Schöpfer zu erheben, über den Höchsten, ohne den wir gar nicht wären. Zurück bleibt die Frage, selbst wenn wir es könnten, was wären die Folgen?

Wer den Schein bei vermeintlichen Kleinigkeiten als Sein anerkennt, verhilft der kruden Idee leider insgesamt zur Durchschlagskraft. Das eingangs durchgespielte Gedankenexperiment zur Vorstellungskraft von Verwandlung ist leider gar nicht so absurd, wie es manchen möglicherweise erscheint. Schließlich gibt es bereits heute nichts, was auf dem Kuriositätenmarkt der Identitätsvielfalt nicht existiert. Immer wenn man nämlich denkt, es geht nicht noch abstruser, meldet sich an der Transformationsfront wieder jemand mit weiteren Optionen zu Wort, an die wir Ungläubigen, die wir uns an einer Normalität festkrallen, in unserer Intoleranz gar nicht zu denken gewagt hatten. Längst kämpfen andere Transformationsbegehren als nur die Geschlechtswechsler um Aufmerksamkeit und Anerkennung.

Bevor etwa Paul sein wahres Ich fand, war er ein etwas übergewichtiger 52-jähriger Kanadier, mit einer Frau verheiratet und Vater von sieben Kindern. Doch all das war gestern. Denn heute ist Paul in seinem Selbstfindungsprozess weiter. Er hat nicht nur sein Geschlecht, sondern auch sein Alter verändert. Paul ist jetzt Stefonknee[22], ein sechsjähriges Mädchen, das bei einer »Adoptivfamilie« lebt. Es ginge ihm jetzt auch viel besser, er braucht keine Medikamente mehr, und auch die Suizidgedanken seien weg, jetzt, da er mit Schleifchen im Haar und Schnuller im Mund sein Leben zwischen Kleidchen und Kuscheltieren verbringt. Eher intolerant reagierten seine Ehefrau und die sieben Kinder, dass der Daddy und Ehemann gar nicht mehr Mann sein wollte und auch lieber jünger als seine eigenen Kinder. »Transager« organisieren sich längst als Phänomen im Internet. Einer klagt gerade in den Niederlanden. Der 69-jährige Pensionär Emile Ratelband[23] fühlt sich 20 Jahre jünger und will das gerne auch in seinem Ausweis festhalten lassen, was die Behörden ihm verweigern. Er zog vor Gericht mit der Begründung, wenn jemand sein Geschlecht entgegen biologischer Fakten im Ausweis verändern könne, warum nicht sein Alter? Gute Frage.

Oder nehmen wir die »schwarze« Menschenrechtsaktivistin Rachel Dolezal[24], die in den USA für einen echten Skandal sorgte, als aufgedeckt wurde, dass sie ihre afroamerikanische Herkunft nur vortäuschte. Geboren als weißes blondes Mädchen, hatte sie sich mit beträchtlichem Aufwand äußerlich so weit verändert, um optisch als »schwarze Frau« durchzugehen und sich zu allem Überfluss auch noch als betroffene Aktivistin für die Rechte der Schwarzen in den USA zu engagieren. »Transracial« scheint da wohl der Fachbegriff. Wie weitsichtig, wo doch jeder heute weiß, dass »weiß« zu sein eine Lebensform mit angeborener, unfairer Privilegierung und latenter Neigung zum Rassismus ist. Da möchte nun wirklich keiner mehr dazugehören und schon gar nicht Rachel, die sich als Neu-Schwarze gegen Rassismus einsetzt, was blond und weiß einfach nicht so authentisch zu verkaufen war.

Fehlt im bunten Reigen der Transformationen nur noch das Verlassen der eigenen Spezies. Wer sagt denn, dass wir überhaupt als Mensch leben und unser Menschsein akzeptieren müssen, nur weil irgendein Gott oder eine ominöse übermächtige Natur uns in diesen Körper gesteckt hat? Warum darf ich nicht als Haustier leben und mein Menschsein ablegen, wenn es mir mehr zur Last wird, als mich zu erfreuen? Schon in den 1970er Jahren haben die ersten Wissenschaftler die Theorie des Speziezismus[25] aufgebracht, die bereits in der Einteilung der Lebewesen in Spezies wie Mensch und Tier auch nur eine willkürliche Kategorisierung und Unterdrückungsform sahen, die Rassismus und Sexismus gleichkommt. Sie fordern eine Aufteilung der Lebewesen nicht nach Spezies, sondern etwa nach Intelligenzgrad. Schließlich gibt es beispielsweise Menschenaffen, die in ihrem IQ so manchen Menschen übertreffen, warum ihnen also nicht Menschenrechte zugestehen, wie es »Ethiker« wie Peter Singer schon lange fordern? Wenn wir aber Tiere als Menschen anerkennen sollen, warum nicht Menschen als Tiere? »Transhuman« und »Transanimal« sozusagen. Warum nicht »Transnature« insgesamt? Ich erinnere mich, wie sich zu meinen Studienzeiten in Freiburg grüne Aktivisten an Bäume ketteten, den Bäumen Namen gaben und ihre pflanzlichen Freunde als lebende Schutzschilde vor der Kettensäge bewahrten. Bäume als getaufte, menschliche Freunde. Spätestens seit Tolkiens *Herr der Ringe* sollte jeder wissen: Das ist real. Die Krönung dieser Bewegung wäre wohl die Transformation eines Menschen, der fortan als Eiche oder Fliegenpilz im Wald lebt und sich von Regenwasser ernährt. Da können selbst die Veganer noch etwas lernen.

Transgeschlechtlichkeit ist als Idee eines selbstbestimmten Übergangs unabhängig von biologischen Voraussetzungen nicht das Ende der Fahnenstange, sondern der Betonsockel auf dem diese Idee gebaut wird. Transracial, wieso nicht? Wenn ich doch gerne Chinese wäre und mich auch ganz einfinde in der chinesischen Kultur samt Essen und Kleidung? Transager – es ist biologisch auch nicht möglich, aber wenn sie sich doch als Kind identifizieren? *Forever young*, ein alter Menschheitstraum und im Herzen für immer Pippi Langstrumpf. Transhuman ist dabei nur die vorläufige High-End-Version der Transbewegung. Warum noch Mensch sein, wenn ein Leben als Schoßhund viel schöner ist? Alle diese Transbewegungen sind bereits real im Gange, es sind keine theoretischen Hirngespinste. Mit genau dieser Methode der Beschwichtigung sind wir ja an den Punkt gekommen, an dem wir heute stehen. Oder hätte vor 30 Jahren jemand geglaubt, dass wir heute Transsexualität im Bildungsplan von Baden-Württemberg[26] als zu akzeptierende Normalität gelebter Geschlechtervielfalt verankern würden? Mit der Prognose hätte man damals einen guten Therapieplatz bekommen, heute installieren wir die passenden Lehrstühle.

Wer jetzt also immer noch denkt, dass wir in Sachen Gender über die Emanzipation der Frau reden, über Toleranz gegenüber Schwulen, über Unisextoiletten für »dritte« Geschlechter und diskriminierungsfreie Sprache, hat nicht einmal annähernd begriffen, worum es geht. All das sind nur einzelne Umsetzungsmaßnahmen einer Grundidee, aber nicht die Idee selbst. »Ist dies schon Wahnsinn, so hat es doch Methode«, ließ bereits William Shakespeare seinen Hamlet rufen. Auch Ideologien brauchen schließlich eine innere Logik, Mechanismen und Umsetzungsstrategien. Wenn man die Denkweise verstanden hat, ergibt der Wahnsinn innerhalb seines geschlossenen Systems absolut Sinn. Dann erkennt man nahezu von selbst die politischen Instrumente, die nötigen Maßnahmen als auch die schlecht kaschierten Paradoxien und opportunistischen Ausnahmen, auf die auch die Protagonisten der Szene selbst nicht verzichten wollen. Genau von dieser Methodik will dieses Buch erzählen.

Wenn ich also in meiner Vorstellungskraft in einer Welt lebe, in der ich mich selbst definieren kann ohne Rücksicht auf meine Biologie, und dazu noch sicher bin, dass die anderen da draußen alle nicht begriffen haben, was vor sich geht, dann kann ich mich moralisch sogar verpflichtet fühlen, die Mehrheit aus dieser Illusion zu »retten«. Ich kenne schließlich schon die Wahrheit und sie nicht. In diesem Denken darf es kein Hindernis sein, dass jene, die es zu retten gilt, nicht in die Freiheit wollen oder nicht verstehen, was ich meine. In dieser Denkwelt kann ich nicht Rücksicht nehmen auf Mehrheiten und Unbelehrbare. Zumindest muss ich doch ihre Kinder retten, die sind schließlich unschuldig. Ich muss ihnen die Wahrheit zeigen – im Zweifel in den Kindergärten und Schulen, abseits ihrer heteronormativen Elternhäuser. Ich muss ihnen ihre Freiheit geben, auch die sexuelle, ihnen eine neue Sprache geben und sie von ihren Eltern entfremden, die ihnen die Freiheit verweigern. Willkommen in der wahren Welt des Gender-Mainstreaming.

Wenn man das Fass einmal aufmacht, dann schöpfen manche eben aus dem Vollen. Gerne wird darüber gesprochen und darauf verwiesen, dass Politik nachhaltig gestaltet sein sollte. Dass man es bis zum Ende denken muss oder gar vom Ende her. Wenn das so ist, dann muss auch Identitätspolitik nachhaltig mit allen Konsequenzen in der Umsetzung durchdacht werden. Wer A sagt, muss auch B sagen. Wenn entgegen sämtlicher biologischer Fakten respektiert werden muss, dass es durch einen Akt der Selbstermächtigung möglich sein muss und darf, die »Kategorie« Geschlecht aufzulösen, zu verlassen und zu wechseln, dann wird dieselbe Denkweise vor anderen Kategorien nicht Halt machen. Es wäre auch unlogisch. Und die Antidiskriminierungsgesetze, die wir heute schaffen, um einen Kategorienwechsel zwischen Mann und Frau zu ermöglichen, werden dazu beitragen, dass ich mein Katzenleben später schon noch bekomme.

Ob ich damit mein wahres »Ich« gefunden hätte, steht indessen auf einem ganz anderen Blatt. Wahrscheinlicher ist, dass ich alles, was mich als Mensch und als Frau ausmacht, aufgebe. Dass ich meine Menschlichkeit, meine Weiblichkeit verleugne, um es in einer frei gewählten, neuen Identität mit Glücksverheißung zu versuchen. Ausgang unbekannt. Die Dekonstruktion der menschlichen Natur radiert in Wahrheit Identität aus. Der Zielpunkt ist das absolute Nichts, die leere Hülle, die man mir aber als Wundertüte verkauft, die ich selbst nach Belieben füllen könnte, während der Zeitgeist und der politische Wille bereits lauern, um mir zuvorzukommen.

ICH FÜHLE, ALSO BIN ICH

Es war ein Quantensprung der Vernunft, eine Errungenschaft des Zeitalters der Aufklärung, dass jeder Mensch seither als einzelne Persönlichkeit, als Träger individueller Menschenwürde und Menschenrechte betrachtet wurde und wir die düsteren Zeitalter verlassen haben, in denen man in die richtige Hautfarbe, den richtigen Stand, den richtigen Glauben oder die richtige Kaste hineingeboren werden musste, um als Mensch zu gleichwertigen Rechten zu gelangen. Das Schicksalsroulette meinte es vorher nur mit den wenigsten gut. Der Gedanke, dass jeder Mensch dieselben Rechte besitzt, einfach nur, weil er Mensch ist, ohne etwa dafür in Vorleistung gehen zu müssen, war revolutionär. Freiheit und Gleichheit musste den Hütern der Privilegien dafür blutig abgerungen werden. Die Besinnung auf Vernunft, Naturwissenschaft, Naturrecht und auch Toleranz gegenüber unterschiedlichen religiösen und weltanschaulichen Ansichten hat ihren Ursprung in dieser Zeit. Bis heute profitieren wir in freien demokratischen Gesellschaften von der damals etablierten und erstmals konsequent umgesetzten Idee der universalen Menschenrechte. Alle Menschen sind gleich. Anschaulich kann auf der Weltkarte betrachtet werden, welche Nationen und Religionen diesen Schritt bis heute nicht vollzogen haben und damit natürliche Menschenrechte für manche Bevölkerungsgruppen, Geschlechter, Weltanschauungen und Glaubensrichtungen verweigern. Wir haben die Erbschuld, die Sippenhaft, aber auch angeborene Privilegien in unseren Breitengraden abgeschafft, während andere Gesellschaften noch das »schlechte Karma« als Begründung für Ungleichheit akzeptieren.

Wir verdanken diese großartige, individuelle Sicht auf den Menschen übrigens auch dem Christentum und seiner Idee, dass jeder Mensch von Gott und vor Gott gleich geschaffen ist, nach »seinem Bild«, und wir damit einen göttlichen Funken in uns tragen, der es anderen verbietet, uns als minderwertiger zu betrachten als sich selbst. Auch jene, die an nichts glauben, profitieren also von einer christlichen Anthropologie, die ihnen bis heute die Menschenrechte sichert. Gott hat also Großmut und Humor.

Dass nur eine Gruppe mit einem ganz bestimmten, *angeborenen* Identitätsmerkmal einen Alleinanspruch auf bestimmte Machtpositionen und Rechte beansprucht, wurde dennoch weiterhin mit Zähnen und Klauen als Idee verteidigt. Allein schon, dass das Wahlrecht für Frauen in Deutschland im Jahr 2020 erst 100 Jahre alt ist, zeigt, dass die Verteidigung einer Denkweise, die angeborene Privilegien eines einzelnen Geschlechtes hütet, sich als Idee ganz schön lange gehalten hat. Die Privilegierung bestimmter Hautfarben und Ethnien überlebte noch länger, trotz Aufklärung. Die Identitätspolitik des 19. Jahrhunderts war eine Gegenaufklärung der Konservativen, die die Volksseele davonschwimmen sahen, ganz nach Johann Gottfried Herder, wonach jedes Volk eine »individuelle Identität« besitze und einen ganz »eigenen Geist«. Es war das Jahrhundert der Nationalisten, der Volksbewahrer. Heute wäre Herder wohl an der Seite der neuen Verteidiger des »Christlichen Abendlandes«, der »germanischen Seele« und der »Völker«. Nicht umsonst nennt sich jene politisch höchst umstrittene Gruppe, die sich nach eigener Aussage für Nation und Vaterland einsetzt, auch heute »Identitäre Bewegung« (IB). Der Fokus auf Volk und Identität hat eine lange und auch unschöne Geschichte. Was eine Idee anrichten kann, die universale Menschenrechte zugunsten nationaler und rassisch begründeter Gruppenhierarchien verwirft, hat die Katastrophe des Holocaust mit Millionen von Opfern schmerzhaft gezeigt.

Mit über 70 Jahren Frieden und Wohlstand nach dem Zweiten Weltkrieg sind wir nun wieder auf einer gefährlichen Spur: Die Renaissance der Antiaufklärung bahnt sich ihren Weg bis in alle Winkel von Gesellschaft, Politik, Wirtschaft und selbst der Religion. Wie in einem großen Déjà-vu der Geschichte zählt plötzlich wieder die Mitgliedschaft in der richtigen Gruppe, die sich aufgrund angeborener Merkmale definiert. Die richtige Identität schlägt Kompetenz, sie garantiert wieder den Zugang zu Privilegien, zu Jobs, zu Ämtern, Studienplätzen und Budgets.

Dabei wird hier ein mächtiges Paradoxon wirksam, das sich in verschiedenen Varianten immer wieder zeigen wird: Da wird einerseits darauf beharrt, dass es so etwas wie eine natürliche, angeborene Ordnung nicht gebe. Biologie und Natur werden dabei als Widersacher des omnipotenten Geistes betrachtet. Ständig gilt es, sich von seiner Körperlichkeit, Natürlichkeit, Stofflichkeit, seiner Männlichkeit und Weiblichkeit zu verabschieden und zu befreien, um sich selbst neu im Geist zu schaffen. Damit wird alles variabel, alles nur kulturelle Konstruktion. Ich bin also die Katze. Ich kann es sein, weil ich es sein will.

Gleichzeitig beharrt man aber nahezu obsessiv auf der Existenz bestimmter natürlicher, angeborener Identitätsmerkmale, weil man sie politisch dann doch braucht, um seine eigenen Privilegien und Ambitionen abzusichern.

Das Private musste politisch werden, um sich im Aufmerksamkeitswettlauf Gehör zu verschaffen. Um Freiheit, Gleichheit und Bürgerrechte für Schwarze, Frauen oder Homosexuelle zu erkämpfen, brauchte es die Konzentration auf natürliche individuelle Merkmale, sie wurden zum Gruppenlabel. Wenn ich einen Job im Dax-Vorstand haben will, der mit Quote nur an Frauen vergeben wird, dann muss ich die geistige Katze verlassen und wieder eine biologische Frau werden. Zumindest bis zu dem Zeitpunkt, an dem es einmal eigene Katzenquoten geben wird, was ich angesichts der Dynamik des Themas nicht mehr für völlig ausgeschlossen halte.

Das ist nur eines von vielen Paradoxien dieser Bewegung, die so sehr auf Individualität pocht, dass sie in Wahrheit gar nicht das einzigartige Individuum stützt, sondern nur in der Gruppe überlebt. Denn je mehr davon geredet wird, dass Kategorien als »kulturelle Konstrukte« entlarvt und »dekonstruiert« werden müssen, umso mehr Kategorien werden gerade zementiert. Es ist die Rückkehr der Kollektive. Karl Marx hatte seine Klasse und sein Proletariat, die intersektionale Genderbewegung hat die »People of Color«, die »Non-binary-people«, die Transgender-Community, die LGBT-Community, die Antifaschisten, die Antirassisten, die Queer-Veganer und selbst die Kategorie Frau und Mann ist zumindest für die Kriegsführung zwischen den Geschlechtern auch weiterhin absolut systemrelevant und wird immer dann vor der selbst propagierten Dekonstruktion beschützt, wenn sie einem nutzt und es darum geht, neue Mitglieder ins Kollektiv aufzunehmen oder andere rauszuwerfen.

Die ganze Denkfigur ist hochgradig widersprüchlich: Geschlecht darf keine Rolle spielen, es sei denn, es gibt über Frauenquoten einen Posten. Hautfarbe darf keine Rolle spielen, es sei denn, eine Universität möchte für die tolerante Außenwirkung seine »Diversity«-Quote erhöhen, dann müssen händeringend die richtigen Hautfarben her, egal mit welchem Notendurchschnitt. Sexualität darf keine Rolle spielen, wird aber bei jedem Christopher Street Day peinlich zur Schau gestellt.

NIEMAND HAT VOR, EIN PROBLEM ZU LÖSEN

Der politische Erfolg identitärer Gruppen brachte zugleich auch ein Dilemma: Was tun, wenn der Job erledigt ist und eigentlich alle zufrieden nach Hause gehen könnten, um sich auf den erkämpften Rechten und Lorbeeren auszuruhen? Für was noch kämpfen, wenn alles erreicht ist? Wovon leben, wenn der durch Steuergelder finanzierte Arbeitsplatz als Genderprofessor*in, Diversity-Beauftragte und kritische Weißseinsforscherin wider die imperialistischen Ambitionen alter weißer Männer gar nicht mehr benötigt wird und man den Laden eigentlich zumachen müsste? Der Opferstatus ist Jobgarantie, ist Budgetgarantie, ist Absicherung auf Lebenszeit. Einzige Bedingung: Das Glas muss immer halb leer bleiben, es darf keine Fortschritte geben, es muss immer noch ein Problem zu lösen sein, eine

Diskriminierung aufgedeckt und eine Ungleichbehandlung beseitigt werden. Wir finden in diesem Dilemma die einfachste Antwort auf die Frage, warum es nie besser wird, warum die intersektionale Genderforschung nie Lösungen, sondern immer nur Probleme entdeckt, warum es nicht vorangeht und man das Ziel nie erreicht: Niemand hatte vor, jemals anzukommen.

OPPORTUNISMUS ZWISCHEN ALLMACHT UND OPFERSTARRE

Bereits seit den 1970er Jahren lässt sich beobachten, wie der Siegeszug für Frauenrechte und Homosexuellenrechte schleichend zu einem Opferzug ganz neuer Identitätsgruppen umgedeutet wurde. Wehrten sich die Feministinnen der ersten Stunde noch vehement gegen die Sichtweise, sie seien arme Hascherl und die ewigen Opfer, die beschützt werden müssen, so haben die Töchter der Emanzipation längst erkannt, dass so ein Opferstatus auch ganz nützlich sein kann. Kämpfte der Feminismus der ersten Stunde noch gegen faktisch nachweisliche Diskriminierung und Gewalt, gegen Einschränkungen und Verweigerung konkreter Menschenrechte, die man klar benennen konnte, ist der Opferstatus heute durch »das System« manifestiert, eine gefühlte Sache, selbst wenn nichts passiert ist. Frau sein heißt, ein geborenes Opfer zu sein. Das bedeutet im Umkehrschluss: Es existiert auch eine Erbschuld auf der männlichen Täterseite. Damit sind nicht nur angeborene Privilegien, sondern auch die Erbschuld aus dem Mittelalter reanimiert. Opportunistisch und paradox wird einerseits ständig die »Frauenpower« beschworen, das »Wir können alles« und noch besser als die Männer, dieselbe Bewegung verfällt jedoch innerhalb von Sekunden in Opferstarre, wenn es nutzt, um Vorteile aus der angeblich nicht existenten Weiblichkeit zu erlangen.

Und das Allerbeste: Das System ist schuld, wenn die Frau oder jede andere identitäre Gruppe versagt, nicht bekommt, was sie will, oder an Grenzen stößt. Wichtig ist an dieser Argumentationslinie vor allem eines: Das Individuum muss als machtloses Wesen wahrgenommen werden, von jeglicher Schuld und Eigeninitiative befreit. Auf gar keinen Fall darf es sein, dass eine Frau einen Job nicht bekommen hat, weil sie unfähig ist, immer muss eine systemische gläserne Decke des männlich patriarchalischen Systems sie gehindert haben. Damit ist die Frau fein raus und kann niemals versagen.

Mit diesem Opfermantra kann sich das unterdrückte Individuum auch niemals selbst retten, die Selbstermächtigung hört genau hier auf. Nur der Systemwechsel, der Angriff auf die Elite, die Herrschenden, kann eine Lösung bringen. Da die Klassengesellschaft nach Marx durch Wohlstand relativiert wurde, bleibt auf der Täterseite abseits sexuell und kulturell vielfältiger Gruppen nur noch einer übrig: der alte, heterosexuelle, weiße Mann als Hüter des Patriarchats, als alter Kolonialist, immerwährender Sexist und gieriger Kapitalist. Willkommen in der Realität des intersektionalen, identitären Genderfeminismus.

VICTIM BLAMING

Sagen Sie jetzt nichts, es könnte gegen Sie verwendet werden. Zweifel und Widerworte werden nicht geduldet, dafür hat man die Rhetorik des »Victim Blaming« erfunden. Keine moralische Untat kommt heute noch ohne passenden Fachbegriff aus. Merke: Wer dem Opfer widerspricht, begeht eine Art Gotteslästerung, weil er es beschuldigt, zu übertreiben, zu lügen oder auch einfach aus einem Nichts eine Szene zu machen, eine weibliche Kernkompetenz. Wollen Sie etwa behaupten, eine Frau lügt? Das Opfer männlicher Unterdrückung hat moralisch immer Recht und muss seine Behauptung nicht beweisen. Es reicht, dass die Frau weiß, wie sie sich gefühlt hat und was sie erlitten hat. Das Dogma der Unschuld des Opfers des Systems wird mancherorts härter verteidigt als die Jungfräulichkeit Mariens in der Katholischen Kirche. Das Halten dieser Straßensperre ist strategisch eminent wichtig zur Begründung aller Sexismusdebatten, die wir bereits erlebten und die noch kommen werden. Gefühlte Belästigung gewinnt damit bereits Anklagestärke.

Das berühmte i-Tüpfelchen findet sich nicht zuletzt in der Behauptung: Nur persönlich Betroffene »wissen«, wie sich Diskriminierung anfühlt, nur sie können überhaupt die Wahrheit nachempfinden, weil sie einen »angeborenen« Erfahrungshorizont besitzen. Betroffenheit als Expertentum, damit ist jeder raus aus der Debatte, der keine Opfererfahrung vorweisen kann oder gar zur bösen Täterseite gezählt wird.

Und wieder stoßen wir auf unser altes Paradoxon. Alles kann und muss als kulturelles Konstrukt dekonstruiert werden. Aber Opferindividualität muss angeboren sein und kann auf gar keinen Fall dekonstruiert oder übertragen und nicht einmal nachempfunden werden. Da ist dann auch die Biologie wieder ein Freund. Denken Sie an die arme Rachel, sie war nur »fake-schwarz«, keine Bioschwarze und damit raus aus dem Spiel. Sexuelles Empfinden, die Weiblichkeit, die Hautfarbe oder die Religion müssen als identitätsbegründende Merkmale angeboren sein, um in der Szene als authentisch zu gelten, und können auch nicht übertragen werden. Dass es auch davon noch opportunistische Ausnahmen gibt, versteht sich von selbst. Denn zumindest die »Transfrau« darf trotz fehlender Bio-Weiblichkeit dann doch das Frausein beanspruchen.

OPFERLOGIK

Identitätspolitik macht die Protagonisten dieser Bewegung aber auch auf ganz eigene Weise und wahrscheinlich unfreiwillig verwundbar. Wenn ich nur bin, was ich fühle, wie ich aussehe, wen ich begehre, wo ich herkomme, wenn das mein ganzes Sein ausmacht, ist die Identifizierung mit diesem besonderen Merkmal mein größtes emotionales Verwundungspotenzial. Und zu allem Überfluss trage ich meinen wunden Punkt ständig für alle sichtbar vor mir her. In Sachen strategischer Kriegsführung ist das ein Offenbarungseid. Es erklärt aber, warum eine Diskussion auf Sachebene im Themenkomplex Gender und Identität so unglaublich schwer und oft kaum möglich ist: Widerspruch wird in diesem Kontext nicht einfach als gegenteiliges Argument, als andere Meinung *verstanden*, sondern als persönlicher Angriff *empfunden*. Ich bin, was ich fühle, wie ich aussehe, wen ich begehre, wo ich herkomme, und wenn du dem widersprichst, greifst du nicht meine Meinung, sondern mich als Mensch an. Damit ist jede Wissenschaft hilflos, weil selbst statistische Zahlen zum Aggressionspotenzial avancieren. Sprache wird dann zum Akt der Gewalt, andere Meinungen zum Angriff auf die Menschwürde und die Person.

Vor einigen Jahren saß ich auf einem Podium unter anderem mit einer Professorin für »Weißseinsforschung«. Ich war ganz froh, als auch der Moderator der Veranstaltung sich outete, bisher nichts von dieser sicher wichtigen Wissenschaftsrichtung gewusst zu haben. Die Dame, die nun über die Frage forschte, was es bedeutet, weiß zu sein, war gleichzeitig die einzige Schwarze auf dem Podium. Das war kein Zufall, sondern ein klassisches, nahezu klischeehaftes Beispiel von Expertentum durch Betroffenheit inklusive Lehrstuhl. Die Professorin, die man heute wohl korrekterweise als Angehörige der Identitätsgruppe der »People of Color« bezeichnen müsste, hatte mir bereits vor der Veranstaltung persönlich mitgeteilt, dass ich allein schon mit meiner weißen Hautfarbe »Gewalt« auf sie ausüben würde. Das sagte sie wörtlich. Ich hatte noch nicht mehr getan, als mich freundlich mit meinem Namen vorzustellen und ein bisschen Smalltalk versucht, und ich muss gestehen, ich war von der Anschuldigung gegenüber meiner atmenden Existenz leicht überfordert.

Sie forschte also über den Feind, der in Form der weißen Mehrheit im Allgemeinen und der Podiumsteilnehmer wie mir im Besonderen für ihren Status als Minderheit in Deutschland einen ständigen Angriff bedeutete. Jeder meiner Atemzüge – eine Mikroaggression. Wir übten alle Gewalt auf sie aus, und auch meine angeborene Opferweiblichkeit inklusive Migrationshintergrund konnte die angeborene Schuld meines Weißseins in ihren Augen nicht kompensieren. Wie soll man nun mit jemandem Argumente tauschen oder gar Kompromisse finden – ein normaler Vorgang in einer freien, demokratischen Gesellschaft –, der sich bereits angegriffen fühlt, einfach nur weil man überhaupt existiert?

Diese Szene ist exemplarisch für das neue identitäre Opferdenken, das hier gar zur Grundlage universitärer Forschung gemacht und mit Budget und Titel protegiert wurde. Wir subventionieren also mit Steuergeldern Denkweisen, bei denen selbst im wissenschaftlichen Diskurs Kritik nicht als legitimer Widerspruch, als alternative Meinung oder neue Idee angehört und diskutiert werden kann, sondern als Angriff auf die Person gewertet wird. Widerspruch wird damit zur aggressiven Straftat. Wer nicht einmal für sich selbst zwischen Sein und Handlung unterscheiden kann, schafft es auch nicht beim politischen Gegner. In Konsequenz wird jeder Widerspruch, den jemand vorbringt, mit seinem Vertreter gemeinsam beerdigt. Menschheitsgeschichtlich ist auch das nicht neu, im alten Rom schon wurden die Überbringer der schlechten Nachrichten geköpft. Wir waren dazwischen aber ein paar Jahrhunderte lang intellektuell weiter. Jetzt reicht wieder die falsche Nachricht, das falsche Argument, das falsche Geschlecht oder die falsche Hautfarbe, um sich selbst ins gesellschaftliche Aus zu katapultieren.

Da sich die opferzentrierte Identitätspolitik inzwischen auf den gesamten kulturellen Bereich ausgeweitet hat, ist es zudem eng geworden im Opfertopf und strategische Verbündete sind einerseits erwünscht und notwendig, um gemeinsam gegen die Heteronormativität zu kämpfen, gleichzeitig liegt man auch teilweise zwangsweise mit dem Feind in einem Bett. Die eigenen, spezifischen Forderungen und Identitätsmerkmale müssen umso schärfer und klarer nicht nur gegenüber der Mehrheitsgesellschaft, sondern auch gegen die Ambitionen der anderen Opfergruppen abgegrenzt werden. Identitätspolitik schafft gar nicht Gleichheit und Gerechtigkeit, sie verschärft sogar die Betonung der Unterschiedlichkeit und ist damit entgegen ihrer eigenen Propaganda zutiefst ausgrenzend. Der Graben zwischen den Geschlechtern wird nicht zugeschüttet, es gräbt gerade jedes »Geschlecht« und jede »Identität« ihr eigenes Erdloch, in dem man dann sitzt und das man als Territorium eisern verteidigt.

Im heutigen Identitätsaufmerksamkeitswettlauf sind natürlich alle Opfer gleich, aber manche sind gleicher. Denn es kommt auch hier, wie es immer kommen muss: Es braucht eine Opferhierarchie, und diese ist nahezu willkürlich aufgebaut. Es gewinnen jene, die sich selbst am lautesten und aggressivsten inszenieren: Derzeit sind es Transsexuelle, Homosexuelle und Muslime. Und plötzlich versteht man, wieso sich die ganz normale heterosexuelle Frau politisch nicht mehr vorfindet. Sie ist in der Opferhierarchie ganz nach unten gerutscht, überholt worden von jenen, die den Geist der Zeit besser erkannt haben und anstatt von vorn anzufangen, einfach die bestehenden Strukturen kaperten. Die Frauenbeauftragten wurden erst Gleichstellungsbeauftragte und sind jetzt Diversity-Beauftragte. Die Budgets und mühsam erkämpften Strukturen der Frauenpolitik wurden einfach übernommen.

Genderfeminismus war noch nie die Lösung der Frauenrechte, sondern der Beginn ihrer Ignoranz. Auch Judith Butler, die Ikone der Gendertheorie hatte niemals vor, die Frau und ihre Weiblichkeit zu retten, auch wenn sich diese Illusion bis heute als Mythos hält. Sie hält Weiblichkeit für eine kulturell geprägte »Performance«, für ein Schauspiel, das uns unterdrückt und unterjocht und entsprechend »dekonstruiert« werden muss (das hübschere Wort für »zerstört«). Butler ist nicht die Retterin der Weiblichkeit, sondern der Sargnagel zu ihrer endgültigen Entsorgung.

Die Konzentration und Reduktion eines Menschen auf bestimmte Identitätsmerkmale schaffen keine Freiheit, sondern ganz neue

Abhängigkeiten. Im gleichen Tempo, mit dem die Zugehörigkeit zur eigenen, natürlichen Verwandtschaft neuerdings als Problem propagiert wird, ist der Anschluss an neue identitäre Gruppen zur Überlebensfrage geworden. So kappt der Mensch seine Wurzeln im Namen der Individualität und geht mit seiner neuen Freiheit einsam in der Masse einer neu konstruierten Gruppe unter, die sich nur noch über einzelne Merkmale zusammenhält, aber nicht über Generationen. Identitätspolitik macht nicht stark, sondern verwundbar. Man darf nämlich keinen Fehler machen. Was wir beim eigenen Fleisch und Blut noch verzeihen, führt bei temporären Interessengruppen schnell zum Rauswurf. Wir werden noch dazu kommen, was geschieht, wenn einer wagt, der Gruppe zu widersprechen. Da wird der Zusammenhalt eines »Wir« beschworen, das in Wahrheit die Unterwerfung unter die neuen Regeln identitärer Minderheiten verlangt. Wenn das kollektive »Wir« bestimmt, hat das individuelle »Ich« nicht mehr viel zu melden.

Sei einzigartig, aber bitte nicht anders als alle anderen. Sei alles und doch nichts. Sei individuell, aber wehe du scherst aus dem Gleichschritt der Masse aus. Die Forderung nach der Auflösung des Einzelnen in immer größeren, unspezifischen Kollektiven ist nicht nur im Bereich der Geschlechterpolitik zu beobachten. Analog, wie sich die Identität als Frau oder Mann in einer verschwommenen Geschlechtervielfalt ohne Kontur, ohne Merkmale, »fluid« im Säurebecken der sexuellen Vielfalt auflösen soll, steht die Identifizierung als Teil einer bestimmten Nation, als Bürger eines bestimmten Landes oder als Mitglied einer Volksgruppe bereits latent unter Verdacht, rechtsextremes Gedankengut zu sein. Bloß nicht mehr deutsch sein. Vielleicht gerade noch bei der Fußballweltmeisterschaft, aber dann ist es auch genug. Der anständige Bürger von heute ist nicht mehr kleingärtnerischer Spießbürger, sondern mindestens toleranter Europäer, besser noch Weltbürger. Warum nicht gleich Bewohner des Universums, wir wollen die Außerirdischen unter uns ja nicht aus Versehen diskriminieren. Ein neuer Nihilismus kommt getarnt im

Gewand der Freiheit, und der frühzeitig entwurzelte Mensch weiß dem nichts mehr zu entgegnen.

KAPITEL 02: BIST DU MIT UNS, SCHWESTER?

Sind Sie Feministin? Während ich schreibe, hat die amtierende österreichische Frauenministerin Susanne Raab die Diskussion über diese Frage am Hals. Hatte sie sich doch vor den laufenden Kameras des österreichischen Staatsfernsehens partout nicht dazu drängen lassen, sich selbst als Feministin zu bezeichnen[27]. Geht das überhaupt? Darf die das als amtierende »Feminismusbeauftragte« eines Landes? Oder ist es nicht das erste Bekenntnis, das gemeinhin erwartet wird von jemandem, der an die staatliche Spitze des institutionalisierten Feminismus und damit zur Hüterin der Frauenrechte befördert wurde? Dasselbe Problem ereilte auch die einstige deutsche Frauenministerin Kristina Schröder vor Jahren, die sich ebenfalls nicht vereinnahmen lassen wollte, wofür man ihr aus der Riege der frauenrechtlichen Gralshüterinnen bescheinigte, »schlicht ungeeignet« für den Job zu sein.

Schweden hat immerhin eine ganze »feministische Regierung« gebildet, wie man der Presse[28] entnehmen konnte. Bravo! Und selbst der kanadische Premierminister Justin Trudeau bezeichnet sich selbst als Feministen. Ja, das macht sich gut in der Außenwirkung, Zögern macht verdächtig. Die Feminismusfrage wird als Lackmustest der Szene vollzogen. Bist du mit uns, Schwester? Das Kollektiv stellt sofort zur Rede, wenn jemand versucht auszuscheren. Die Gruppenleiterinnen sind da erbarmungslos. In der praktischen Anwendung ist die Identitätspolitik unerbittlich und im Schema immer gleich.

Dabei ist die österreichische Frauenministerin in guter Gesellschaft mit ihrer Ablehnung der Selbstbezichtigung als Feministin, denn der Begriff ist vorbelastet und sie ist bei weitem nicht die einzige Frau in der Politik, die sich windet, um sich nicht einwickeln zu lassen von einer Bewegung, die über die Jahre ihre Ansichten radikal verändert hat und inzwischen für alles steht – und manchmal auch für das direkte Gegenteil.

Unerbittlich hielten im Jahr 2017 die Kameras der Weltpresse[29] auch die deutsche Kanzlerin auf der W20-Frauenkonfernz fest, die nach Worten rang auf die Frage der EZB-Chefin Christine Lagarde, ob sie denn Feministin sei. Die bezaubernde Ivanka Trump hatte sich auf dem Podium bereits bekannt, Lagarde feuerte aufmunternd mit geballter Faust an und Angela Merkel war einfach nur sichtlich überfordert. Ein »Ja« sieht anders aus. Merkel stammelt etwas über »Gemeinsamkeiten und Unterschiede«, rettete sich schließlich in angetäuschte Demut, sie wolle sich ja nicht mit fremden Federn schmücken angesichts der historischen Leistungen großer Frauen. Und sie habe jedenfalls keine Angst davor, Feministin genannt zu werden. Gerade noch die Kurve bekommen, aber es war knapp. Der Beraterstab formulierte hinter den Kulissen sicher schon fieberhaft an einem neuen Wording, wie solch peinlichen Fragen zukünftig besser begegnet werden kann, aber die Szene zeigt eindrucksvoll, wie gerade im politischen Amt und in der Öffentlichkeit der Druck zum Bekenntnis oft unausweichlich ist.

»DU SOLLST GEFÄLLIGST FEMINISTIN SEIN!«

Es ist das erste der Zehn Feministischen Gebote, beantwortet aber nicht einmal annährend die Frage: Was ist denn nun Feminismus, wofür muss man sein und wogegen, um dazuzugehören oder auch nicht? Wäre die feministische Welt ein Wiener Kaffeehaus, müsste der Ober bei der Bestellung fragen: »Welchen Feminismus hätten's denn gern?« Lieber den Genderfeminismus, oder darf es etwas Gender-Pay-Gap sein? Mit oder ohne Quote obendrauf? Der Männerhass auf einem Extrateller oder lieber gut durchgemischt? Im Jahr 2020 bejubelte man zum 100. Geburtstag des Weltfrauentages seine Erfinderin Clara Zetkin. Eine stramme Stalinistin, die von »Sowjetdeutschland« träumte und sich an russischen Schauprozessen beteiligte. Welch feministische Tradition, wer möchte da fehlen?

Ist man als Feministin für die Gleichberechtigung oder für die Gleichstellung der Frau, und kennen überhaupt alle den Unterschied? Ist man für die Frauenquote oder dagegen? Ist man für Abtreibung oder Pro-Life? Ist man für die Hausfrau oder für die berufstätige Frau? Karrierefrau oder Milchkuh? Mutterschaft als erfüllendes Glück oder das Kind als Klotz am Bein? Sieht man Männer als Verbündete oder als Quell allen Übels? Obwohl es also deutlich unterschiedliche politische Haltungen und Forderungen auf weiblicher Seite gibt, scheinen dennoch ungeschriebene feministische Gesetze zu existieren, an die sich alle zu halten haben. Es ist eine Art Vielfalt in der Einfalt. Denn obwohl viel und ausführlich über Kleinlich- und Nichtigkeiten diskutiert werden kann in feministischen Seminaren, werden die Grundpfeiler feministischen Denkens dabei dennoch nicht angerührt. Das dient gleich zwei Zwecken: zum einen der Selbstbestätigung unter Gleichgesinnten, aber auch der Aufrechterhaltung der Illusion, dass man ja ausführliche Debatten führe, obwohl man sie in Wahrheit verhindert. Ein Schema, das bei der Identitätspolitik wiederholt und gerne auftritt. Die Grundsatzdebatten werden ausgeklammert zugunsten endloser Scheindebatten über richtige Schreibweisen des dritten Geschlechtes, die Anzahl von Toilettentüren oder die Nutzung einzelner Worte. Es ist unübersichtlich geworden, sowohl im Personal als auch in den Forderungen, das wäre eigentlich eine Chance, um die Vielfalt weiblicher Positionen zu erkennen und als Aufgabe anzuerkennen.

Leider wird sie vertan, stattdessen verzettelt man sich im Mädchengezänk, beschwört aber gleichzeitig das 2. Feministische Gebot.

»DU MUSST AN DAS EWIGE FRAUENKOLLEKTIV GLAUBEN!«

Um Himmels willen darf nicht infrage gestellt werden, dass es unterschiedliche Positionen gibt im Kampf für »die Frau«. So als gäbe es sie tatsächlich, die Frau als Teil eines gemeinsam atmenden Organismus, mit gemeinsamen Wünschen und Anliegen, eine Körpermasse, die sich immer einig ist, wie ein esoterischer Klangkörper, der gemeinsam vibriert. Wer weiß, dass sich selbst siamesische Zwillinge nicht immer einigen können, in welche Richtung sie gerade gehen wollen, bekommt schon mal eine Ahnung, wie es um das Kollektiv der über 3,8 Milliarden Frauen auf der Welt so bestellt ist. Beziehungsstatus: Es ist kompliziert.

»Wenn zwei Frauen nebeneinandersitzen, zieht es« – so weitsichtig hatte es einst die legendäre Schauspielerin und Sängerin Marlene Dietrich in ihrem persönlichen Erfahrungshorizont formuliert. Und damit wäre bereits alles gesagt über die Solidarität unter Frauen. Sie reicht manchmal nicht einmal bis zu unserer Tischnachbarin, geschweige denn zur Kollegin, Nachbarin, gar Freundin, kurzum: Wir sind zwar alle Frauen, aber dennoch gleichzeitig Konkurrentinnen im Kampf um Posten, Macht, Geld, Sex, Männer und Deutungshoheit. Wer eine Staffel *Bachelor* auf RTL mitgeschaut hat, lernt mehr über Frauen als durch 100 Jahre feministische Literatur. Insgeheim wissen wir Frauen das auch. Nüchtern. Faktisch. In unseren bösen kleinen Herzen. Der Mythos »Frauenkollektiv« war aber lange so nützlich. So viele leben gut davon, gemeinsam als Opfer aufzutreten, auch wenn hinter den Kulissen gelästert, gekratzt und gespuckt wird.

Gewaltig und sagenumwoben wurde dieser Mythos immer weiter genährt mithilfe der erkämpften staatlichen Fördertöpfe und in ritueller Anbetung der Errungenschaften um die Emanzipation der Frau. »Denkt nur, es ist noch gar nicht lange her, dass wir die Männer noch um Erlaubnis fragen mussten, ob wir arbeiten dürfen!« – raunt man sich auf den Fluren der feministischen Golden Girls zu. Leichtes Schaudern lässt den Jüngeren den Rücken frösteln, wenn der, nennen wir ihn »Fossil-Feminismus«, aus früheren Zeiten erzählt. Dieser Mythos, seit Jahrzehnten in Deutschland befeuert und bewacht von der uneingeschränkten Hohepriesterin Alice Schwarzer, war nötig, um drohende Abtrünnige zu binden, Aufmüpfige in ihre Schranken zu verweisen und die Fahnenflüchtigen zu stigmatisieren. Sieh, da läuft die böse Schwester, die nicht mitzieht.

Keine Stilrichtung der Frauenbewegung wird den Kampf je gewinnen. Die Fossilecke nicht, weil sie die jungen Frauen nicht mehr mit den alten Geschichten aus dem Krieg erreicht. Das kennen wir doch schon von Opa und dem Zweiten Weltkrieg. Irgendwie spannend, aber aus einer Zeit vor unserer Geburt. Die Agenda der Nachwuchsfeministinnen ist hingegen derart erschreckend weltfremd, dass man sich fragt, aus welchem Elfenbeinturm die Damen morgens die Twitter-Bühne betreten. Das einzig Kollektive an der Frauenbewegung ist möglicher- und auch fatalerweise, dass ihre Toleranz über den selbst für richtig empfunden Lebensweg nicht hinausreicht und damit konsequent und andauernd das verraten wird, was einst erklärtes Ziel der Frauenbewegung war: Dass Frauen frei entscheiden, wie sie leben wollen. Früher gegen den Willen von Männern. Heute leider gegen den Willen anderer Frauen. Die Theorie vom »Ende der Geschichte« ist auch für die Geschichte des Feminismus nur ein Mythos. Es wird nie ein Ende geben.

Jetzt, da die Macht der Gruppe auf der identitätspolitischen Bühne wieder im Vordergrund steht, ist es umso wichtiger, sich am Kollektiv festzukrallen, denn es garantiert Versorgungsansprüche, womit wir nahtlos beim 3. Feministischen Gebot angelangt sind.

»DU MUSST AN DIE FRAUENQUOTE GLAUBEN!«

Die Fraktion der Quotenfeministinnen träumt von gesetzlich garantierter Parität und gesellschaftlicher Teilhabe auf allen beruflichen Ebenen oberhalb der Müllabfuhr. Da will schließlich niemand hin, man nennt es deswegen auch den Sahnehäubchen-Feminismus. Die 50:50-Doktrin wird dort ganz großgeschrieben. Die Argumentationslinie ist kinderleicht zu verstehen: Weil es in der Welt 50 Prozent Frauen gibt, müssen auch 50 Prozent Frauen alle Posten, Ämter, Chefsessel und so weiter haben. Dass die »Vielfalt der Geschlechter« hier noch anklopfen wird, um ihre eigenen Prozentpunkte abzuholen, lassen wir an dieser Stelle erst noch außen vor, auch wenn jetzt schon und natürlich in logischer Folge des intersektionalen Feminismus die Ersten nach Schwulenquoten, Transquoten, Migrantenquoten und sonstigen Quoten für benachteiligte Gruppen rufen. Längst hat man den Pfad im Kampf um die »Gleichberechtigung« verlassen und ist scharf abgebogen auf die breite Allee der »Gleichstellung« der Frau. Inhaltlich für Laien sehr einfach so zu verstehen: Gleichberechtigung ist, wenn alle im Wettkampf an der Startlinie loslaufen dürfen. Gleichstellung ist, wenn genauso viele Frauen wie Männer tatsächlich im Ziel ankommen. Im Zweifel müssen dafür Männer aus dem Spiel geschubst werden oder Frauen eine Stunde früher loslaufen dürfen oder im Sessellift an den Männern vorbeigekarrt werden, Hauptsache, das Ergebnis stimmt. Werden Männer dabei benachteiligt, ist das nur Ausdruck »positiver Diskriminierung«. Diskriminierung von Männern durch diese Methode wird also zugegeben, aber nicht geahndet oder gar bekämpft, sondern auf der Habenseite verbucht, denn sie dient ja dem guten Zweck der Frauenförderung. Das verstehen unsere Söhne ganz bestimmt und sehen das auch ein. Ging es früher in der Forderung nach Gleichberechtigung tatsächlich um gleiche gesetzliche Rechte und Zugänge zu allen Jobs, Schulen, Posten und Mandaten, soll heute im Zweifel auch gesetzlich zementiert eine Quote dafür sorgen, dass überall genauso viele Männer wie Frauen sitzen. Längst steht die Forderung im Raum, auch Wahllisten für Parlamente so zu gestalten, dass Parteien genauso viele Männer wie Frauen aufstellen müssen, was erst dann wieder spannend wird, wenn sich die erste Frauen-, Muslime- oder Transpartei formiert. Ich gehe jetzt schon davon aus, dass es dann Ausnahmen geben wird (siehe positive Diskriminierung).

Zumindest der Frauenquote auf Wahllisten ist aktuell erst einmal per Gerichtsbeschluss ein Riegel vorgeschoben worden. Nachdem deutsche Verfassungsrichter in Thüringen[30] die Parität von Wahllisten mit erzwungener 50-Prozent-Frauenquote für verfassungswidrig erklärt hatten, kam, was kommen musste: Ein Angriff auf die Zusammensetzung der Richterschaft. Aufmerksamen Feministinnen war sofort aufgefallen, dass auf den Richterbänken mehrheitlich Männer saßen und die Frauen überstimmt wurden. Klarer Fall von sexistischer Rechtsprechung, die Forderung nach Parität bei den Richtern ist damit nur eine Frage der Zeit. Die Grünen haben bereits angekündigt, das Urteil anzufechten.

Nicht zuletzt ist im Jahr 2020 auch die CDU auf den Quotenkurs eingeschwenkt. Im Sommerinterview ließ uns die amtierende Parteivorsitzende Annegret Kramp-Karrenbauer wissen, sie habe der Quote viel zu verdanken und sei selbst eine Quotenfrau[31]. Ein Satz, von dem man nicht sicher sagen kann, ob er ein Bekenntnis oder ein Offenbarungseid ist. Die Parteispitze will nun am nächsten Parteitag in Stuttgart im Herbst 2020 diese Quote parteiintern einführen, man erhofft sich dadurch Zulauf von Frauen und natürlich ein modernes, zeitgemäßes Image mit Maß und Mitte. Sollten die Delegierten dafür stimmen, was angesichts des Widerstandes sowohl von Frauen als auch von Männern in der Partei noch höchst fraglich ist, braucht man auch bei der CDU demnächst für jeden zweiten Listenplatz den Nachweis einer Vagina als ausschlaggebendes Qualitätsmerkmal. Ungeklärt bleibt auch bei der Frauenquote der CDU, ob diese nur für Bio-Frauen oder auch für all jene gelten wird, die einfach gerne eine wären? Das kann auch eine Lösung werden für die Nominierungsparteitage der CDU. Wenn sich später nicht genug Frauen finden, um die 50 Prozent Quote zu erfüllen, könnten der Erwin und der Karl-Heinz einfach spontan ihre geschlechtliche Identität wechseln.

Gleichzeitig will natürlich niemand Frauendomänen an Männer abgeben. Merke: Wo Frauen in der Überzahl sind, ist das kein Problem, sondern eine Bereicherung für uns alle. Frauen sind auf der guten Seite der Macht, deswegen kann es nie genug davon an einem Ort geben. Jetzt dürfte es jeder verstanden haben. Aber warum nur den öffentlichen Bereich regeln, wenn man die Menschen mit der 50:50-Idee bis in ihr Schlafzimmer verfolgen kann? Damit sind wir bei Gebot Nummer 4.

»NUR EINE PARTNERSCHAFTLICHE BEZIEHUNG IST EINE GUTE BEZIEHUNG!«

Das Private ist politisch, da kann der Feminismus nicht vor unseren Haustüren Halt machen. Dort schon mal gar nicht. Und so wird akribisch alljährlich vorgerechnet, wie viel mehr Hausarbeit Frauen doch verrichten und wie wenig sich die Männer daran beteiligen. Männer, die anmerken, dass sie in der Zeit doch das Geld verdienen, um das schöne Zuhause zu bezahlen, entlarven sich durch solch sexistische Aussagen nur selbst als ewiggestrige Machos. Versuchen Sie jetzt bitte nicht, so zu tun, als ginge es den Staat nichts an, wer bei Ihnen den Müll rausbringt, das Geld verdient, die Kinder wickelt oder den Rasen mäht. Das Private ist politisch, bleibt politisch und muss es immer sein. Das Zauberwort für die neue Parität im Privatleben ist das Wort »partnerschaftlich«, gerne genutzt vor allem durch sozialdemokratische Politikerinnen. Damit soll die traditionelle Arbeitsteilung innerhalb der Familie an den Pranger gestellt werden und als

Rollenklischee verunglimpft sein. Wenn also immer noch der Mann das Geld reinholt und die Frau Heim und Herd hütet, ist das »unpartnerschaftlich«, ergo unemanzipiert und nicht in der Moderne angekommen. Es ist eine zu überwindende Lebensform, die politisch bekämpft werden muss, und zwar mit allen Mitteln. Es wundert mich gerade, dass wir aus dem Familienministerium noch keine Empfehlung bekommen haben, wie oft wer beim Sex oben oder unten liegen sollte, um eine Beziehung auf Augenhöhe amtlich vorweisen zu können. Ich bin aber sicher, die Richtlinien werden bereits erarbeitet. Weitsichtige Feministinnen haben sich schon in den 1970er Jahren über dieses wichtige Thema Gedanken gemacht und kamen zum Ergebnis: Jede Penetration ist Gewalt. Allein die Existenz männlicher Geschlechtsorgane ist somit nah dran an der ständigen Mikroaggression und sollte tunlichst dekonstruiert werden. Die alte »Schwanz ab«-Rhetorik der 1970er war also reine Notwehr! Quotenfeminismus ist damit sehr nahe verwandt mit dem Opferfeminismus, was uns direkt zu Gebot Nummer 5 bringt.

»FRAUEN SIND EWIGE OPFER!«

Ein wunderbares Gebot, es ist bequem und leicht umsetzbar. Es entbindet von jeder Eigeninitiative, denn der Schuldige ist immer ein anderer. Als Frauen sind wir sowieso Profis darin, auf die Tränendrüsen zu drücken, wenn wir nicht bekommen, was wir wollen. Es macht Männer wehrlos, wir haben das schon in Kindheitstagen mit unseren Vätern und Brüdern trainiert. Der angeborene Opferstatus der Frau ist zudem ein Segen für einen ganzen Apparat von Gleichstellungsbeauftragten und Diversity-Experten. Der Opferfeminismus wird nie aus der Mode kommen, denn da ständig neue Opfer geboren werden, wird die Arbeit und das nächste Jahresbudget nie enden.

Nahezu leichtfüßig hat sich die Frauenbewegung in diesem Punkt auch von ihrem eigenen Anspruch verabschiedet. Vor 100 Jahren gingen Feministinnen auf die Straße, um nicht mehr als kleine, wehrlose Mädchen behandelt zu werden. Es war schon ein sehr frühes: »Yes we can«, eine kraftvolle Selbstermächtigung der ersten Emanzipationsbewegung. Es ist entsprechend nicht nur ein inhaltlicher, sondern auch ein bedauerlicher Rückschritt, dass nach 100 Jahren nun wieder so getan wird, als sei Frau ein Käfer, der auf dem Rücken liegt und nur mit fremder Hilfe wieder auf die Füße kommt, um allein weiterzulaufen. Da feierte man einerseits Frauen wie Sheryl Sandberg für ihren Weltbestseller *Lean in* mit der gern gehörten These und Aufforderung: Streng dich an und zeig Willen zum Erfolg, dann schaffst du es auch! Gleichzeitig dämmerte schon damals vielen Frauen, dass dies Anstrengung bedeutet und keinen einfachen Durchmarsch zum Erfolg. Sandbergs Appell wurde deswegen auch schnell wieder verdampft mit dem Hinweis, dass das »System« so übermächtig sei und es deswegen nahezu unfair sei, von Frauen zu verlangen, die Schuld bei sich zu suchen, wo doch das System sie unterdrückt.

In diesem Zusammenhang sind Frauenquoten übrigens die übelste Form weiblicher Degradierung. Sagen sie doch aus: Du schaffst es nur, wenn wir dir eine Quote geben, denn ohne sie ist der Mann dir immer überlegen. Es ist die Zementierung des ewigen Opferstatus und nimmt Frauen sogar die Chance zu zeigen, dass sie tatsächlich auch ohne gesetzliche Krücken dort ankommen, wo sie hinwollen. Stattdessen bleiben wir also Opfer der Männer, des Systems, des Patriarchats, der Verhältnisse, der Kirchen, ach, suchen Sie es sich aus. Opferstatus klärt die Front zur Täterseite, dort steht immer der Mann, der mit seinen Seilschaften und seinen männlich angeborenen Privilegien die Frau hindert, das zu sein, was sie sein will. Was wiederum das 6. Gebot sehr klar definiert.

»DER WEISSE MANN IST AN ALLEM SCHULD!«

Damit dieses Gebot niemals in Vergessenheit gerät, treiben die leicht reizbaren Netzfeministinnen jedes halbe Jahr eine neue Kampagne gegen die »toxische Männlichkeit« alter weißer Männer als #Hashtag-Feminismus durchs Twitter-Dorf, während der intersektionale Feminismus sich gerade mit allen Opfergruppen verbündet, die er finden kann, und ebenfalls den weißen privilegierten Mann als Täter klar benennt. Kapitalist ist er, Kolonialist, Rassist. Hüter seiner weißen Privilegien. Das führt dann im Netz zu skurrilen Verschwesterungen, wie etwa mit den kopfbetuchten Feministinnen, die ihre von Papi angeordnete Selbstverhüllung als emanzipatorischen Akt verstanden wissen wollen und nicht etwa als Unterdrückung der Frau im Islam. Im Iran lassen sich derweil die dortigen Feministinnen festnehmen und ins Gefängnis werfen[32], um einmal ihr Kopftuch abnehmen zu dürfen. Die Solidarität der feministischen Schwestern Europas ist weltweit noch ausbaufähig, aber dafür haben wir ein universitär bestätigtes Genderzertifikat und schreiben antidiskriminierend mit Gender*stern! Da können die im Nahen Osten und in der Dritten Welt noch eine Menge von uns lernen.

Egal ob es um gläserne Decken vor Dax-Vorständen, um Lohnunterschiede zwischen Männern und Frauen oder die Aufteilung von Hausarbeit geht. Immer, wirklich immer wird die Schuld den kulturell geprägten, patriarchalen Strukturen zugewiesen, die nun endlich dekonstruiert werden müssen. Überall herrscht entsprechend »struktureller Sexismus« oder gleich die »Rape Culture«, die Vergewaltigungskultur, dieses heteronormative System aus Tradition, Religion und Kultur, das den Mann stützt und die Frau unterdrückt. Um die nächste Männergeneration auf Linie zu bringen, ist es also wichtig, völlig normales männliches Verhalten schon bei kleinen Jungs im Kindergarten zu unterbinden und als bedenklich und stereotyp zu pathologisieren. Männliches Gebaren muss beizeiten in seine Schranken verwiesen und im Zweifel mit Ritalin kaltgestellt werden.

Nur wenn die Täter aus fremden Kulturkreisen oder gar aus islamischen Gesellschaften stammen, ist der Hinweis auf deren kulturellen Hintergrund und die systematische Unterdrückung von Frauen in diesen Gesellschaften nicht mehr Grund für einen Skandal, sondern angeblicher Rassismus. Aus unerfindlichen Gründen scheint das patriarchale System aus neofeministischer Sicht einen Bogen um die echten Machogesellschaften zu machen. Die Massenvergewaltigungen an Frauen in Indien und die Steinigungen von Frauen in islamischen Gesellschaften sind dann nicht mehr Rape Culture, sondern bloß »kulturelle Unterschiede«. Wie wunderbar für die Frauen im Iran! Diese wollen übrigens auch keine Opfer mehr sein und auch nicht durch westliche Feministinnen gerettet werden. Ihr Feind ist nicht alt, weiß und männlich, sondern jung, farbig und männlich. Dass sie das ständig in Erinnerung rufen und damit das hübsche Mantra des westlichen Wohlstandsfeminismus ruinieren, kommt hier nicht so gut an, weswegen ihnen das westliche Frauenkollektiv zur Strafe auch die Unterstützung versagt. Die falschen Täter anzuprangern ist also genau so schlimm, wie das falsche Leben zu führen. Das passiert ständig und massenhaft, denn trotz 100 Jahren Feminismus zeigen sich Millionen Frauen völlig ungerührt und beharren auf feministisch nicht korrekte Lebensentwürfe, damit sind wir nahtlos beim 7. Feministischen Gebot.

»DU DARFST ALLES SEIN, AUSSER GLÜCKLICHE HAUSFRAU«

Sich ein bisschen schlecht zu fühlen ist das Mindeste, was von einer Frau erwartet wird, die »unpartnerschaftlich« in einem Lebensmodell der gefühlten Steinzeit verharrt. Es wird erwartet, dass Frau zumindest vorgibt, im Modell Heim und Herd unglücklich zu sein, dass sie eigentlich anders leben will, beruflich erfolgreich sein will, mehr verdienen will als der Gatte, und dass das ewige Kochen und Kinderhüten ihr eine Last und Mühe ist – kurz: Sie soll wenigstens unglücklich sein, wenn sie schon als Hausfrau lebt. Ist man hingegen als Frau zufrieden in diesem Leben, bildet das für feministische Denkschemata ein nahezu unauflösliches Dilemma, das wiederum nicht geklärt wird, indem man die eigene Theorie oder gar das 7. Gebot einmal kritisch hinterfragt, sondern indem man lieber die Hausfrau an den Pranger stellt.

Mich bezichtigte einmal eine selbsternannte »Feministin der ersten Stunde«, sie muss also etwa 100 Jahre alt gewesen sein, Antifeministin zu sein, weil ich Mütter und Hausfrauen verteidige. Die deutsche Feminismusikone Alice Schwarzer wiederum fragte mich vor laufender Kamera[33], ob ich von Männern bezahlt würde für das, was ich sage – wir diskutierten über Feminismus und Sexismus. Ich befinde mich also anscheinend sehr klar außerhalb des fest umrandeten feministischen Spektrums. Ich sei gar nicht frei in meinem Lebensentwurf, sondern ein Opfer des Systems, das mich nur glauben lässt, ich tue das alles gern und freiwillig, so erklärte es mir die Leiterin eines staatlich subventionierten Wissenschaftszentrums auf offenem Podium.

Die glückliche Hausfrau ist also ein dringend aus ihrem Leben zu rettendes Subjekt, das an einer Art Stockholm-Syndrom leidet und sich mit dem eigenen Peiniger auch noch ins Bett legt. Andere wiederum sehen in der Hausfrau nur eine andere Variante der Prostituierten, schließlich lässt sich die Frau im Tausch gegen Zuneigung und Geschlechtsverkehr durch den Ehemann finanziell aushalten. Im Gegensatz zur Straßennutte steht sie aber am Herd und nicht an der nächsten Ecke. Die Arbeitsbedingungen und die Unterbringung sind somit deutlich besser als auf dem Straßenstrich. Kürzlich erst attestierte eine Kollegin in den Medien der traditionellen Hausfrau zumindest, dass sie nicht automatisch rechtradikal sei, auch wenn die Verteidigung der klassischen Ehe einen als Frau immer latent unter Faschismusverdacht stellt. Stattdessen könne man die freiwillige Unterwerfung der Frau unter den Mann auch als erotische Subkultur verstehen[34]. Hausfrau ist also auch nur eine der *Fifty Shades of Grey*. Gut, dass wir das geklärt haben. Meist ist das Hausfrauendasein jedoch fatalerweise gepaart mit dem Mutterstatus, was uns unweigerlich zum 8. Feministischen Gebot bringt.

»SEI KEIN MUTTERTIER!«[35]

Wenn es denn unbedingt sein muss, dass man sich nach wie vor durch einen Akt selbst gewählter heterosexueller Unterwerfung von einem Mann befruchten lässt, darf dieser Ausrutscher auf gar keinen Fall zu einer wesentlichen Veränderung im Leben einer Frau führen. Es gilt: Kinder nur, wenn man so schnell wie möglich in das alte Lebensschema zurückkehrt. Die Mutter kann sich nicht *mit* Kind emanzipieren, sondern nur *vom* Kind. Das Recht, das eigene Kind im Mutterleib zu töten, ist entsprechend ein unbedingt zu verteidigendes »Frauenrecht«. Wir wollen da jetzt mal nicht zimperlich sein! Kinder ruinieren schließlich die Karriere, die Beziehung, das Sexleben, die Figur und inzwischen wissen wir auch: Jedes Kind ist eine Klimasünde. Da wird Abtreibung nahezu zur Pflicht!

Entsprechend gilt der weibliche Lebensweg dann als emanzipatorisch geglückt, wenn er sich möglichst gar nicht mehr von einem männlichen unterscheiden lässt. Der postgeschlechtliche Erwerbslebenslauf einer Frau besitzt also allerhöchstens noch ein paar Monate lästiger Schwangerschaft als Lücke, bevor Frau wieder freudestrahlend und aufopferungsvoll im Büro erscheint. Damit die besten Jahre der Frau nicht an Kinder verschwendet werden, die Option Kind aber zumindest als späte Illusion offenbleibt, kann Frau sich alternativ die Eizellen durch »social freezing« auf Eis legen lassen, um nicht dasselbe mit ihrer Karriere tun zu müssen. Die Emanzipationsprofis gebären schon nicht mehr selbst, das Gebärenlassen durch bezahlte

Brutkästenfrauen ist nicht nur für Schwule ein neuer Trend, sondern auch für die ambitionierte Karrierefrau, die weder Job noch Figur riskieren will und sowieso keine Zeit hat. Gleichzeitig schafft es nach den Sexarbeiterinnen nun die Berufsgruppe der Reproduktionsarbeiterinnen und macht den Mann bis auf die lächerliche Samenspende nahezu überflüssig. Ein feministischer Traum!

Das wahre feministische Grauen beginnt also an der Schwelle der Muttergefühle oder gar bei dem schändlichen mütterlichen Bedürfnis, sich tatsächlich selbst um die eigenen Kinder kümmern zu wollen. Deswegen müssen diese Frauen auch öffentlich als Glucken, Heimchen am Herd oder Milchkühe geächtet werden. Sie müssen zur Abschreckung als Gefahr für den Bildungsweg ihrer eigenen Kinder und als Risiko der Altersarmut dargestellt werden. Auf gar keinen Fall darf auch noch finanziell belohnt werden, dass diese renitenten Muttis ihre Kinder partout selbst erziehen wollen und damit die partnerschaftliche Aufteilung des Haushaltes untergraben und nicht zuletzt ihre Kinder zu Hause verblöden lassen, weil sie ihnen die wichtige und auch sexuelle Bildung in der Kita vorenthalten. Mütter zu beschimpfen ist also gesellschaftlich nicht nur erlaubt, sondern gar geboten, zu ihrem eigenen Besten!

Diesem natürlichen Bedürfnis der Mutter wusste schon Simone de Beauvoir kategorisch ablehnend zu begegnen – man dürfe den Frauen nicht die Wahl lassen, sonst tun es zu viele[36]. Und hat uns nicht auch das ABC des Kommunismus[37] beizeiten vor diesen Lebensoptionen gewarnt? Eben. Deswegen muss das Kümmern um die Familie jetzt in »Care-Arbeit« – wieder ein neuer Berufsstand – umgewandelt und auf alle Mitglieder der Gesellschaft und der Familie partnerschaftlich aufgeteilt werden. Familie wird jetzt Dienstleistungsbetrieb. Merke: Wenn ich die Kinder fremder Menschen großziehe, ist es ein Akt der Selbstermächtigung und die Teilnahme am gesellschaftlichen Leben. Erziehe ich nur meine eigenen Kinder, leiste ich hingegen familiäre Schwarzarbeit, da ich mir erlaube, sie zu hüten, ohne meine Arbeit zu versteuern. Gut, dass der Feminismus hier Hand in Hand mit dem Steuerstaat marschiert.

Frauen, die kein geschlechtsneutrales Verhalten an den Tag legen, sind also gefährlich bis suspekt. Was für die Lebensführung gilt, kann aber vor Äußerlichkeiten nicht Halt machen. Man muss die Dinge im Keim ersticken, bevor die Waffen der abtrünnigen Schwestern überhaupt zur Entfaltung kommen, was uns direkt über das 9. Feministische Gebot stolpern lässt.

»DU SOLLST NICHT SCHÖN SEIN!«

Das ist ein sehr dankbares Gebot für die hässlichen Entlein unter den feministisch Bewegten, die dicken, die bebrillten, die kurzbeinigen und die flachbrüstigen. Gleichzeitig ist es ein sehr kompliziertes Gebot, erfordert es doch ständig die Unterdrückung des weit verbreiteten, weiblichen Bedürfnisses nach männlicher Aufmerksamkeit und den dafür nötigen äußerlichen Faktoren wie Schönheit, Sexappeal und einer nie ausreichenden Anzahl an hohen Schuhen. Die aufrechte emanzipierte Frau hat also gefälligst mit ihrem Hirn und nicht mit ihrem Hintern zu brillieren. Es gilt als unredlich, sich mit körperlichen Merkmalen und offenen Blusen Vorteile gegenüber den Schwestern des Kollektivs zu verschaffen oder sich gar auf der Besetzungscouch hochgeschlafen zu haben. Hat man es doch getan, ist trotzdem der Mann schuld. #MeToo!

Da Schönheit und Körbchengrößen natürlicherweise leider sehr diskriminierend ungerecht verteilt sind und wir schon in der Grundschule gelernt haben, die Klassenschönheit zu hassen, muss die lustvoll zu Schau gestellte weibliche Rundung gesellschaftlich und auf jedem Werbeplakat als späte Rache geächtet und verhüllt werden, damit hier nicht mit unfairen Mitteln und den »Waffen der Frau« gekämpft wird. Der weibliche Körper wird also inzwischen von einer feministischen Sexismuspolizei davor bewahrt, auf Werbeplakaten ausgestellt zu werden, das erfreut auch die Herren Salafisten. Haben sie nicht schon immer gesagt, die Verhüllung der Frau unter der Burka sei keine Unterdrückung, sondern ein Schutz vor den lüsternen Blicken alter weißer Männer? Die wahrhaft emanzipierte Frau verweigert dem alten weißen Sexisten also selbstbestimmt und emanzipiert den Anblick ihrer weiblichen Rundungen.

Die gern offen schöne Frau ist also eine unfaire Schlampe, die nur Männern gefallen will und damit der Rape Culture in die Hände spielt. Man darf sie ausgrenzen, alternativ muss man sie für dumm erklären. Schlampe zu sein ist hingegen in Ordnung, wenn man sich zur Durchsetzung feministischer Forderungen selbst so nennt, mit selbstgehäkelter Woll-Vagina[38] auf dem Kopf oder halbnackt auf »Slutwalks[39]« durch die Straßen zieht oder im sogenannten Femen-Feminismus seine »15 minutes of fame« sucht. Das wiederum sind die jungen Dinger, die ihre Brüste mit Slogans bemalt medienwirksam in Kameras halten, um für die Würde der Frau zu kämpfen. In der Regel tun sie dies vor alten weißen Männern wie im Kölner Dom vor Kardinal Meisner oder auch vor dem russischen Präsidenten Wladimir Putin, aber auch ich hatte als anerkannte Antifeministin bereits das zweifelhafte Vergnügen mehrerer Begegnungen. Sie blieben intellektuell niederschwellig, die Fotos der Aktion brachten mir wegen »Nippel-Alarm« eine 48-Stunden-Sperre bei Facebook ein, die sich aber gelohnt hat, denn sie hatten sich meinen aktuellen Buchtitel *Gendergaga*[40] auf ihre Goldstücke gemalt. Als unfreiwilliges Guerilla-Marketing ist so etwas unbezahlbar. Die Femen-Nackedeis sind mit ihrem strategischen Einsatz weiblicher Vorzüge optisch nah dran am Pop- und Modefeminismus, der auf T-Shirts und Bühnen medienwirksam feministische Slogans präsentiert, weil es sich einfach wunderbar vermarkten lässt. Die Blusen stehen auf den internationalen Bühnen nach wie vor weit offen. Das ist nicht paradox, sondern urweiblich.

Nun können und wollen die meisten Frauen gar nicht ohne Mann sein, was das feministische Kollektiv möglicherweise am meisten gefährdet. Immer wenn man die Mädels gerade auf Linie gebracht hat, verliebt sich eine unsterblich in einen dieser Idioten. Das letzte und 10. Feministische Gebot lautet also unausweichlich:

»VERBÜNDE DICH NICHT MIT DEN FALSCHEN MÄNNERN!«

Die Wahl des richtigen Partners ist für alle Frauen eine heikle Angelegenheit, aus feministischer Sicht kann man allerdings noch einiges mehr falsch machen, als man ahnt. Gleichzeitig lassen sich emanzipatorische No-Gos wiedergutmachen, wenn man im Gegenzug den richtigen Mann an seiner Seite hat. Der Spagat zwischen eigenem Anspruch und gesellschaftlicher Erwartung ist auch deswegen so groß, weil all die feministischen Gebote uns harte Auflagen bei der Partnerwahl bescheren, die teilweise der Quadratur des Kreises gleichkommen: So wollen wir zwar zu einem Mann noch aufblicken können, er soll aber nicht auf uns herabblicken. Er soll so gut verdienen, dass er Heim und Brut versorgen kann, aber bitte nicht mehr als wir. Wir wollen gesellschaftlich nach oben heiraten, dort gibt es aber nur noch wenige Prachtexemplare zu verteilen, weil wir ja selbst oben sein wollen und die Herren durchaus gerne nach unten heiraten. Er soll sich um die Kinder kümmern, den Haushalt paritätisch übernehmen und gut zuhören können, gleichzeitig finden wir den verschwitzten Holzfäller sexuell deutlich attraktiver. Wir erwarten, dass man an uns nur die inneren Werte beachtet, suchen selbst aber nach den Männern mit Status, Macht und Geld. Jene Männer, die sich also brav den feministischen Forderungen längst untergeordnet haben und nicht mehr widersprechen, interessieren uns leider langfristig nicht. Geht es um die Paarung, leben wir immer noch in Höhlen, in die wir uns auch gerne mal hineinzerren lassen.

Doch auch beruflich gilt: Spiel nicht mit dem männlichen Schmuddelkind. Es wird erwartet, dass Frau gefälligst Frau unterstützt und den Mythos der Frauensolidarität aufrechterhält, anstatt sich mit nützlichen Männern zusammenzutun. Während wir bei Männern Seilschaften anprangern, ist die Installation weiblicher Netzwerke selbstverständlich gut und richtig. Wählen Männer nur Männer, sind sie eben »schwanzgesteuert«. Frauen sollen aber nur Frauen wählen, das ist feministisch solidarisches »Vagina Voting[41]«.

Männer werden nur geduldet, wenn sie die richtigen Einstellungen haben und zumindest äußerlich so tun, als seien sie Unterstützer der Emanzipation, Feminist und Frauenförderer, auch wenn die wenigsten tatsächlich ihren eigenen Stuhl bereits einer Frau angeboten haben, außer vielleicht einer alten Dame in der Bahn.

Der richtige Mann an der Seite kann Frau aber auch aufwerten. Ist man beispielsweise Präsidentengattin der USA und hängt seinen Job als erfolgreiche Anwältin an den Nagel, um fortan Biosalat im Rosengarten des Weißen Hauses zu pflanzen und die Räume des Westflügels in alter Jackie-Kennedy-Tradition regelmäßig umzudekorieren, ist der Backlash zur First-Hausfrau aus feministischer Sicht absolut in Ordnung, solange der dazu passende Ehegatte Barack Obama heißt. Heißt der Mann im eigenen Bett jedoch Donald Trump, bleibt man auch als durchaus eigenwillige und selbstbewusste Frau, die sich weigert, beim Präsidentenhobby des Gatten die brave First Lady zu spielen dennoch auf ewig nur das dumme Nacktmodell an der Seite des Irren, weil man auf die böse Seite der Macht eingeheiratet hat.

KAPITEL 03: DER INTERSEKTIONALE OPFERTOPF

Postmoderner Feminismus zeichnet sich durch die Gleichzeitigkeit verschiedener Phänomene aus: Die Konzentration auf Nebenkriegsschauplätze bei gleichzeitigem Verleugnen echter Probleme. Die Vernachlässigung der Mehrheit durch Aufmerksamkeitsverschiebung in Richtung neuer Minderheiten. Die Dekonstruktion natürlicher, zugunsten von inszenierter Weiblichkeit. Willkommen im intersektionalen Feminismus. Das ist eine Art Gender für Fortgeschrittene, bei dem die normale heterosexuelle Frau nur noch Bodensatz im Opfertopf ist, denn obenauf schwimmen jetzt alle weiteren identitären Gruppen.

Intersektional, das sei Genderanfängern erklärt, meint dabei die Verbindung zwischen mehreren Diskriminierungspotenzialen und -erfahrungen, was in der Regel zu einer Steigerung des Opferstatus und auch des Betroffenheitsgefühls führt. Die aufrechte Feministin von heute empfindet es als unredlich, wegzusehen oder sich nur auf den eigenen Opferstatus zu konzentrieren, wenn doch auch weitere Geschlechter oder Minderheiten vom Herrschaftssystem des alten weißen Mannes unterdrückt werden. Es muss nicht nur die eigene kleine, sondern die ganze große Welt gerettet werden.

Auf den ersten Blick erscheint dies als ein durchaus heroischer Denkansatz, den man nicht per se ablehnen kann. Dass man sich auch um den Nächsten kümmern soll und nicht nur um sich selbst, ist ja nicht nur ein feministisches, sondern sogar ein zentrales christliches Gebot. Dass wir den Schwachen zur Seite springen, die vielleicht gar nicht für sich selbst kämpfen können, ist längst etablierter Grundgedanke jeder zivilisierten Solidargemeinschaft. Während nun politische Lobbygruppen normalerweise einfach ihr eigenes Feld beackern, denkt die intersektionale Feministin nachhaltig und allumfassend, um nicht zu sagen: inklusiv!

VIELFALT FÜR ALLE

Das Frauenkollektiv wurde entsprechend in einem ersten Schritt schon vor einigen Jahren strategisch um den Faktor »Diversity«, die viel zitierte Geschlechtervielfalt, erweitert, die in Wahrheit allerdings eine Vielfalt des sexuellen Begehrens ist. Ohne politische oder parlamentarische Diskussion oder gar weitere Erklärungen wurde der Geschlechterbegriff also umgedeutet und sein Inhalt um weitere Faktoren aufgestockt. Geschlecht war plötzlich nicht mehr eine Frage der Biologie, sondern eine Frage von Lust und Empfindung. In dieser Phase tauchten erstmalig im medialen Raum sichtbar neue Geschlechterdefinitionen auf, aus denen man wählen konnte.

Soziale Netzwerke gelten gerne als Vorreiter gesellschaftlicher Umbrüche und entsprechend auch als Spielplätze für Aktivisten diverser Lobbygruppen. Exemplarisch konnte im Jahr 2014 bei Facebook beobachtet werden, wie im deutschen Sprachraum plötzlich 60 verschiedene Geschlechter ankreuzbar waren bei der Einrichtung eines Nutzerprofils[42]. Stolz verkündete das Unternehmen, diese Liste unter Kooperation mit den Lesben-, Schwulen- und Transverbänden erstellt zu haben. Mann und Frau war also fortan Geschichte und nur noch eine ranggleiche Option neben absurden »Geschlechtern« wie *gender-*

queer[43], *Viertes Geschlecht, Butch, zwitter* oder auch *pangender.* Es war nahezu ein Paradebeispiel für die Schaffung eines potemkinschen Geschlechterdorfes im digitalen Netz, das man aber durchaus als Motor für politische Entscheidungen der analogen Welt betrachten kann. Es stellte gleichzeitig den Übergang der feministischen Bewegung hin zur Theorie einer angeblichen »Zwangsheteronormativität« dar, die man für »alle« Geschlechter auflösen müsse. Jeder, der fortan nur noch von zwei Geschlechtern sprach, war als »Biologist« verschrien, als intolerant, Homo-Hasser, transphob und Ähnliches. Wie aus einem anderen Zeitalter erscheint heute selbst die Feminismusikone Simone de Beauvoir. *Le Deuxième Sexe* hieß 1949 ihr Buchtitel, im Deutschen übersetzt als *Das andere Geschlecht.* Im Originaltitel das »zweite«, neben dem bislang dominanten ersten Geschlecht. Aber eben zwei. Nur zwei. Heute wäre selbst die gute Simone hart an der Grenze zur Rechtsradikalen mit dieser diskriminierenden These der Bipolarität der Geschlechter. Das Kapern der feministischen Bewegung durch die Lobbyisten der LGBT-Verbände war zum einen strategisch genial, gleichzeitig aber nicht einmal überraschend, war doch die feministische Szene schon immer eine stark lesbisch geprägte Bewegung. Jetzt machte man es nur endlich offen und offiziell.

Exemplarisch ist allerdings auch das Versagen der allermeisten Protagonisten der Naturwissenschaften zu erwähnen, die zu jenem Zeitpunkt weit entfernt waren, sich an den neuen Genderdebatten zu beteiligen, obwohl die handstreichartige Umdeutung des Geschlechterbegriffes ihren ureigenen Kompetenzbereich bedrohte. Man wähnte sich sicher im eigenen Labor, alternativ im universitären Elfenbeinturm. Viele, die heute aufheulen und jammern, waren damals ignorant und/oder mutlos. Man ließ es geschehen im Glauben, das seien nur Spinnereien der hysterischen Frauen-AStA[44]-Gruppen, die sich sowieso niemals durchsetzen würden, weil man es wissenschaftlich nicht ernst nehmen kann.

Die Lächerlichkeit der neuen Geschlechterhypothese verhalf ihr paradoxerweise zum Durchmarsch. Ich erinnere mich gut an diverse Korrespondenzen mit entsprechenden Professoren, die sich unter vier Augen aufregten über die Geldverschwendung durch die Einrichtung vieler neuer Genderprofessuren an den eigenen Universitäten. »Wie viele Krankheiten könnten wir wohl schon heilen, wenn wir all dies Geld stattdessen in entsprechende Forschung stecken könnten?« – dieser Satz erreichte mich bereits 2014 von einem Lehrstuhlinhaber für biologische Forschung. Eine beispielhafte Antwort auf meine immer wieder gestellte Frage, warum ich Genderkritik aus der Fachwelt nie öffentlich höre, war jedoch: »Ich halte mich da raus. Ich will auch nächstes Jahr noch mein Budget und mein Institut behalten.« Auch Männer sind nicht nur Helden. Glückwunsch, meine Herren, hat ja fantastisch geklappt mit der Kriegsführung durch Schweigen. Man muss schlicht festhalten, dass die Erweiterung des Geschlechterbegriffs von Zweigeschlechtlichkeit hin zur angeblichen »Geschlechtervielfalt« nicht das Ergebnis neuer Erkenntnisse in den Naturwissenschaften war, sondern die eigenmächtige Begriffserweiterung persönlich betroffener Lobbygruppen unter Duldung und Beförderung durch die mediale und politische Klasse.

IRGENDWAS MIT FRAUENPOLITIK, ODER?

In Folge hält sich bis heute das Missverständnis und auch die Irritation, was denn nun genau mit »Gender-Mainstreaming« im Sinne von Geschlechtergerechtigkeit im politischen Raum gemeint sei. Wer Geschlecht nicht einheitlich definiert, kann ja keine Geschlechterpolitik betreiben. Wer die Lebensform »Frau« nicht klar definiert, kämpft für wen genau? Was meint die deutsche Verfassung mit dem Satz »Männer und Frauen sind gleichberechtigt«[45] oder damit, dass niemand aufgrund seines »Geschlechtes« benachteiligt werden dürfe, wenn es keine allgemeingültigen Definitionen von Frau, Mann und Geschlecht gibt und diese Antwort Lobbygruppen und variablen Eigendefinitionen überreicht wird?

Das juristische Problem haben durchaus auch die Lobbygruppen selbst erkannt. Zwar wird die neue Geschlechterdefinition, die sexuelle Vorlieben mit biologischen Fakten vermischt, im medialen und auch im politischen Raum vielerorts als angebliche neue Normalität anerkannt, juristisch und vor allem verfassungsrechtlich ist das aber nicht der Fall. Genau genommen klafft sogar ein ziemlich tiefer Graben zwischen gesellschaftlichem und juristischem Terrain.

Nicht umsonst kämpfen die entsprechenden Lobbygruppen in zahlreichen Ländern der Erde darum, dass »sexuelle Orientierung« und »sexuelle Identität« ebenfalls als Eigenschaft in die Antidiskriminierungstatbestände der jeweiligen Verfassungen aufgenommen werden.

Konkret in Deutschland würde das einen Zusatz in den Artikel 3, Absatz 3 des Grundgesetzes erfordern, wo es bisher heißt: »Niemand darf wegen seines *Geschlechtes*, seiner Abstammung, seiner Rasse, seiner Sprache, seiner Heimat und Herkunft, seines Glaubens, seiner religiösen oder politischen Anschauungen benachteiligt oder bevorzugt werden. Niemand darf wegen seiner Behinderung benachteiligt werden.« Wäre der Begriff »Geschlecht« tatsächlich so allumfassend und vielfältig wie im Morgenkreis des Frauen-AStA, gäbe es keinen Handlungsbedarf, weil alle bunten Geschlechter und ihre zarten Empfindungen bereits Verfassungsschutz besäßen. Dass man nach wie vor weiter darum kämpft und das auch muss, dass *zusätzlich* niemand wegen seiner »sexuellen Identität« diskriminiert werden darf, ist also in Wahrheit das Eingeständnis, dass die »Vielfalt der Geschlechter« auf Facebook-Niveau nichts mit der sprachlichen Präzision einer Verfassung zu tun hat. Zumindest im deutschen Grundgesetz herrscht also noch die Grundannahme der Bipolarität der Geschlechter vor und dass ein Begriff nicht handstreichartig durch Lobbypolitik umgedeutet werden kann und somit plötzlich Rechtsschutz genießt.

Abseits von Gesetzestexten ist man deutlich schneller und einfacher bereit, Definitionen über Bord zu werfen, wenn es der eigenen

Sache nutzt. Gerne wird beispielsweise bei Kritik an den Maßnahmen, die im Namen der »Gendergerechtigkeit« zuverlässig Steuergelder auffressen, darauf verwiesen, dass wir uns als Land ja genau dieser Geschlechtergerechtigkeit und ihrer tatsächlichen Umsetzung verpflichtet hätten, bis hoch auf EU-Ebene. Dumm nur, dass auch dort juristisch nicht die Rede ist von einer Vielfalt der Geschlechter, sondern nur von zweien. Auch im viel zitierten Amsterdamer Vertrag sollen als Definition von Gender-Mainstreaming nur »die unterschiedlichen Lebensbedingungen von Frauen und Männern und die Auswirkungen auf beide Geschlechter« berücksichtigt werden. Männer und Frauen. Beide. Zwei.

Aber auch alle anderen EU-Dokumente, wie die Verträge von Rom, Nizza, Lissabon und alle »Fahrpläne« zur Geschlechtergerechtigkeit sowie die Charta der Grundrechte der Europäischen Union, sprechen nur von Männern und Frauen.[46] Alles andere ist Prosa und neue Auslegung, die rechtlich weder gefordert noch geboten ist.

Doch auch national sind es immer nur langweilige zwei Geschlechter in den Gesetzen. So erklärt es gar das Familienministerium in seiner Arbeitshilfe »Gender Mainstreaming bei der Vorbereitung von Rechtsvorschriften«[47]. Zwei. Immer nur zwei Geschlechter, egal ob wir über des Bundesgleichstellungsgesetz sprechen oder Maßnahmen im Arbeitsschutz.

FAKTEN SCHAFFEN

Die Umdeutung der Geschlechterdefinitionen wie auch die Ausweitung des eigenen Zuständigkeitsbereiches für die diensthabenden Frauenrechtlerinnen musste also zunächst abseits juristischer Änderungen im vorparlamentarischen und vorjuristischen Raum stattfinden. Dort, wo man es tun kann, ohne jemanden fragen, eine öffentliche Debatte überstehen oder gar eine Abstimmung gewinnen zu müssen. Wer Gesetze ändern will, muss durch ein Parlament, wer eine Forderung umformulieren will, kann dies auf jedem Marktplatz, auch dem digitalen im Internet, schreien oder in seinem persönlichen Kompetenzraum einfach still und leise umsetzen, solange niemand »Stopp!« ruft. Man nennt das »Fakten schaffen«. Eine durchaus effiziente Strategie, man muss es einfach eine Weile durchhalten, und dann könnte man sogar nach gesetzlicher Bestätigung rufen, schließlich sei es im Zuge des »Gewohnheitsrechtes« schon lange »Normalität«. Die Grünen als auch die »Grün*innen« und Linken versuchen das beispielsweise[48] mit Gesetzesvorlagen, die sie in diversen Landesparlamenten mit »Gender*sternchen-Schreibstil« einreichen, um damit diese Schreibweise abseits des Amtsdeutsch im Parlamentsbetrieb schleichend zu etablieren. Solange niemand widerspricht, fließen diese Schriftstücke mit fantasievoller Schreibweise einfach in die Archive des Parlamentes ein.

Fakten schaffen wird als Strategie auch in internationalen Organisationen und Verträgen angewandt, um eine schleichende Veränderung der Frauen-, aber auch der Geschlechterdefinition voranzutreiben. Dass man auf UN-Ebene beim Thema Gender nicht zimperlich ist und gerne aus dem Vollen schöpft, ist nicht neu, hat uns doch die Weltfrauenkonferenz in Peking 1995 die Verankerung von Gender-Mainstreaming als erstrebenswertes Ziel überhaupt erstmalig auf internationaler Ebene eingebracht. Auch die schwammige Geschlechterdefinition weg von der Biologie hin zu einem »sozialen Konstrukt« nahm dort ihren strategischen Anfang. Heute hat auch UN Women, der frauenpolitische Teil der UN längst eine neue Frauendefinition in ihrer täglichen Arbeit übernommen und damit analog eine Ausweitung eines Vertretungsanspruchs für die Durchsetzung von LGBT-Rechten. In eine schmissige Formel gepresst heißt es dann auf der Homepage der UN Women »Gendergerechtigkeit und Abschaffung von Gewalt gegen alle Mädchen und Frauen, inklusive Lesben, Bisexuellen, Transsexuellen und Gender-Non-Conformisten muss erreicht werden«[49]. Der Kampf gegen Homophobie, Transphobie und Biphobie gehört inzwischen selbstverständlich zur

UN-Frauen-Agenda[50] und die Vorsitzende der UN Women, Phumzile Mlambo-Ngcuka, formuliert: Wer sich gegen Gewalt von Frauen und Mädchen einsetze, könne die LGBT-Community nicht zurücklassen. Wir retten also auch hier stringent die ganze Welt.

DAS U-BOOT »GEWALT GEGEN FRAUEN«

Der Kampf gegen Gewalt gegenüber Frauen und Mädchen wird strategisch immer gerne in den Vordergrund gerückt, um im Fahrwasser dieser absolut wichtigen und richtigen Ambition, der niemand widersprechen würde, der auch nur halbwegs bei Verstand ist, dann das Kleingedruckte mitzutransportieren und den nächsten Schritt zu vollziehen: die Veränderung von Gesetzestexten und Verträgen.

Als nahezu klassisches Beispiel kann hierfür die sogenannte »Istanbul-Konvention«[51] gelten. Dieses völkerrechtliche Übereinkommen, ausgearbeitet vom Europarat und seit 2014 in Kraft, soll in einer Selbstverpflichtung der Staaten der Bekämpfung und Verhütung von jeglicher Gewalt gegen Frauen dienen. So weit, so schön. 46 Mitgliedsstaaten des Europarats haben sie bereits unterzeichnet und 33 davon auch ratifiziert.

Dass Regierungen damit gegen sexuelle Belästigung, Vergewaltigung, Verstümmelung der weiblichen Genitalien, erzwungene Abtreibung, Sterilisation und Zwangsehen sowie psychische und häusliche Gewalt gegen Frauen vorgehen wollen, ist ja wunderbar, das Problem ist das Kleingedruckte, das mitunterzeichnet wird. Wie etwa der Artikel 3c, der eine neue Geschlechterdefinition für alle Unterzeichner kostenlos und inklusive mitliefert, in der so banale Wörter wie »Frau« oder »Mann« oder auch nur das biologische Geschlecht überhaupt nicht mehr vorkommen. Stattdessen heißt es: »Im Sinne dieses Übereinkommens bezeichnet der Begriff ›Geschlecht‹ die gesellschaftlich geprägten Rollen, Verhaltensweisen, Tätigkeiten und Merkmale, die eine bestimmte Gesellschaft als für Frauen und Männer angemessen ansieht«. Das widerspricht nicht nur den Erkenntnissen der Naturwissenschaften und den Ansichten der Mehrheit der Weltbevölkerung, sondern auch, wie bereits ausgeführt, allen anderen Definitionen von »Geschlecht« in den bisherigen EU-Verträgen. Man fragt sich zudem, mit welchem Recht Abgeordnete des Europarates im Vorbeilaufen die Begriffsbestimmung von Geschlecht für einen ganzen Kulturraum verändern, ohne von der darin lebenden Bevölkerung jemals dazu autorisiert worden zu sein, und damit selbstredend auch eine vorprogrammierte Kollision zwischen nationalen und europäischen Gesetzgebungen geschaffen haben.

Auch Deutschland hat die Istanbul-Konvention ratifiziert. Fragen Sie doch einfach beim EU-Ratsmitglied Ihres Vertrauens, wie das zustande kam. Möglicherweise deswegen, weil auch viele Politiker das Kleingedruckte nie lesen, da es ja reicht, dass man sich im »Kampf gegen Gewalt gegen Frauen« an sich selbst erfreut.

Damit nicht genug, heißt es in Artikel 12,1 der Istanbul-Konvention zusätzlich: »Die Vertragsparteien treffen die erforderlichen Maßnahmen, um Veränderungen von sozialen und kulturellen Verhaltensmustern von Frauen und Männern mit dem Ziel zu bewirken, Vorurteile, Bräuche, Traditionen und alle sonstigen Vorgehensweisen, die auf der Vorstellung der Unterlegenheit der Frau oder auf Rollenzuweisungen für Frauen und Männer beruhen, zu beseitigen.«

Unsere Regierung hat also freiwillig eine Übereinkunft unterschrieben, »erforderliche Maßnahmen« zu ergreifen, um ihre geschätzten Wähler, also Sie und mich, dazu zu bewegen, Bräuche, Traditionen und unsere »Vorurteile«, aber auch unsere bisherigen Vorstellungen von Geschlecht als soziale und kulturelle Verhaltensmuster ad acta zu legen, wenn sie nicht mehr den aktuell gültigen Vorstellungen von »Geschlechtergerechtigkeit« entsprechen. Die englische Version formuliert es noch deutlicher, sie spricht von »stereotypen Rollen«[52] für Männer und Frauen, nicht von »Rollenzuweisungen«.

Wenn man sich dann noch in Erinnerung ruft, dass derselbe Europarat bereits im Jahr 2010 allen Ernstes versuchte, die weitere Abbildung von Frauen als Mütter und Hausfrauen europaweit in den Medien zu verbieten, weil diese Darstellung der Frau angeblich genau solche »sexistische Stereotype« seien[53], kann man ungefähr erahnen, welche Vorstellungen von Weiblichkeit laut Istanbul-Konvention noch als politisch korrekt und vorurteilsfrei zu gelten haben. Selbstredend sind alle Vorstellungen von Familie oder Ehe nach dieser Konvention ebenfalls nur zu bekämpfende Stereotype, sie sind Vorurteile und Traditionen und somit Hindernisse auf dem Weg in eine allumfassende Gendergerechtigkeit für alle Geschlechter. All das ist unter dem Vorwand und hinter der hübschen Fassade des Kampfes wider die Gewalt gegen Frauen stillschweigend mit beschlossen worden.

DIE ZWEITE WELLE

Wer mitten im Spiel die Regeln und die Figuren austauscht, verändert das Spiel. Im Geschlechterreigen tauchten also plötzlich auf der Frauenseite viele neue bunte Spielsteine auf, die alle ihre ganz eigenen Forderungen Richtung Gegenseite, aber auch in die eignen Linien brüllten. Die Frauenbewegung nahm die bunten Geschlechter in die eigenen Kampfreihen auf und verlangte fortan, dass immer alle Forderungen zusammen aufgerufen werden müssen. Wer sich Feministin nannte, musste also ab sofort gleichzeitig für die Homo-Ehe kämpfen und das Adoptionsrecht von Schwulen, für Unisextoiletten an Schulen und das Recht auf Geschlechtsumwandlung von Kindern ohne Widerspruch durch Eltern. Außerdem musste man für die Einführung von Bildungsplänen an allen Schulen unter besonderer Berücksichtigung von LGBTTIQ-Geschlechtern sein, für die Bekämpfung des Gender-Pay-Gap und auch für die Rechte der Transfrauen.

Und selbst das war nur der erste Schritt, denn danach wurden in einer zweiten Erweiterung die Faktoren Rasse, Hautfarbe, Alter, Behinderung und selbst Übergewicht als mögliches Diskriminierungspotenzial mit in den Opfertopf einverleibt. Intersektionalität hat ja keine Definitionsgrenze. Wir erinnern uns: Jeder, der sich irgendwie diskriminiert fühlt, darf mitspielen. Naturgemäß ist es im Opfertopf bei all den vielen Einzelprotagonisten und ihren verletzten Gefühlen unübersichtlich und auch ungemütlich geworden. Das Hauen und Stechen ist in vollem Gange, denn das Budget ist immer noch dasselbe, aber immer mehr »Opfer« wollen ein Stück vom Kuchen. Die Opferhierarchie wird gerade ausgekämpft. Fleißig Punkte zu sammeln ist überlebenswichtig. Plakativ gesprochen befindet sich die weiße heterosexuelle Hausfrau dadurch ganz unten, die bisexuelle, schwarze, alte, dicke »Transfrau« im Rollstuhl kann hingegen mit einem sechsfachen Opferpunktekonto glänzen.

Obwohl er es niemals zugeben würde, hat der intersektionale Genderfeminismus damit etwas nahezu gluckenhaft Mütterliches. Schart er doch alle seine Opferkinder unter seinen Flügel. Er will sie alle retten, hat aber Mühe, wirklich durchzugreifen, wenn sich die vielen herumwuselnden Opferkinder immer wieder unerlaubt von der Truppe entfernen und über den Zaun entwischen wollen oder wenn sie sich alternativ gegenseitig wie zankende Kinder nerven oder gar im Kinderzimmer gegenseitig verprügeln. Da hat es auch die Genderglucke schwer, sich zu entscheiden, wen man mehr liebt, welches der Kinder mal auf die stille Treppe oder gar verstoßen werden muss, weil es der gesamten Genderfamilie das Leben schwermacht. Um dieses Problem weder eingestehen noch lösen zu müssen, hat der intersektionale Genderfeminismus die denkbar einfachste Variante gewählt: Er macht die Augen zu vor den Dingen, die man nicht sehen will, und geht stattdessen auf jene los, die das Problem benennen.

Diese Neuausrichtung hin zu erweiterten identitären Gruppen ist auch institutionell auf allen erdenklichen Ebenen vollzogen worden, die es noch zu beleuchten gilt. Intersektionale Geschlechtergerechtigkeit ist nicht nur auf der Ebene feministischer Aktivistinnen präsent, sondern auch in Instituten, Parlamenten, in Ministerien, Schulmaterialien, in den Genderstudien, in den Medien, den Kirchen und auch in internationalen Bündnissen stillschweigend und ohne großes Aufsehen adaptiert worden. Gendervielfalt ist jetzt Minderheitenvielfalt und Diskriminierungsvielfalt. Dass sich damit eine ganze politische Idee und Agenda verschoben hat, erklärt sich von selbst und ist in der Methodik des Wahnsinns in sich zumindest logisch konsequent. Nur eines kann man schon mal sicher sagen: Verliererin in diesem Spiel ist jedenfalls die ganz normale Frau.

DAS GENDERKLIMA

Als sei es nicht schon genug, dass sich Opfergruppen zu immer absurderen und auch widersprüchlichen thematischen Ketten zusammenschließen, ist in neuerer Zeit eine zusätzliche Erweiterung, oder sagen wir besser eine Allianz, sichtbar geworden, was weniger der inhaltlichen Stringenz als eher den personellen Überschneidungen der politischen Milieus geschuldet ist. Und so gehen Minderheiten- und Klimarettung inzwischen ebenfalls Hand in Hand. Die thematische Verbindung von Gender und Klima findet zahlreiche Anknüpfungspunkte. Gerade die Partei der Grünen kann in ihrer Gründungszeit auf die Vereinigung verschiedener Bewegungen zurückblicken, die man unter dem Dach einer Partei zusammenschloss: Feminismus, Anti-Atomkraft-Initiativen, Umweltschutz, Tierschutz, antikapitalistisch-kommunistische Gruppen, Friedensbewegung und Antikolonialismus und auch die ersten Schwulen- und Lesbenlobbys. Der »alte weiße Mann« wird aus dieser Perspektive aus vielerlei Gründen zum absoluten Feindbild: als Vertreter der männlichen Bevölkerung und Unterdrücker der Frauen und Hüter des patriarchalen Systems. Aber auch als Vertreter der weißen kolonialen Übermacht der Ersten Welt, die immer noch die Dritte Welt ausbeutet.

Forschung zum »Weißsein« ist entsprechend die Gegenüberstellung zum »Schwarzsein«, was nahezu synonym für ein erweitertes

Opferdasein steht. Man hasst den »angry white man« als privilegierten Rassisten und als kapitalistischen Umweltsünder, der die Ressourcen der Erde ausbeutet und damit zum finanziellen Nord-Süd-Gefälle der Erde beiträgt, aber auch als Vertreter der Generation der Alten, die auf Kosten der Jungen lebt und für die Überbevölkerung der Erde verantwortlich ist. Die antikapitalistische, postkolonialistische, antirassistische, junge, tierliebe, friedensbewegte, queer-vegane No-Border-Feministin findet also viele Gründe, den alten Kerl zu bekämpfen. Wer die ganze Welt retten will, kann ja das Klima, das der alte Mann ruiniert hat, nicht auslassen. Gleichzeitig können im Sinne der Gruppensolidarität auch weiterhin nicht einzelne Themenkomplexe aus dem politischen Kampf ausgeklammert werden – man muss immer noch für alles gleichzeitig sein. So finden LGBT-Rechte und Klimaschutz zusammen, weswegen auch Greta Thunberg nicht nur aus Klimagründen die Schule bestreikt, sondern auch brav LGBT-Regenbogenfahnen in die Weltkameras hält. Nicht zuletzt zeigt sich in allen Ambitionen dieser Bewegung als weitere Gemeinsamkeit dieselbe Hybris: Man ist nicht nur überzeugt, dank Gedankenkraft das Geschlecht wechseln zu können, sondern auch das Klima. Die globalen »Social Justice Warriors«, wie sie im englischen Sprachraum genannt werden, können eben alles.

Entsprechend finden sich institutionell zwischen Staatsapparat und Lobbyorganisationen zahlreiche thematische und personelle Überschneidungen, wie etwa beim Umweltbundesamt eine 150-Seiten-starke Untersuchung zum Thema: »Gendergerechtigkeit als Beitrag zu einer erfolgreicher Klimapolitik«[54] zeigt, erstellt unter anderem von der Lobbygruppe »GenderCC-Women for Climate Justice e. V.«, wo man für »geschlechtergerechte Klimapolitik« kämpft. GenderCC wiederum ist Mitglied der Klima-Allianz[55] in Deutschland, ein Bündnis von über 130 Mitgliedsorganisationen. Klimaretter, Kirchenmission, Pfadfinder, Tierschützer und viele mehr kämpfen gemeinsam unter einem Dach, so findet das Geflecht Genderklima bunt zusammen, begründet Initiativen, Forschung und Budgets. Und das hier ist nur ein winziges Beispiel.

Andere Feministinnen bekämpfen den Klimawandel mit dem bewussten Gebärstreik[56], um nicht unverantwortlich selbst zur Überbevölkerung der Erde beizutragen. Noch ist man nicht zum kollektiven Freitod aus Klimagründen geschritten, auch wenn dieser letzte Schritt sicher konsequent wäre, um die Erde vom Parasiten »Mensch« zu befreien. Während also Greta nicht zur Schule gehen will, bis das Klima endlich gerettet wird, wollen sie keine Kinder bekommen, bis es so weit ist. Kinderreiche Familie wechseln somit auf die Seite der Klimasünder und Mitschuldigen am Untergang der Erde, werden aber dennoch gebraucht, um später die Rente der bewusst kinderlosen Feministinnen zu bezahlen. Ein Dilemma. Der Erfolg der Klimastrategie der gebärunfreudigen Damen dürfte zudem überschaubar sein. Deutlich effizienter arbeitet auf dem Gebiet der Bevölkerungsreduktion die Allianz von Entwicklungshilfe und feministischer Abtreibungslobby, die bereits seit Jahrzehnten auch mit Unterstützung der UN nicht nur humanitäre Hilfe, sondern auch Verhütungsmittel und Abtreibungsmöglichkeiten unter dem Slogan der »Reproduktiven Gesundheit und Frauenrechte« in die Dritte Welt schafft.

KAPITEL 04:
DAS DAMENOPFER

Der Schachsport kennt das Bauernopfer. Es ist ein Spiel um Leben und Tod. Manchmal muss man sich strategisch von einem Stein trennen, ihn preisgeben, sterben lassen, um ein höheres Ziel zu erreichen, das wichtiger erscheint, oder um jemanden zu retten, der wertvoller ist. Der Bauer gilt als am ehesten verzichtbar, das Fußvolk ist nicht systemrelevant. Er wird geopfert. Das Kriegsspiel erfand den Kollateralschaden, der Feminismus das Damenopfer.

Manche Dinge kann man nicht gleichzeitig haben. Schwarz oder weiß. Leben oder Tod. Mann oder Frau. Sieg oder Niederlage. Du oder Ich. Schach oder Matt. Es ist die Highlander-Ansage von Connor MacLeod: Es kann nur einen geben.

Im politisch korrekten, feministischen, intersektionalen, antirassistischen Bemühen wird eine Menge Energie verbraucht, um in diesem Spiel dennoch den Schein zu wahren, dass alle bunten Spielgefährten sich gleichzeitig auf dem Schachbrett austoben könnten, niemand runterfällt oder raugeschubst wird und am Schluss alle gemeinsam gewinnen. Es ist eine Illusion. Man kann nicht die ganze Welt retten, sondern immer nur Einzelinteressen vertreten, und die Entscheidung für den einen ist faktisch oft die Entscheidung gegen jemand anderen. Wer schon einmal vor Gericht verloren hat, weiß das. Auch wer in einem Parlament eine Abstimmung verliert, hat eben verloren. Präsidenten werden nicht gewählt, weil Kandidaten sich einigen, sondern weil sie sich gegenseitig rauswerfen.

Wir reden im politischen Raum dennoch gerne über sogenannte Win-win-Situationen, die man sich herbeiwünscht und an »Runden Tischen« ausdiskutieren will. Es ist der Versuch, die Stuhlkreispädagogik auf die politische Ebene zu heben. Alle sollen sich irgendwie wohlfühlen und liebhaben. Wir wollen ja auch niemandem wehtun und vor allem keine Gefühle verletzten. Es nährt die Illusion, man könne immer alle Interessen befriedigen, man müsse nur lange genug um eine Entscheidung ringen und dann seien alle irgendwie unter einen Hut zu bekommen. Sind sie nicht. Die wahre Frage ist also ganz nüchtern: Was riskiert man, um passend zu machen, was nicht passt? Wen gibt man auf, wo schaut man weg? Wen opfert man und wie viele?

SCHÖNER UNTERDRÜCKEN IN 1001 NACHT

Bleiben wir doch gleich beim Schach. Genauer gesagt bei der Damen-Schach-WM 2017 im Iran. Exemplarisch kann an diesem Ereignis nachvollzogen werden, wie die Gleichberechtigung der Frau sich beugen musste, damit Mullahs und Sportfunktionäre ungestörte Sportfeste veranstalten können, denn es bestand eine Verschleierungspflicht nicht nur für Muslimas, sondern für alle internationalen Teilnehmerinnen. Diese hatten also die Wahl zwischen freiwilliger Erniedrigung auf Anordnung iranischer Behörden oder eben zu Hause zu bleiben. Falls Sie den Aufschrei unter den empörten Feministinnen dieser Welt nicht gehört haben, sind Sie nicht allein. Es gab nämlich keinen.

Nur einzelne, mutige Schachdamen traten in den offenen Boykott, darunter die Favoritinnen auf den Titel. Wie etwa die US-Meisterin Nazi Paikidze, die verlauten ließ, es sei inakzeptabel, eine WM in einem Land zu spielen, in dem Frauen grundlegende Rechte verweigert und sie als Menschen zweiter Klasse behandelt würden. Auch ihre

Landsfrau Irina Krush sagte ihre Teilnahme ab, es sei ihr zuwider, ihren Körper nahezu komplett einzuhüllen, um einer »Verhaftung« zu entgehen[57], die Ex-Weltmeisterin Marija Musytschuk aus der Ukraine schloss sich an.

Gedankt wurde ihnen der Protest im Namen der Frauenrechte nicht von allen im freien Westen. Ein impliziertes »Stellt euch mal nicht so an« ist als Argument für manche durchaus akzeptabel, vor allem, wenn es um Preisgelder und störungsfreie Spiele geht.

Kein einziger nationaler Schachverband hatte bei der Vergabe der Frauen-Schach-WM an den Iran auch nur aufgemuckt, obwohl absehbar war, dass das Verhüllungsproblem für die internationalen Spielerinnen auftauchen würde – besteht doch im Iran allseits bekannt für alle einreisenden Frauen ab Flughafen eine Kopftuchpflicht, die Herren Mullahs sind da sehr unflexibel.

Weil man nun aber trotz angestrengten Wegschauens den Kopftuchzwang bei der WM weder wegdiskutieren noch rhetorisch dekonstruieren konnte, griffen die Sportfunktionäre zum beliebtesten Mittel, um die Unterdrückung der Frau zu verniedlichen: zum »kulturellen Unterschied«. Susan Polgar von der Kommission für Frauenschach schwadronierte öffentlich davon, wie sie mit dem Kopftuch doch freiwillig ihren »Respekt« vor der »Tradition« des Gastgeberlandes zeige. Getoppt wurde die Dämlichkeit (kommt das eigentlich von »Dame«?) dieses Arguments nur noch durch den Zusatz, die Frauen hätten von den Organisatoren sicher eine »schöne Auswahl« an Tüchern gestellt bekommen[58]. Schöner unterdrücken mit bunten Schleiern, fast wehte ein Hauch von 1001 Nacht durch die internationale Schachwelt. Da wollte auch der deutsche Schachbund sich nicht lumpen lassen, und so sekundierte der Präsident Herbert Bastian das emanzipatorische Trauerspiel mit den Worten, man wolle international den »Dialog der Kulturen« fördern, was für die westliche Welt mitunter »fremde kulturelle Gewohnheiten« mit sich bringe. Ob Auspeitschungen und Steinigungen von Frauen, die sich kulturell verschieden verhalten, auch unter »Kulturgut« fallen, blieb er als Antwort schuldig. Bei der *FAZ* klärt uns hingegen ein Autor im Schachblog der Zeitung auf[59], die Protestlerinnen seien sowieso chancenlos auf den Titel gewesen, außerdem hätte der Schachbund es sich gar nicht leisten können, den Iran als Ausrichter abzulehnen, weil nirgends sonst die 450.000 Dollar Preisgeld herzubekommen wären. Und »man sollte auch wissen, dass Schach im Iran einen kleinen Beitrag zur Stärkung der Frauenrechte leiste«, weil dort proportional mehr Frauen an Turnieren teilnehmen als im Westen. Der Autor lässt es sich auch nicht nehmen, den Turnierfotografen David Llada zu loben, der die Damen allesamt während des Turniers ablichtete und dem Aufnahmen gelungen seien, »die an Madonnenbilder der Renaissance oder an Vermeer erinnern«. Wie schön, wenn Männer das Kopftuchtragen auch optisch so positiv empfinden.

Wenn es um Sport und viel Geld geht, muss die Dame eben geopfert werden. Was kommt als Nächstes? Eine Frauenschwimm-WM im Burkini oder vielleicht ein orientalisches Frauenfußball-Sommermärchen mit Ganzkörperkondom in Saudi-Arabien?

In der Presse nannte man sie das »Blue Girl«. In blaue Fankleidung gehüllt hatte sich die junge Iranerin Sahar Khodayari[60] als Mann verkleidet ins Fußballstadion eingeschlichen, um ein Spiel ihrer Lieblingsmannschaft zu sehen, wohlwissend, dass dies im Iran seit 40 Jahren natürlich für Frauen ebenfalls verboten ist. Sie postete dennoch ein Bild von sich in den sozialen Netzwerken, wurde erwischt und kam vor Gericht. Ihr drohte eine Gefängnisstrafe, weil sie ein Fußballspiel sehen wollte. Die junge Frau zündete sich selbst aus Protest an und starb. Das Blue Girl opferte ihr eigenes Leben als Statement gegen die Unterdrückung der Frau. Der Weltfußballverband FIFA brauchte neun Tage, um dazu Stellung zu nehmen und zumindest einen verbalen Protest in Richtung Teheran zu schicken. Sanktionen oder Konsequenzen hat der Iranische Fußballbund natürlich nicht zu befürchten. Das Geschäft muss weitergehen, egal welche Geschlechter nun ins Stadion dürfen und welche nicht.

Ausweichen statt Haltung gegenüber den »kulturellen Traditionen« der Frauenunterdrückung im Islam ist leider ein sich wiederholender Offenbarungseid auf dem nationalen und internationalen politischen Parkett. Gerne vorgeführt gerade auch von jenen, die sonst nicht laut und demonstrativ genug gegen das Patriarchat ankämpfen können, jedenfalls solange es sich in seiner weißen Ausdrucksform zeigt.

Unvergessen bleibt in diesem Zusammenhang die schwedische Regierung, die sich selbst explizit und mit großem medialen Aufriss als »feministisch« bezeichnet, was man vor allem mit der Vergabe einer Vielzahl von Posten für Frauen demonstriert und nicht zuletzt, indem man sich bei Amtsantritt 2014 eine »feministische Außenpolitik« auf die Fahnen schrieb, die sich vor allem um die Rechte der Frau weltweit verdient machen wollte. So weit die Theorie. Im Februar 2017, zufällig genau in jenem Monat, in dem sich die Schachdamen im Iran verhüllen mussten, reiste auch die schwedische Handelsministerin Ann Linde parallel mit ihren Mitarbeiterinnen in den Iran. Allerdings nicht im Dienst der feministischen Außenpolitik, sondern um den Warenverkehr zwischen den beiden Ländern in Schwung zu bringen. Um die Herren Mullahs gewogen zu stimmen, verbarg sich dabei nicht nur die Ministerin selbst, sondern die gesamte Reisegruppe züchtig unter Kopftüchern. Die Bilder und Videos von dem Auftritt der schwedischen Regierungsfeministinnen mit Kopftuch wurden weltweit zur Lachnummer, nicht nur in ihrer Heimat[61], wo man diesen Auftritt als »ruinös« bezeichnete. Merke: Nicht nur im Sport, auch wenn es um Handelsgeschäfte geht, werden Frauenrechte geopfert. Sie sei nicht gewillt gewesen, das iranische Recht zu brechen, gab Ann Linde als Verteidigung vor. Na dann können wir ja von Glück reden, dass iranisches Recht nicht die Burka verlangte, sonst hätten wir die politischen Feministinnen auf den hübschen Fotos von der Auslandsreise gar nicht namentlich zuordnen können.

Man wünschte ja, in Deutschland vorführen zu können, dass man in Sachen Haltung gegenüber muslimischen Frauenverächtern besser sei als in Schweden. Aber kopftuchbedeckte Feministinnen auf Ausflug im Iran besitzen wir auch, wie etwa unsere Bundestagsvizepräsidentin und Dauerempörungsbeauftragte der Partei der »Grün*innen«, Claudia Roth, die man herzlich lachend neben den Damen im Tschador[62] bewundern kann. Ob sie wohl auch Schminktipps ausgetauscht haben? Die Zwangsverschleierung von Frauen im Iran ist eben nicht so ein großes Problem wie der angebliche »Antimuslimische Rassismus« in Deutschland. Dazu wiederum hat Claudia Roth viel zu sagen[63] und sich in einem offenen Brief den Forderungen des Bündnisses »CLAIM Allianz gegen Islam- und Muslimfeindlichkeit« angeschlossen, das unter anderem Diskriminierung von kopftuchtragenden Muslimas beklagt und ein Recht auf Kopftuch einfordert.

Doch auch die amtierende Frauen- und Familienministerin Franziska Giffey sieht die Verschleierung von Mädchen und Frauen eher lösungsorientiert. Die oberste deutsche Frauenrechtshüterin ist der Meinung, dass ein Burkini als Schulkleidung im Schwimmunterricht zwar nicht optimal, aber eine »pragmatische Lösung«[64] sei, wenn die Väter ihren Töchtern sonst die Teilnahme verweigern. Besser Burkini, als dass sie gar nicht schwimmen lernen, und damit ist die Schulpflicht dann auch ordnungsgemäß durchgesetzt. Besser wir zwingen die Mädchen anstatt ihrer Väter. Das gibt auch weniger Widerstand und Aufsehen. Ja, was ist schon die Selbstbestimmung der Frau, wenn man stattdessen ein hübsches Seepferdchen-Abzeichen auf den Burkini nähen kann? Betrachten wir es positiv: Wenn schon ihre Frauenrechte im Namen der Bildung im Pool versenkt werden, dann halten sich die Schulmädchen adrett gekleidet in ihren Schwimmbad-Burkinis zumindest über Wasser. Schwimmenlernen wird also höher angesiedelt als das Selbstbestimmungsrecht und die Gleichberechtigung von Mann und Frau. Stillschweigend wird damit gleichzeitig Scharia-Recht statt deutsches Verfassungsrecht favorisiert, und nicht zuletzt liefert die Ministerin damit den drangsalierenden Elternhäusern durch die staatliche Absolution ein weiteres Druckmittel und lässt jene Mädchen im Stich, die sich möglicherweise im Schulschwimmen das erste Mal im Leben frei im Wasser hätten bewegen dürfen und denen man nun auf ihrem Weg in die Emanzipation ohne Not sogar in den Rücken fällt.

Ähnlich inkonsequent konnte man auch Giffeys sozialdemokratische Parteikollegin Aydan Özoguz, seinerzeit zu allem Überfluss auch noch Integrationsbeauftragte der Bundesregierung, beobachten, die bei muslimischen Kinderehen ebenfalls bereit war, Scharia vor deutsches Recht zu stellen, und das auch noch mit dem »Kindeswohl« der zwangsverheirateten Mädchen begründete[65]. Man fragte sich kurz, wen die Integrationsbeauftragte da eigentlich wohin integrieren wollte: Die Zuwanderer in die deutsche Gesellschaft oder doch die deutsche Rechtsordnung in neue »kulturelle Traditionen«?

Angesichts steigender Zahlen zugewanderter Kinderehen durch die Flüchtlingsströme nach Deutschland sah man sich im Herbst 2016 genötigt, rechtliche Regelungen zu verabschieden, wie mit den eingewanderten Kinderehen verfahren wird, die nach deutschem Recht eine Straftat und sexuellen Missbrauch von Minderjährigen darstellen und keine glorreiche Ehetradition. Frau Özoguz kämpfte nun aber nicht für die Rechte der jungen Mädchen gegen sexuelle Ausbeutung, sondern für den Erhalt ihrer Kinderehen mit dem Argument, eine generelle Eheannullierung dränge sie ins »soziale Abseits«. Sie meint nicht, dass eine Minderjährige, die an einen doppelt so alten Lustmolch in Syrien zwangsverheiratet und durch die ehelichen Vergewaltigungen geschwängert wurde, durch diese Ehe mitten in Deutschland im sozialen Abseits stehen würde – sondern indem man sie da wieder herausholt. Die offizielle Integrationsbeauftragte der deutschen Bundesregierung argumentierte, dass den Mädchen womöglich rechtliche Nachteile etwa im Unterhalts- und Erbrecht entstünden, weil ihre Kinder dann in ihren Heimatländern als »unehelich« gelten würden, sollten sie dorthin zurückkehren.

Wir können natürlich nicht ausschließen, dass diese Mädchen lieber eine geerbte Ziege in Afghanistan haben wollen als ein Leben als freie, sexuell nicht ausgebeutete und finanziell abgesicherte junge Frau in Deutschland. Vielleicht sollten wir diese Mädchen einfach selbst fragen, während wir ihre Ehemänner wegen Kindesmissbrauch anklagen.

Die absurde Verteidigung der islamischen Sicht auf die Frau fand ihren bisherigen Höhepunkt aber wahrscheinlich im Jugendmagazin *Fluter* der Bundeszentrale für politische Bildung, das in staatlichem Auftrag an Schüler in Deutschland zu Bildungszwecken kostenlos ausgegeben wird. Dort ist man besorgt, dass sich angesichts des Zuzugs von Flüchtlingen auch die Vorurteile mehrten, Muslime unterdrückten ihre Frauen, verschleierten sie und gefährdeten damit unsere Gleichberechtigung. Ja, wie kommen die Menschen nur auf so absurde Ideen?

Warum das alles bloß rassistische Irrtümer sind, darf dort die Muslima Kohla Maryam Hübsch erklären[66]. Wir lernen: »Mohammed, der Prophet des Islam, versuchte trotz heftigen Widerstands die Unterdrückung der Frau zu bekämpfen.« Außerdem sei Mohammeds erste Frau Khadija »eine emanzipierte, erfolgreiche Kauffrau« gewesen. Nahezu vorbildlich führten sie also eine moderne, partnerschaftliche Ehe. Es ist nicht überliefert, ob Mohammed auch brav den Müll rausgebracht und regelmäßig das Zelt durchgefegt hat, unerwähnt bleibt auch die neunjährige Zweitfrau Mohammeds, aber es war sicher einfach kein Platz im Heft, um alle Nebenfrauen zu erwähnen. Gut ist stattdessen, wenn auch die deutschen Schülerinnen gleich offiziell lernen, wem sich die Frau auf der Suche nach Emanzipation vertrauensvoll zuwenden sollte: Mohammed, dem Frauenversteher.

YALLA-FEMINISMUS

Werfen wir noch einen Blick auf die »Mutter« des Genderfeminismus, Judith Butler, und ihre Position zum Thema Frau und Islam. Als aufrichtige Antiimperialistin weiß sie selbstredend, wo der Feind wirklich sitzt, nämlich im eigenen Land, den USA. Deswegen hält sie auch nichts davon, im Zuge imperialistischer Kriege, vermeintliche Errungenschaften des Westens in Länder wie Syrien und Afghanistan zu bringen und damit die Selbstermächtigung der dortigen Frauen zu stören. »Die Burka symbolisiert, dass eine Frau bescheiden ist und ihrer Familie verbunden; aber auch, dass sie nicht von der Massenkultur ausgebeutet wird und stolz auf ihre Familie und Gemeinschaft ist«[67], so Butler. Die afghanischen Frauen, die im Jahr 2001 beim Einmarsch der Amerikaner das Ablegen ihrer Burka als neue Freiheit feierten, sind in der Logik von Butler also gar nicht befreit worden, sondern in Wahrheit Opfer der amerikanischen »Zwangsverwestlichung«. Ausführlich begründet sie in dem Buch, wie ihrer Ansicht nach die Medien sich in die Kriegspropaganda der amerikanischen Regierung hätten einspannen lassen und somit einen neutralen Blick verwehrten. Statt Zwangsverwestlichung fordert sie die »kulturelle Übersetzung« als »wirkliche Alternative zur schlechten Praxis, in der sich eine dominierende Kultur ihren ›anderen‹ gewaltsam aufzwingt«[68]. Nach dieser Logik ist die Unterstützung der muslimischen Frau im Kampf um ihre Rechte kein Befreiungsakt, sondern eher ein kulturelles Kolonialprojekt, an dem man sich selbstredend als antirassistische Feministin nicht beteiligen kann. Und natürlich darf man ihnen nicht helfen, sondern muss stattdessen ihre Bescheidenheit und Demut würdigen. Die zarte Blume der kulturellen Allianz zwischen Feminismus und Salafismus darf nicht gestört werden. Das Damenopfer eigenmächtig gewählter Bescheidenheit, mit der man nicht unterdrückt ist, sondern sich in Wahrheit nur eigenverantwortlich und selbstbestimmt kleidet, ist als neues feministisches Narrativ bereits in Umlauf, kein Imam hätte das schöner erklären können. Wen wundert es also noch, dass die Selbstverhüllung mit muslimischem Kopftuch in manchen feministischen Kreisen inzwischen zum emanzipatorischen Akt hochstilisiert wird?

Das Kopftuch sei nur im ursprünglichen Sinne patriarchalisch, es könne auch »Punk und Rebellion«[69] sein, sagt auch die Linguistin Reyhan Sahin, die zum Thema Kopftuch promoviert hat, aber besser bekannt ist unter ihrem Namen als Rapsängerin, »Lady Bitch Ray«. Zwar sei das Kopftuch ursprünglich patriarchal, »[a]ber wenn eine Kopftuchträgerin es positiv reclaimed, kann es sogar ein feministisches Zeichen sein«. Jemand sollte das den freiheitskämpfenden Frauen im Iran weiterreichen, damit sie wissen, ihr Kampf gegen das Kopftuch ist einfach nur die falsche Perspektive auf das Thema. Sie müssten es einfach nur neu »reclaimen«. Sahin redet von einem Yalla-Feminismus in Anlehnung an ihre muslimische Herkunft und grenzt sich bewusst von der Perspektive weißer Wohlstandfeministinnen ab. Ich hatte sie unter Berücksichtigung ihres öffentlichen Kleidungsstils hingegen immer unter den Vertreterinnen des »Vulgär-Feminismus« eingeordnet, und sie würde das sicher als Kompliment verstehen.

Auf den zweiten Blick ist die Beobachtung von Reyhan Sahin zumindest innerhalb westlicher Gesellschaften leider gar nicht so absurd, wie sie zunächst erscheint. Man muss den Gedanken wegen seines gefährlichen Potenzials allerdings deutlicher sezieren und vor allem von der Ignoranz einer Judith Butler abspalten, damit er nicht von jenen vereinnahmt wird, die nur nach billigen Argumenten zum pauschalen Erhalt der Zwangsverhüllung suchen. Butler verschließt ja die Augen vor dem sichtbaren Freiheitsdrang afghanischer Frauen selbst dann noch, wenn diese laut um Hilfe rufen. Sie behandelt sie damit wie kleine dumme Mädchen, Opfer des westlichen Imperialismus, die nicht wissen, was sie tun, und die man zu ihrem eigenen Besten belehren muss, was gut und richtig für sie ist. Das ist so frauenverachtend, wie es sonst angeblich nur alte weiße Männer hinbekommen.

Das Schema kommt mir zudem bekannt vor. Immer dann, wenn ich in den vergangenen 20 Jahren darauf verwies, dass ich mein Dasein als Mutter und Hausfrau frei gewählt hatte und auch nicht aufgeben wollte, schallte von der feministischen Front die Belehrung, ich sei ein Opfer des Systems, mit Stockholm-Syndrom gefangen im Patriarchat, verblendet, sei zu jung, zu unerfahren et cetera und müsse im Zweifel auch gegen meinen Willen gerettet werden. Während Butler also nicht eingreifen will, um die »Rettung« der muslimischen Frau zu gewährleisten, muss zur »Rettung« der katholischen Hausfrau unbedingt eingegriffen werden. Gleiches Gedankengut, nur unterschiedliche Umsetzung je nach Situation, aber beides getragen von der Hybris, besser zu wissen, was gut für sie ist, als die betroffene Frau selbst. Wir können also nicht ernsthaft in der Frage des Lebensmodells anprangern, dass wir als Frauen keine Bevormundung durch andere Frauen wünschen, gleichzeitig aber selbst der Versuchung erliegen, dies anderen Frauen anzutun.

Der schmale Grat, auf dem wir tanzen, nennt sich Freiwilligkeit und Freiheit, die wir auch für die muslimische Frau schaffen und danach gegen die Mächte der Unterdrückung verteidigen müssen. Wir werden uns aber damit abfinden müssen, dass auch Frauen Dinge tun, die wir nicht verstehen, nicht gutheißen und die wir ihnen gerne austreiben würden. Auf jede junge Frau, die sich gegen Bevormundung wehrt, kommt immer eine ältere Frau, die ihr erklärt, was sie nicht kann, nicht darf und nicht soll. Es ist ein Naturgesetz. Jede Mutter erlebt das mit ihrem Kind, das aus dem Werteraum des Elternhauses auszubrechen versucht. Klar ist: Wir beschützen die Kinder, solange wir sie für nicht ganz zurechnungsfähig halten, im Zweifel auch vor sich selbst. Danach müssen wir sie ziehen lassen, manchmal auch ins offene Messer. Mich etwa warnte man unermüdlich, mein Hausfrauendasein sei ein offenes Messer, die traditionelle Familie sei es, die Ehe, die Mutterschaft. Andere sagten, die Berufstätigkeit sei es, die Karriere, die Selbstständigkeit, die Kinderlosigkeit, die Männer. Wenn es Frauen an einem jedenfalls nicht mangelt, dann sind es ungebetene, gute Ratschläge vor allem von anderen Frauen.

Man kann doch tatsächlich, wenn auch mit Verstörung, beobachten, dass sich Mädchen in Deutschland und vielen anderen freien Gesellschaften freiwillig verhüllen, teilweise in Rebellion gegen den weißen Imperialismus, andere gar im Protest gegen ihre muslimisch-liberalen Elternhäuser. Der radikale Islam hat enormen Zulauf bei der dritten Generation der Einwanderer, also bei jenen, die nie in einem echten islamischen Staat gelebt haben und die Herkunftsländer ihrer Ahnen nicht selten nur aus Erzählungen kennen. Wir sehen erwachsene Frauen, die sich verhüllen, und es mit ihrem Glauben begründen. Wir sehen deutsche Mädchen, die zum Islam konvertieren und gar mit Extremisten nach Syrien auswandern, um dort für die Mörder der IS-Truppen Kinder zu gebären und Suppe zu kochen. Niemand zwingt diese Frauen, sie könnten frei sein. Sie unterwerfen sich freiwillig, weil unser Angebot der Freiheit sie langweilt, sie nicht erreicht oder weil sie es aus Protest gegen die Elterngeneration ausschlagen. Früher musste man Drogen nehmen, die Schule abbrechen, sich die Haare blau färben und Hippie oder Punk werden, um seine Eltern in Rage zu versetzen, heute wechselt man das Geschlecht oder die Religion. Ja, das Kopftuch als Ausdruck von Punk und Rebellion und damit als eine Form der Selbstermächtigung zu »reclaimen« ist also möglich, allerdings auch nur für einen kleinen, privilegierten Teil der Yalla-Feministinnen, die im freien Westen damit provokant zündeln können, während man ihre muslimischen Schwestern im Iran und Afghanistan dafür nicht nur sprichwörtlich ins Feuer schicken würde.

RASSISTISCHE DOPPELSTANDARDS

Der echte Rassismus beginnt als klassischer Doppelstandard also dort, wo wir zwar das katholische Mädchen vom Lande unbedingt aus ihrem konservativ-christlichen Elternhaus retten wollen, das muslimische, verschleierte oder gar zwangsverheiratete Mädchen aber im Stich lassen. Wieder ein Damenopfer – und das nicht nur in Syrien, im Iran oder in Afghanistan, sondern mitten im freien Westen. Jede Frau ist gleich viel wert und hat den gleichen Anspruch auf Bildung, Freiheit und Selbstständigkeit. Wir würden doch auch bei keiner anderen Glaubensgemeinschaft in Deutschland dulden, dass Frauen züchtig verhüllt, zwangsverheiratet und bevormundet werden. Es reicht, wenn wir die einmal für richtig anerkannten Maßstäbe für alle ansetzen, ganz gleich wer sie sind, woran sie glauben oder auch nicht. Jeder sogenannte »Ehrenmord« in Deutschland, und davon gibt es leider jährlich eine Menge, beweist, dass wir Parallelgesellschaften dulden, bei denen wir wegsehen, weil wir die Konfrontation scheuen.

Wenn also freie westliche Politikerinnen in islamische Länder reisen und sich dort ohne Not freiwillig vor der Weltpresse durch Verschleierung unterwerfen, ist das nicht nur ein falsches Signal in den Iran, sondern auch unterlassene Hilfeleistung für die Freiheitskämpferinnen in islamischen Gesellschaften.

Selbstverständlich ginge das auch anders. Wie man das demonstrativ und elegant als wahre feministische Avantgarde macht, hat ausgerechnet Melania Trump vorgeführt, Präsidentengattin des aktuell meistgehassten Politikers weltweit. Mit gewohnt perfekt wehenden Haaren statt mit Kopftuch und mit Hosenanzug statt örtlich angemessener weiblicher Standard-Sackkleidung stieg sie 2017 beim Staatsbesuch in Saudi-Arabien aus der Air Force One[70]. König Salman streckte sie schon auf dem Rollfeld einfach die Hand hin zur Begrüßung. Er nahm sie. Das Foto davon ging um die Welt. Wäre sie eine Einheimische, man würde sie auspeitschen. Melania lächelte. Sie wusste genau, was sie tat. Und hat damit scheinbar ganz nebenbei weit mehr für die Rechte der Frauen im islamischen Kulturkreis getan als jene Politikerinnen, die sich in heimischen Gefilden gerne als Vorkämpferinnen von Frauenrechten feiern lassen, dann aber wegducken, wenn es ans Eingemachte geht. Feminismus ist leicht, wenn er nichts kostet.

Und es hätte nicht einmal etwas gekostet. Man kann Flagge, oder sagen wir besser wehende Haare, zeigen, wenn man will. Auch barbarische Staaten neigen nicht mehr zum Auspeitschen unliebsam gekleideter Gäste. Melania Trump war nicht die Erste. Michelle Obama trug einst auch kein Kopftuch in Riad. Hillary Clinton dachte auch nicht daran als Außenministerin und weder die britische Premierministerin Theresa May noch Angela Merkel ließen sich je in ein Kopftuch drängen auf ihren zahlreichen Auslandsreisen in islamische Länder.

Aber es gibt im freien Westen auch Herren wie den österreichischen Präsidenten Alexander Van der Bellen[71], der sich als grüner Hobbyfeminist lieber um jene Frauen sorgt, die angeblich wegen ihres Kopftuches in Österreich der ständigen Intoleranz des freien Westens ausgesetzt sind. Weswegen er ernsthaft bei einer Diskussionsrunde mit Schülern öffentlich äußerte, man werde auch in Österreich »noch alle Frauen bitten müssen, Kopftuch zu tragen aus Solidarität mit jenen, die es aus religiösen Gründen tragen«. Unterwerfung aus weiblicher Solidarität – noch eine Variante des Damenopfers. Man sollte den Präsidenten fragen, ob er nicht mit gutem Beispiel vorangehen und es gleich mit der Burka versuchen will. Oder vielleicht sollten wir ihn »bitten«, aus dem Amt zu gehen.

Der österreichische Präsident hat bei der Frage, wer sich in welche Richtung verändern muss, wenn die Interessen von muslimischen Antifeministen und westlichen Feministinnen kollidieren, klar entschieden: Die bisher freie Frau muss sich freiwillig unterwerfen, sie soll zurücktreten und sich fügen. Natürlich nicht aus Zwang, sondern aus Einsicht und Solidarität. Damit fühlt es sich auch besser an. Man möge sich einmal vorstellen, was auf der Welt los wäre, hätte Donald Trump die Amerikanerinnen aufgefordert, sich aus Solidarität mit Muslimas freiwillig zu verhüllen. Oder wenn der katholische Papst es täte. Dass der Österreicher nach wie vor unbehelligt im Amt ist, erklärt sich eigentlich nur damit, dass er ein linker Grüner ist, bei dem das klassische Feministentum verstört schweigt, weil man ihn eigentlich als einen der ihren kategorisiert hatte, und auch damit, dass die Gehirnwäsche dieser antiemanzipatorischen Denkweise bereits beängstigend weit im gesellschaftlichen Konsens angekommen ist. Sie ist das traurige Ergebnis, wenn man die realen Probleme ignoriert oder gar absichtlich verdeckt, um das intersektionale, antirassistische Selbst- und auch Weltbild nicht anzuzweifeln.

DIE UNTERWERFUNG HAT LÄNGST BEGONNEN

Bei manchen geht der Wille zum Verleugnen der Realität so weit, dass sie sogar dann noch die männlichen Täter schützen, wenn sie selbst Opfer von Gewalt werden. Als nahezu tragisches Beispiel dieser Denkweise konnte man die Sprecherin[72] von Solid, der Jugendorganisation der Partei Die Linke, medial verfolgen, die 2016 Opfer einer Vergewaltigung durch mehrere Migranten wurde. Bei der Polizei verschwieg sie zunächst, dass die Täter Zuwanderer waren, um dem Rassismus, den sie ja sonst politisch bekämpft, nicht selbst Vorschub zu leisten. Sie musste erst von ihrem Freund überzeugt werden, die Täterbeschreibung wahrheitsgemäß zu korrigieren, damit die Polizei nach den Richtigen suchen kann, bevor sie sich an weiteren Frauen vergreifen. Lieber lügen, als dass die falschen politischen Kräfte Wasser auf die Mühlen bekommen. Diese neue Art der Selbstverleugnung gipfelte in einem Facebook-Posting der jungen Frau, in dem sie öffentlich den Mann, der sie zu Oralsex zwang, in Schutz nahm, sich bei ihm für den Rassismus in Deutschland entschuldigte und ihm zusicherte, er sei ein guter Mensch: *»Du, du bist nicht sicher, weil wir in einer rassistischen Gesellschaft leben. Ich, ich bin nicht sicher, weil wir in einer sexistischen Gesellschaft leben. Danke, dass es dich gibt – und schön, dass du da bist.«*[73]

Das Dilemma der rivalisierenden Opfergruppen innerhalb des intersektionalen Feminismus schafft Opfer, wenn das Aufrechterhalten der eigenen Weltanschauung nicht zur harten Realität passt. Paradox auch, dass ausgerechnet jene, die in Bezug auf das weiße Patriarchat ständig von einem systemischen Problem reden, die systemimmanente Unterdrückung im islamischen Patriarchat schlicht ignorieren und verneinen und bei jedem Vorfall betonen, es sei ein »tragischer Einzelfall«. Oder auch sehr beliebt: Da habe jemand einfach den Islam falsch verstanden und falsch ausgelegt. Es darf kein System dahinterstehen, weswegen jene, die das dennoch behaupten, üble,

»antimuslimische Rassisten« sein müssen. So viel Toleranz wird von feministischer Seite keinem weißen Unterdrücker entgegengebracht, dieser steht bereits am Pranger, wenn er einer Frau auch nur unerwünscht in den Mantel helfen will.

UNLIEBSAME OPFER

Höhepunkt dieser schizophrenen Haltung war in Deutschland sicher die Kölner Silvesternacht im Jahr 2015, als es innerhalb weniger Stunden zu über 1.000 angezeigten Übergriffen, davon rund 500 wegen Sexualdelikten auf Frauen durch Migranten rund um den Hauptbahnhof und die Domplatte kam. Meine öffentliche Frage[74] danach, warum es vier Tage brauchte, bis die Medien überhaupt die Berichterstattung begannen, wo der Empörungsschrei der sonst hypersensiblen Feministinnen bleibt, und meine Theorie, dass er deswegen nicht zu hören sei, weil hier aus ihrer Sicht »die falschen Täter« am Werk waren, hat mir seither den Vorwurf der Rassistin eingebracht. Da sich die Fakten aber so schlecht wegreden ließen, versuchte man, den Kontext oder, wie man heutzutage sagt, das »Framing« für die Kölner Horrornacht zu verändern. Schuld war am Ende wieder, man ahnt es: der deutsche weiße Mann. Bei den feministischen Damen fabuliert man lieber über die tägliche »Rape Culture«, also die Vergewaltigungskultur, für die Deutschland anscheinend bekannt sein soll und die schon immer da gewesen sei[75]. Das »rassistische Narrativ ›schwarzer Mann vergewaltigt weiße Frau‹«[76] habe volle Kanne durchgeschlagen und dieser »unterschwellige Rassismus« drohe jetzt in »gesellschaftlich legitimierten Rassismus umzuschlagen«. Frauen, die das Problem des zugewanderten Frauenhasses benannten, wurden innerhalb kürzester Zeit dem »Feminismus von rechts«-Club[77] zugeschrieben, darunter selbst die Familienministerin Kristina Schröder oder die Frauenrechtsikone Alice Schwarzer. Es sei »für alle schädlich, wenn feministische Anliegen von Populist_innen instrumentalisiert werden, um gegen einzelne Bevölkerungsgruppen zu hetzen, wie das aktuell in der Debatte um die Silvesternacht getan wird«, gab eine rasch aus dem Boden gestampfte intersektionale »Feminist_innen«-Gruppe[78] in exzellent gendersensibel formulierter Sprache sofort bekannt. Also keine Instrumentalisierung aus niederen Beweggründen bitte. Der Grünen-Parteivorsitzende und Frauenversteher Cem Özdemir[79] schloss sich wie viele andere brave Antirassisten sofort an und twitterte: »Ihr rechten Hetzer: Euch geht's nicht um die Frauen ...« und selbst der damalige Justizminister Heiko Maas[80] war bei der Initiative sofort mit von der Partie, wenn Sexismus und Rassismus in einem Atemzug genannt werden können.

Den traurigen Höhenpunkt weiblicher Widerwärtigkeiten bescherte uns aber ein Journalistinnenduo im *Tagesspiegel*[81] mit der Theorie, auf der Kölner Domplatte habe es sich um ein »symbolisches Gespräch unter Männern« gehandelt, und zwar zwischen dem deutschen Mann und dem Migranten ohne Perspektive. Ob das Titulieren der begrapschten Frauen als »Schlampe« und »Hure« wie auch Aufforderungen wie »Ficki, Ficki« nun ein echtes »Gespräch« darstellten, bleibt offen, beteiligt waren daran aber eindeutig eher Frauen und Migranten. Die beiden handeln in ihrem Beitrag noch schnell die obligatorische »Urangst des älteren weißen Mannes – die nehmen uns unsere Frauen weg« ab und kommen dann zum Höhepunkt: Womöglich seien manche der Frauen gar keine Opfer, sondern bloß Frauen, die aus politischer Überzeugung der Meinung waren, dass diese Täter mit Migrationshintergrund oder Flüchtlinge abgeschoben gehören, was man durch Anzeigen beschleunigen könnte. Hier wurde offen der bis heute durch nichts bewiesene Verdacht gestreut, die sexuell belästigten jungen Frauen in Köln hätten rassistisch motiviert absichtlich falsche Anzeigen bei der Polizei erstattet, um Migranten in ein schlechtes Licht zu setzen. Alles nur erfunden, die sind gar keine Opfer, sondern Rassistinnen. Das ist »Victim Blaming« gegen Frauen in absoluter Reinkultur, aber feministisch offenbar erlaubt, wenn Frau die »falschen Täter« beschuldigt.

Die feministischen Herren wiederum schwankten in ihren Reaktionen zwischen einem unterwürfigen *mea culpa*, wie etwa der damalige Hamburger Grünen-Vize Michael Gwosdz, der öffentlich bekannte: »Alle Männer sind potenzielle Vergewaltiger, ich auch.«[82] Damit reiht er sich ein bei den Relativierern der Nation, die in der Silvesternacht von Köln nicht etwa ein außergewöhnliches und neuartiges Phänomen sehen wollten, das man bislang eher vom Tahrir-Platz in Kairo kannte[83]. Der Chefredakteur der linksintensiven Wochenzeitung *Der Freitag*, Jakob Augstein[84], wusste zu ermahnen, wir sollen uns wegen so ein bisschen Köln mal nicht so anstellen (Zitat: »Ein paar grapschende Ausländer und schon reisst bei uns der Firnis der Zivilisation«), während andere Kollegen[85] darüber sinnierten, ob Männer ihre Frauen eigentlich in so einer Situation mit der Faust verteidigen müssten, und zu dem Ergebnis kamen: Nein. Stattdessen lieber Beweismaterial sichern und die Szene mit dem Handy aufzeichnen. Schatz, ich hab deinen Vergewaltiger richtig gut im Bild! Der deutsche weiße Mann als Waschlappen, der seine Freundin im Stich lässt, um sich nicht selbst zu gefährden.

Fassen wir zusammen: Köln hatte nichts mit der Flüchtlingswelle zu tun, nichts mit Männern mit Migrationshintergrund und um Himmels willen nichts mit dem Islam oder seinem Frauenbild. Alle Männer sind Schweine, ganz besonders der weiße deutsche Mann. Und nicht nur die Männer sind Rassisten, sondern auch manche Frauen. Die Hilflosigkeit der Politik in den Reaktionen rund um die Kölner Domplatte ist uns bis heute als Bonmot überliefert mit den inzwischen Running-Gag-tauglichen Worten der Kölner Oberbürgermeisterin, wir sollten als Frauen ab sofort dringend »eine Armlänge Abstand«[86] zu Fremden halten. Na, dann kann ja nichts mehr passieren. Seit der Corona-Pandemie gelten aber vermutlich auch hier inzwischen mindestens zwei Armlängen.

DER TANZ DER KULTUREN

Unfreiwillig wurde damit, wie schon bei Van der Bellen, ausgesprochen, wer sich fortan ändern muss, damit sich so etwas nicht mehr wiederholt: die Frau. Sie muss aufpassen, sie muss sich selbst schützen, die Feministin ist nicht zuständig, die Polizei weit weg, der deutsche Mann mit Handy bewaffnet im Schützengraben. Ja, die Unterwerfung hat längst begonnen. Damals riefen Schulleiter deutsche Mädchen auf, sich nicht zu freizügig zu kleiden, damit die Asylbewerber, die in der Sporthalle untergebracht sind, nicht allzu sehr durch das Freiwild Frau provoziert werden und es nicht zu »Missverständnissen«[87] kommt, während die Bundeszentrale für gesundheitliche Aufklärung mit freundlicher Bezahlung durch den deutschen Steuerzahler eine Service-Homepage[88] zusammenstellte, die in über zwölf Sprachen erklärt, wie Sex in Deutschland funktioniert. Denn die Vorfälle auf der Kölner Domplatte waren bestimmt nur ein kommunikatives Missverständnis. Jene, die nicht lesen können, finden jetzt also gezeichnete Bilder als Anleitungen oder können sich alles auch auf Arabisch vorlesen lassen. Damit steht den Informationen über Selbstbefriedigung, Lecktücher, Analverkehr, Oralverkehr und die richtige Technik und Geschwindigkeit beim Vaginalverkehr nichts mehr im Weg und auch nicht dem Wissen um multiple sexuelle Beziehungsmuster in Deutschland.

Nur wenige Beispiele finden sich mit konsequenter Haltung gegenüber jenen, die Frauenrechte nur für eine Verhandlungsmasse halten. So schlägt die Vizebundesvorsitzende der CDU Julia Klöckner etwa konsequent Termine aus, bei denen ihr Männer aus Glaubensgründen den Handschlag verweigern, kritisiert immer wieder die Haltung solcher Männer und religiöser Führer wie Imame, aber auch orthodoxer Rabbis in Deutschland, und forderte ein Gesetz zur Integrationspflicht[89] als Bringschuld.

Nach einer Gerichtsentscheidung mit Seltenheitswert musste 2018 ein deutscher Polizeibeamter 1.000 Euro Strafe zahlen, weil er einer Kollegin aus Glaubensgründen den Handschlag verweigerte[90] und damit die Gleichberechtigung im deutschen Staatsdient infrage stellte. Und wie man Frauenrechte als »conditio sine qua non« im wahrsten Sinne des Wortes einfordern kann, wenn man ein Rechtsprinzip bedingungslos verteidigt, führte Gregoire Junod, der Bürgermeister von Lausanne, einem muslimischen Ehepaar vor: Er verweigerte ihnen die Unterschrift unter die Einbürgerung in der Schweiz[91], weil beide nach der Befragung vor der Einbürgerungskommission einen »mangelnden Respekt« für die Gleichberechtigung der Geschlechter demonstriert hätten, von dem sie auch nicht abweichen wollten. Der verweigerte Handschlag war Teil dieser Begründung. Haltung erfordert Handeln.

Wir haben über 40 Jahre gebraucht, um von dem bösen Wort der »Zwangsgermanisierung« über alle politischen Lager hinweg zu einem breiten gesellschaftlichen Konsens zu gelangen, dass es unabdingbar ist, dass jemand Deutsch lernt, wenn er sich in unserem Land dauerhaft niederlassen will. Was ist eigentlich so schwer daran, den gleichen gesellschaftlichen Konsens für die Selbstverständlichkeit der Gleichberechtigung von Mann und Frau zu schaffen? Oder müssen erst noch ein paar Mädchengenerationen durch Diskussionen über Handschläge, Kopftücher, Burkinis, Kinder- und Zwangsehen geschickt werden, bis wir uns dann hoffentlich allgemein geeinigt haben, dass die Scharia keine diskutierbare Alternative für das Grundgesetz darstellt? Denn das Leben von Mädchen und Frauen ist zu wertvoll und zu kurz, als dass wir Zeit vergeuden. Es reicht als Frau nicht, sich selbstgestrickte »Pussy Hats« auf den Kopf zu stülpen oder sich als männlicher »Feminist« T-Shirts mit demselben Slogan über den Bauch zu spannen. Eine Haltung, die Konsequenz und Konfrontation scheut, ist wertlos. Wer selbst den minimalen Konsens einer sozialen Ächtung frauenfeindlichen Verhaltens jeglicher Couleur verweigert, ist nicht tolerant, sondern feige.

Der Backlash der Frauenrechte droht also nicht vom weißen deutschen Mann, den wir längst zum Taschenträger der Emanzipation degradiert haben, und auch nicht von der renitenten schwäbischen Hausfrau, die ihre Kinder immer noch partout selbst betreuen will und sich standhaft weigert, ihren peniblen Haushalt partnerschaftlich modern mit ihrem Gatten zu teilen. Der Rückfall in mittelalterliche Vorstellungen von Frauenrechten erreicht uns durch das bewusste Verschließen der Augen vor den Realitäten einer Zuwanderungsgesellschaft, die nicht bereit ist, ihre Errungenschaften zu verteidigen. Mehr noch, die inakzeptables Verhalten gegenüber Frauen zur »kulturellen Vielfalt« verniedlicht. Die übergriffige Widerlinge als harmlose »Antänzer[92]« entschuldigt. Willkommen zum Tanz der Kulturen. Oh ja, in diesem Land existiert struktureller Sexismus. Er wächst und gedeiht in Parallelgesellschaften. Wie schön, dass wir so viel Verständnis haben.

KAPITEL 05: GERAUBTE WEIBLICHKEIT

Der derzeit größte Angriff auf die Frau bahnt sich nicht durch männliche Unterdrückung, sondern durch männliche Aneignung seinen Weg. Wer Genderdefinitionen im Namen der Geschlechtergerechtigkeit will, bekommt sie auch bis zum bitteren praktischen Ende durchexerziert. Und dann wird es düster für die Frauen, jedenfalls für jene, die es biologisch tatsächlich sind und schon immer waren. Gute Ideen produzieren Konsequenzen. Die ominöse »Gendergerechtigkeit« produziert am laufenden Band neue Opfer. Das maximale Damenopfer wird dabei in der Transschlacht gefordert. Geraubt wird der Frau dabei kein Status, kein Job und kein Geld, sondern viel schlimmer: ihre ureigene Substanz, der Anspruch auf Weiblichkeit selbst.

In einer beispiellosen Ausnahme erlaubt der intersektionale Feminismus ausgerechnet dort die Aneignung fremder Eigenschaften, wo es ihnen als Frauen ganz persönlich an den Kragen geht: bei der Transgeschlechtlichkeit. Kennt man den Begriff des »Frauenraubs« aus dem Mittelalter noch als Brauch der Entführung von Frauen zum Zweck der gewaltsamen Ehelichung, raubt die moderne Transgender-Variante keine Heiratskandidatinnen, sondern die Identität der Weiblichkeit. Männer beanspruchen jetzt das Frausein und gar das Muttersein, doch anstatt sich empört zu wehren, macht der intersektionale Feminismus das, was er am besten kann: Er geht statt auf diese Männer auf jene Geschlechtsgenossinnen los, die sich dagegen wehren. Mehr unterwürfige Selbstverleugnung ist kaum möglich. Während man also bei allen anderen identitären Gruppen sein spezifisches Gruppenmerkmal nicht erwerben oder übertragen kann, man unbedingt persönlich betroffen sein muss, und das von Geburt an, um mitreden zu können, wird beim Thema Transgeschlechtlichkeit eine exklusive Ausnahme gemacht: Frau sein und Weiblichkeit definieren darf jetzt jeder, der gerne Frau sein möchte. Wer sich dem widersetzt, gilt als transphob.

Um jene zu brandmarken, die aus der Reihe des Kollektivs ausbrechen, hat die Szene wie üblich einen eigenen Fachbegriff zur Stigmatisierung erfunden. Frauen, die Transweiblichkeit nicht als echte Weiblichkeit anerkennen, gelten als »TERFs«. Die Abkürzung steht für »Trans-Exclusionary Radical Feminist« und soll jene Feministinnen als Aussätzige anprangern, die sich der »Alle für alles«-Doktrin der intersektionalen Bewegung widersetzen.

Wann ist eine Frau also eine Frau, wenn nach neuer Genderdefinition, wie sie etwa in Großbritannien, Kanada, Australien oder auch Teilen der USA bereits erlaubt und juristisch praktiziert wird, die Biologie nichts mehr über unser Geschlecht aussagen darf und die Definition von Geschlecht der Selbstinszenierung des Einzelnen überlassen ist? Wann ist eine Frau eine Frau, wenn DNA, Chromosomen, Biologie, Natur und wissenschaftliche Fakten sich dem gefühlten Geschlecht und selbst definierten Kategorien beugen sollen? Klar ist, dann wird Weiblichkeit zur Phrase. Es ist nahezu absurd, überhaupt noch von einer »Frauenbewegung« zu sprechen, wenn man das Frausein als natürliche Kategorie nicht nur nicht anerkennt, sondern gar bekämpft. Sehr konkret stellt sich hier erneut die Frage, wessen Rechte genau nun von der deutschen und jeder anderen Verfassung geschützt werden, in der von der Gleichberechtigung von »Mann und Frau« die Rede ist, wenn doch niemand mehr wagt, unumstößliche Kriterien der Weiblichkeit überhaupt noch zu benennen, aus lauter

Angst, sich eines surrealen, intoleranten Gedankendelikts oder einer »Phobie« schuldig zu machen.

Wer immer noch glaubt, die weltweite Umsetzung der Handlungsstrategie »Gender-Mainstreaming« sei einfach nur der ehrenwerte Versuch, Gleichberechtigung zwischen Mann und Frau zu schaffen, möge bitte einfach zurück in sein Kinderzimmer spielen gehen oder endlich die Augen vor der Realität öffnen. So manch einer in Deutschland wähnt sich noch in seiner regenbogenfarben schillernden, toleranten Wohlfühlblase, weil die wenigsten verfolgen, wie Gender und explizit Transgender als Ideologie aussieht, dort, wo man ihr freie Hand lässt und sie stringent umsetzt. Andere Länder sind da deutlich weiter. Die Globalisierung macht nicht vor Ländergrenzen halt, es ist nur eine Frage des *Wann* und nicht des *Ob*, dass die bereits jetzt zu beobachtenden Erfahrungen aus Ländern, die sich bei der Geschlechterdefinition bereits qua Gesetz von biologischen Fakten verabschiedet haben, ganz neue Damenopfer bringen wird. Wenn Transgender-Aktivisten am Werk sind, geht es nicht zimperlich zu, das kostet dann auch Arbeitsplätze, die Gesundheit, Ranglisten, Karrieren und die sexuelle Selbstbestimmung – von echten Frauen.

FAKE-FRAUEN

Ist eine »Transfrau« also auch eine »echte« oder nur eine Fake-Frau? Im Dezember 2019 tobte wieder einmal das Internet aufgrund angeblich massiver Transphobie. Ausgelöst hatte die Diskussion die *Harry-Potter*-Bestsellerautorin J. K. Rowling, die sich mit dem Hashtag #IStandWithMaya demonstrativ öffentlich an die Seite der Britin Maya Forstater[93] stellte. Die Steuerexpertin hatte gerade vor einem Gericht in London ein arbeitsrechtliches Verfahren verloren. Ihren Job verlor sie wegen einer neuen Art von Verbrechen: Transphobie. Die Beschuldigung: Sie hatte mehrfach öffentlich und in sozialen Netzwerken auf der Position beharrt, dass es nur zwei Geschlechter gebe und Männer nicht wirklich zu Frauen werden könnten, auch wenn das neuerdings in ihren Pässen so steht. Der Vorwurf könnte in einer genderbewegten Gesellschaft nicht größer sein: Transphobie. Das ist kurz vor Kindermörder. Der Richter im Verfahren begründete sein Urteil[94] gegen Maya Forstater damit, dass sie den enormen Schmerz ignoriere, den es auslöse, mit dem falschen Geschlecht betitelt zu werden. Ihre Haltung sei »absolutistisch« und verdiene keinen Respekt in einer demokratischen Gesellschaft.

Dazu muss man wissen, dass es in England dank des sogenannten Gender Recognition Act[95] von 2004 bereits möglich ist, sein Geschlecht in Ausweispapieren zu ändern, ohne deswegen auch nur ein einziges psychologisches Gutachten vorweisen zu müssen, geschweige denn eine Hormontherapie oder gar eine geschlechtsumwandelnde Operation. Die reine Willenserklärung reicht, und der Rest der Welt muss dann akzeptieren, dass Mann jetzt Frau sei oder umgekehrt. Dies wird auch in Australien bereits in fünf Bundesstaaten so gehandhabt, und das bereits für Geburtsurkunden für Kinder[96]. In Belgien reicht seit 2018 ebenfalls die reine Selbstdefinition zum Wechsel des Geschlechtes. Seit es nicht mehr notwendig ist, körperliche Operationen, wie etwa die vorher zwingend vorgeschriebene Sterilisation bei Männern, durchführen zu lassen, hat es innerhalb von einem Jahr einen Anstieg um 575 Prozent bei den Transgender-Registrierungen[97] gegeben. Allein die Altersklasse der Männer zwischen 16 und 24 Jahren stellt seither 30 Prozent aller »Geschlechtsumwandlungen«. Im Vergleich dazu stellen Frauen in derselben Altersklasse nur halb so viele Fälle.

Forstater hatte argumentiert, es sei illiberal und beschneide Frauenrechte, wenn inklusive Transgender-Rechte als Argument verwendet werden, damit männliche Menschen die Erlaubnis bekommen, sich in Frauenumkleiden umzuziehen, und damit die Privatsphäre von echten Frauen verletzen.

Wohlgemerkt, es ging in dem Verfahren nicht darum auszugrenzen, sondern darum, für die eigenen Rechte als Frau einzustehen und die Grenzen der natürlichen, weil biologisch faktischen Weiblichkeit zu halten. Es kommt eben unweigerlich zu Konflikten zwischen den einzelnen Identitätsgruppen, wenn die eine Gruppe ins Territorium der anderen vordringt und sie vereinnahmt, und sei das nur ein Umkleideraum im örtlichen Schwimmbad.

»Zieht euch an, wie ihr wollt. Nennt euch selbst, wie auch immer ihr wollt. Schlaft egal mit welchem Erwachsenen, der das einvernehmlich will. Lebt euer bestmögliches Leben in Frieden und Sicherheit. Aber Frauen aus ihren Jobs werfen, dafür, dass sie aussprechen, dass Geschlecht real ist? #Ich stehe zu Maya. #Das ist hier keine Übung[98]«, so formulierte J. K. Rowling den Transgender-Ernstfall bei Twitter, bevor der Mob über sie herfiel, denn da hilft auch kein Prominentenstatus. Ihre »Kontaktschuld« zur transphoben Delinquentin musste sofort im Vorwurf als »TERF« beantwortet werden, gepaart mit der Belehrung der weltweit agierenden LGBT-Lobbytruppe »Human Rights Campaign«, wonach Transfrauen Frauen wären, Transmänner seien Männer und nicht-binäre Menschen seien nicht-binäre Menschen. Aha.

Das Urteil war nur eine arbeitsgerichtliche Auseinandersetzung, hatte aber dennoch die Signalwirkung, um ein Exempel zu statuieren. Hier hatte gerade eine Frau ihren Arbeitsplatz verloren, weil sie sich nicht der neuen Geschlechterdoktrin unterwerfen wollte, sondern auf den biologischen Unterschied von Mann und Frau beharrte, der nicht durch Willensbekundung für nichtig erklärt werden kann. Verurteile eine, erziehe Tausende, damit sie fortan besser den Mund halten.

Auch der Bürgermeister von London plappert nahezu identisch aus Anlass der wochenlangen Festivitäten zum »LGBT-History-Month« die Worte der LGBT-Lobby nach: »Trans-Frauen sind Frauen. Trans-Männer sind Männer. Nicht-binäre Menschen sind nicht-binär. Alle Gender-Identitäten zählen[99]«, ließ uns Saqid Khan bei Twitter wissen. Zahlreiche Feministinnen, lesbische Aktivistinnen und sogar Transfrauen widersprachen ihm daraufhin öffentlich, wie etwa Clare Dimyon, eine britische lesbische LGBT-Aktivistin, die für ihre langjährigen Verdienste für die Rechte von Lesben, Schwulen und Transgender-Menschen in Osteuropa sogar mit einem der höchsten Orden des königlichen Empire ausgezeichnet wurde. Dimyon fasste es für den Bürgermeister bei Twitter exemplarisch zusammen: »Wenn Trans-Frauen Frauen ›wären‹, dann wären sie nicht transgender. Wenn Transmänner Männer ›wären‹, wären sie nicht transgender. Wenn nicht-binäre Frauen und Männer tatsächlich nicht-binär wären, dann wären sie eine nicht existierende biologische Form menschlicher Wesen.« Unterschrieben ist die Richtigstellung mit den Worten: »Eine Lesbe, die schon deutlich länger LGBT-Rechte vorantreibt als Sie«[100]. Es ist ein Glaubenskrieg entbrannt, ein Kräftemessen über die Definitionshoheit der Weiblichkeit.

LORETTA FÜR ALLE

Nun wissen wir nicht erst seit Boris Johnson, dass die lieben Engländer auch mal etwas anders sein können, in Sachen Geschlecht drehen sie jedenfalls schon lange auf, um nicht zu sagen, durch. Die offenbar chronische Transfeindlichkeit der Tatsache, dass nur Frauen Kinder gebären können, hatten sie entsprechend bereits 2017 entdeckt. Die britische Regierung drängte damals darauf, den Begriff »schwangere Frau« aus einem UN-Vertrag streichen zu lassen oder durch den Begriff »schwangere Person« zu ersetzen, um Transsexuelle, die ein Kind geboren haben, nicht weiter zu diskriminieren.

Es muss ein echtes Massenphänomen sein, wenn sich selbst internationale Verträge dieser unvorstellbaren Diskriminierung endlich in den Weg stellen müssen. Millionen von schwangeren Männern werden aufatmen. Endlich müssen sie sich nicht mehr als Mütter bezeichnen lassen. Mir fiel damals sofort die Filmszene aus Monty Pythons *Life of Brian* ein, als Stan vor der Volksfront von Judäa erklärt, er möchte fortan »Loretta« genannt werden, denn er wolle eine Frau sein und Babys bekommen. Das war nicht nur eine Sternstunde der Filmgeschichte, sondern bereits im Jahr 1980 ein weitsichtiger Ausblick in die gendergerechte Zukunft Großbritanniens. Schon damals hatten Stans Freunde Mühe, ihm klarzumachen, dass er ohne »Mumu« leider nicht Mama werden kann. Man einigte sich aber darauf, dass er natürlich das Recht haben müsse, trotz fehlender Gebärmutter Babys zu bekommen. 40 Jahre später ist der britische Humor auf die Realität geprallt und macht nun zumindest juristisch passend, was nicht passen kann.

Längst klagen diverse Geschlechter vor Gerichten ein, was ihnen die Natur verwehrt. Wie etwa der »Transmann« Freddy McConnell, der sich in London als »Vater« und nicht als »Mutter« des Kindes in die Geburtsurkunde seines Sohnes eintragen lassen wollte, obwohl er selbst das Kind geboren hatte. Der Fall erregte auch deswegen die breite Öffentlichkeit, da der staatliche Sender BBC zuvor die Frau, die sich selbst als »schwuler Transmann« identifiziert, auf ihrem Weg durch die väterliche Mutterschaft in einer Reportage[101] begleitet hatte. Der Richter Sir Andrew McFarlane, Präsident des Familiengerichtes am Londoner High Court, bereitete den romantischen Transvorstellungen, wonach Väter neuerdings Kinder gebären, ein jähes Ende, mit der Argumentation, es könne keine mutterlosen Geburtsurkunden geben, weil es schlicht einen substanziellen Unterschied zwischen dem juristischen »Geschlecht« einer Person und ihrem Elternstatus gäbe.

Das Gericht sah sich erstmals in der britischen Rechtsgeschichte gezwungen, zu definieren, was eine Mutter ausmache. In der Urteilsbegründung[102] hieß es, eine Mutter zu sein werde immer mit dem Weiblichsein assoziiert, und das ist der Status, den es körperlich und biologisch zwingend erfordert, um eine Schwangerschaft auszutragen und ein Kind zu gebären. Frauen bekommen Kinder, sonst niemand. Es ist sehr einfach, die Natur ist in solchen Dingen chronisch transphob. Da helfen nicht einmal Quoten.

Das hindert den vorjuristischen Raum der Medien natürlich nicht daran, die Hausfassaden im potemkinschen Geschlechterdorf weiter regenbogenfarben bunt zu streichen. Auch die BBC titelte ihre Reportage »Der Vater, der ein Kind gebar«. In Deutschland unterweist das Magazin *Der Spiegel* ernsthaft samt Piktogramm seine Leser und sicher auch die »*innen«, dass nicht nur Frauen menstruieren könnten, sondern auch Transmänner. Ja klar, möchte man rufen, schließlich sind sie ja, egal was sie sagen, immer noch biologische Frauen. Genauso übrigens, wie ein schwuler Transmann auch als biologisch völlig normale heterosexuelle Frau betrachtet werden könnte, beide sind biologisch weiblich und fühlen sich sexuell zu Männern hingezogen. Eine von beiden behauptet aber, ein Mann zu sein.

Zum Stichwort mediales Einknicken passt auch, dass der Konzern Procter & Gamble, weltweit einer der Markführer für Hygieneprodukte wie etwa Damenbinden der Marke »Always«, im Oktober 2019 gar das »Venussymbol« als bildhaftes Markenkennzeichen von seinen Produkten tilgte, weil sich Transgender-Aktivisten beschwert hatten, da auf der Verpackung ein eindeutig weibliches Symbol prangt, obwohl doch auch vielfältige Geschlechter Menstruationsprodukte konsumieren. Auf die Anfrage eines Transmanns antwortete das Unternehmen wörtlich: »Wir sind froh, Ihnen mitteilen zu können, dass wir ab Dezember ein Verpackungsdesign verwenden, das ohne weibliche Symbole auskommt.«[103] Während Feministinnen Sturm liefen, weil hier Weiblichkeit ausradiert und die Existenz von Frauen negiert wird, verteidigte sich P&G, man habe sich »der Vielfalt und der Inklusion verpflichtet« und verstanden, dass sich nicht jeder, der seine Periode habe, als Frau definiere.

Im vergangenen Jahr blieb ich fasziniert auf einer Sendung beim Frauensender (sic!) SIXX hängen. *Paula kommt* dort regelmäßig in Form einer sexuell um nichts verlegenen, gleichnamigen Moderatorin. Wir sehen den »Transmann« Wyley, der gerade in einem aufgeblasenen Planschbecken eine Wassergeburt plant. Weil er befürchtet, als gebärender Mann im Kreißsaal diskriminiert zu werden, will er lieber eine Hausgeburt. Der Frauensender gibt an diesem Abend wirklich alles, und man wünscht sich ein paar Folgen *Sex and the City* oder *Shopping Queen*, um wieder halbwegs auf weiblichem Normalmaß anzukommen. Wyley war aus Versehen schwanger geworden[104], seine Hormontherapie zur Geschlechtsumwandlung zum Mann hatte die Schwangerschaft nicht verhindert und auch Transmänner verzichten offenbar nicht auf konventionellen Vaginalsex. Das passende Kinderbuch, zur Erklärung von schwangeren Papas, empfohlen für die Altersklasse ab zwei Jahren, findet sich längst im queer-veganen deutschen Buchhandel unter dem Titel *Wie Lotta geboren wurde*[105]. Wir lernen, dass Lotta in der »Babyhöhle« ihres Papas herangewachsen ist, zwar hätten meistens Frauen so eine, aber manchmal eben auch Papas. Zwar ist das biologischer Unsinn für Kinder, aber es hört sich nett an.

DER WEIBLICHE PENIS

Machen wir es also konkret, denn abseits von bunten Boulevardgeschichten ist die Konsequenz aus der Idee adaptierter Weiblichkeit alles andere als lustig. Wir reden hier nicht über maximal theoretische, alternativ fundamentalistische Hirngespinste, sondern über das, was uns in Deutschland und weltweit erwartet, sollten sich jene Gesetzgebungen aus Großbritannien, den USA oder auch aus Kanada in Europa breitmachen, die von diversen LSBT-Lobbygruppen als fortschrittlich gefeiert und auch für unsere Breitengrade als »internationale Standards« eingefordert werden.

Wer will schon ernsthaft absichtlich diskriminieren? Ich kenne persönlich keinen derartigen Menschen. Wenn jedoch die Interessen verschiedener »Geschlechter« aus der bunten Vielfalt aufeinanderprallen, können auch mal Mehrheiten zu Opfergruppen werden. Zum Beispiel 50 Prozent der Bevölkerung. Jene nämlich, die als Frau geboren wurden und nicht nur wünschten, sie wären eine.

Reden wir also praktisch über den real existierenden »weiblichen Penis«, der in britischen Gefängnissen bereits Frauen sexuell belästigt hat. Nach geltendem britischen Recht haben »Transfrauen« auf Antrag das Recht, in reinen Frauengefängnissen untergebracht zu werden und zwar selbst dann, wenn sie anatomisch ein absolut vollständiger normaler Mann sind. In dramatischer Weise wurde das einigen Frauen bereits zum Verhängnis, weil sie von sogenannten »Transfrauen« hinter Gittern im Frauengefängnis vergewaltigt wurden, wie etwa der Fall Karen White[106] offenbarte. Die »Transfrau« wurde zu lebenslänglicher Haft verurteilt, nachdem er zwei Frauen im Gefängnis vergewaltigt hatte. Man hatte ihn trotzdem zu den Frauen verlegt, obwohl er bereits wegen anderer Sexualdelikte gegen weitere Frauen und auch gegen Kinder unter Anklage stand. Er sei »ein Raubtier und hochgradig manipulativ« und damit ein »signifikantes Risiko für Kinder, Frauen und die Allgemeinheit«, begründete der Richter letztendlich das Urteil »lebenslänglich« gegen »Karen«.

Es ist sicher kein Trost für die Vergewaltigungsopfer, dass sie nicht von einem Mann, sondern offenbar von einem weiblichen Penis vergewaltigt wurden. Das gibt ganz neue »Straftäter*innenstatistiken«, die dann auch völlig zu Recht in gendersensibler Schreibweise erscheinen müssten, um auch die Verbrechen aller dritten, vierten und fünften Geschlechter einzeln aufzulisten. Aber nicht einmal das ist der Fall, stattdessen werden die Verbrechen der »weiblichen Penisse« in der Frauenstatistik erfasst, wie eine explizite Anfrage der Frauenrechtsorganisation »Fair Play For Women«[107] bei den Polizeibehörden ergab. Die Polizeibehörden bestätigten dabei explizit, dass sie Beschuldigte mit dem Geschlecht registrieren und auch entsprechend behandeln, wie diese es selbst angeben. Dies gelte auch für männliche Vergewaltiger[108]. In England kämpfen Frauengruppen inzwischen gegen die Gesetzgebung an, um Frauen in Gefängnissen vor Transfrauen zu schützen, weil es kein Einzelfall mehr ist, sondern langsam Schule macht. »Zahlen sind nicht transphob, Beweise sind kein Hass, Fakten sind nicht bigott«, so kommentierte es Fair Play For Women, nachdem das Justizministerium von England nach sechs Monaten Schweigen die Rechercheergebnisse der Frauenorganisation offiziell bestätigen musste, wonach die Hälfte der einsitzenden Transgender in England schon einmal wegen sexueller Vergehen angeklagt waren. 25 biologische Männer sitzen dennoch in Frauengefängnissen ein. Zumindest wissen wir jetzt eindeutig, was damit gemeint ist, wenn die Lobby der schwarzen Transfrauen, der »Black Trans Travel Fund« uns bei Twitter belehrt[109], Transfrauen seien Frauen, »egal wie sie Sex praktizieren«. Und Transfrauen seien auch Frauen, »egal ob sie Weiblichkeit so performen, wie du es willst«. Die »Performance« der »weiblichen Penisse« beantwortet diese Frage jedenfalls deutlich.

Gleichzeitig muss auch eine Lösung gefunden werden für jene »Transfrauen« in Gefängnissen, die Angst haben, bei den Männern untergebracht zu werden, oder dort eventuell tatsächlich Opfer von Diskriminierung oder auch körperlicher Angriffe werden könnten, vor allem dann, wenn sie sich körperlichen Hormonbehandlungen und Operationen unterzogen haben und optisch das Geschlecht gewechselt haben. Auch Transgender-Menschen begehen schließlich Verbrechen, werden angeklagt, verurteilt und in Haft geschickt. Vielleicht sollte man sich statt mit »dritten« Toilettentüren also von staatlicher Seite besser mit dritten Gefängnistüren beschäftigen. Ich möchte keine »Transfrau« zwingen, mit Männern zu duschen, aber es sollte genauso Konsens sein, dass keine Frau gezwungen sein darf, gegen ihren Willen neben einem Menschen mit Penis zu schlafen, zu duschen oder sich umzuziehen. Die Lösung für Transrechte ist nicht, dass dafür Frauenrechte geopfert werden. Das Problem ist bereits in deutschen Gefängnissen aktenkundig, in Bayern wurde eine »Transfrau« monatelang in der U-Haft in einer Einzelzelle untergebracht, um sie vor den männlichen Gefängnisinsassen zu schützen[110]. Eine echte und faire Lösung ist das auch nicht, es offenbart allenfalls die Hilflosigkeit eines Systems, das mit den Auswüchsen der »Geschlechtervielfalt« heillos überfordert ist.

In Kanada überzog eine »Transfrau« im Bundestaat British Columbia ein Dutzend verschiedene Frauen-Waxing-Studios beziehungsweise die darin arbeitenden Frauen mit Klagen wegen Genderdiskriminierung und reichte eine Beschwerde wegen Verletzung ihrer Menschenrechte beim »B. C. Human Rights Tribunal« ein[III], weil diese Frauen sich weigerten, »ihr« den Intimbereich zu enthaaren. Was sich auf dem Papier sehr intolerant anhört, ist im real existierenden Genderwahnsinn nämlich ebenfalls ein Exemplar eines offenbar »weiblichen« Penis mit zwei Hoden. Es stellt sich schlicht die Frage, ob es einen Akt der Diskriminierung darstellt, wenn sich eine brasilianische Intim-Waxerin weigert, einem nachweislich biologischen Mann sehr konkret an die Eier zu fassen, um seine Schamhaare zu entfernen.

Wer die Geschlechterdefinition durch Selbstermächtigung propagiert – nichts anderes ist die Anerkennung von Transrechten ohne jegliche biologische Grundlage –, wie es in Kanada ebenfalls getan wird, muss sich dann auch die Frage gefallen lassen, wieso er Frauen dazu zwingen will, an ihrem Arbeitsplatz den Penis fremder Männer anfassen zu müssen, weil ihnen ansonsten droht, ihre Jobs zu verlieren? Keine #MeToo-Aktivistin wurde bislang in British Columbia gesichtet, um sich an die Seite dieser Frauen zu stellen. Was ich persönlich als sexuelle Nötigung gegenüber den Frauen definieren würde, wird in Kanada also als Diskriminierungstatbestand gegenüber einer selbsternannten »Transfrau« und ihrem Penis verhandelt. Zig Klagen laufen dazu parallel. Das hat nichts mehr mit angeblicher Diskriminierung zu tun, das ist eine Mobilmachung, das sind Musterklagen, um all jene nicht nur verbal, sondern auch juristisch stillzulegen, die es noch wagen zu widersprechen.

DAS ENDE DES FRAUENSPORTS

Transgender-Rechte bedrohen abseits absurder Toilettenanlagen faktisch den gesamten internationalen Frauensport, wenn sich das durchsetzt, was in den USA bereits begonnen hat. Im amerikanischen Bundesstaat Connecticut klagt sich die 17-jährige Selina Soule[112] gemeinsam mit zwei Mitstreiterinnen durch die Instanzen einer Musterklage zur Rettung des Frauensports. Sie ist Leistungssportlerin in der Leichtathletik, ehrgeizig und aussichtslos, weil sie im Sprint und auch im Weitsprung faktisch gezwungen ist, gegen gleichaltrige Jungs anzutreten, die sich selbst als »Transfrauen« definieren und deswegen bei den Mädchen antreten dürfen, was ihnen praktischerweise die Richtlinien[113] zum antidiskriminierenden Umgang mit Genderidentitäten an Connecticuts Schulen erlauben. Selina klagt unter Berufung auf den sogenannten »Title IX«, einen Paragrafen im Bildungsrecht, der 1972 installiert wurde, um Frauen eine gleichberechtigte Förderung durch staatliche Gelder und eine höhere Beteiligungsrate am Frauensport zu ermöglichen. Es war einst ein Antidiskriminierungsparagraf, der Frauen helfen sollte, auch an die begehrten Sportstipendien der amerikanischen Colleges heranzukommen, jetzt droht ihnen wieder, sie zu verlieren, aber nicht an Männer, sondern an »Transfrauen«.

Es war die viel gefeierte tolerante Obama-Administration, die im Jahr 2016 auf ministerialem Weg die öffentlichen Schulen anweisen ließ[114], sie mögen Schüler fortan mit jenem Geschlecht behandeln, das der Schüler selbst angibt, ansonsten drohten juristische Untersuchungen und auch die Streichung von Geldern. Übernommen haben diese Doktrin nicht nur die Schulen, sondern auch die Sportausschüsse. In Deutschland jubelte der sexuell vielfältige Teil der Bevölkerung, so viel Fortschritt wünschte man sich auch für Deutschland. Und hatte nicht die damalige Familienministerin Schwesig bereits brav zu Protokoll gegeben, sie halte Unisextoiletten in Schulen für eine sinnvolle Sache, weswegen gerade im schönen Bayern, im beschaulichen Pullach jetzt auch die erste Grundschule[115] eine solche plant. Alle Transgender-Erstklässler können in Pullach also aufatmen. Auch in Portugal dürfen Schüler übrigens seit August 2019 selbst wählen, welches Schulklo sie besuchen, damit es ihrem selbst definierten Geschlecht entspricht[116], während Donald Trump in den

USA den Obama-Vorstoß zumindest teilweise vernichtete, indem er es den Schulen nicht mehr obligatorisch aufzwingt, sondern zur freiwilligen Einrichtung überließ.

Im März 2019 wurde nun in den USA durch die Demokraten der sogenannte »Equality Act« im Repräsentantenhaus abgesegnet, der die Bürgerrechte des »Civil Rights Act« um eine Neudefinition von Geschlecht inklusive Genderidentität erweitern würde. Also genau genommen das, was sich Die Grünen für das deutsche Grundgesetz wünschen. Sollte dieser Zusatz auch den amerikanischen Senat passieren, wären die Verhältnisse in Connecticut Standard in allen 50 Staaten der USA – und zwar nicht nur im Sport. Sprich: Keine »Safe Spaces« mehr für Frauen, stattdessen könnte sich jeder Mann in jede Umkleidekabine, in jedes Frauenhaus oder auch in jedes Frauengefängnis mit gemeinsamen Duschen einklagen, mit der schlichten Behauptung, er fühle sich als Frau. Um es einmal in Zahlen auszusprechen: Bevor sogenannte »Transfrauen« in der Leichtathletik der Mädchen in Connecticut antraten, gewannen zehn verschiedene Mädchen die 15 wichtigsten Sportwettkämpfe des Landes[117]. Alle diese Titel wurden zuletzt von jenen beiden Männern gewonnen, die neuerdings als Frauen mitlaufen. Und die Frauenvertretungen im Sport schweigen.

Die bedingungslose Übernahme selbst definierter Geschlechterkategorien unabhängig von biologischen Faktoren bedeutet in der angewandten Praxis des Frauensports genau genommen das Ende des Frauensports. Bereits heute gibt es massive Probleme überall dort, wo »Transfrauen« aufgrund ihrer testosterongeschwängerten körperlichen Überlegenheit Frauen über den Haufen rennen und besiegen. Im Gewichtheben gewann bei den 16. Pazifik-Spielen auf Samoa 2019 Laurel Hubbard zum Unmut des Publikums zwei Goldmedaillen[118]. Laurel hieß bei früheren Wettkämpfen noch Gavin, trainierte und trat als Mann an, seit 2012 räumt er als »sie« jetzt im Frauensport ab. Ähnliches spielt sich im Handballsport ab. Im australischen Nationalteam der Frauen spielte unter anderem auch die Transfrau Hannah Mouncey mit. Sie ist knapp 1,90 Meter groß, wiegt 110 Kilo und war früher Mitglied der australischen Herrenmannschaft. Mit »ihr« gewann das Team die Qualifikation zur Handball-WM. Nachdem man sich danach von ihr trennte, warf sie ihren ehemaligen Teamkolleginnen Diskriminierung vor, diese hätten nicht mit ihr gemeinsam duschen und sich in einem Raum umziehen wollen[119]. Man kann all diesen Transfrauen nicht einmal Doping vorwerfen, das Testosteron, das andere heimlich schlucken müssen, produziert ihr Körper ganz von selbst. Als die frühere Tennisikone Martina Navratilova, selbst bekennende Lesbe, die Übernahme des Frauensports durch Transfrauen öffentlich kritisierte[120], musste sie sich natürlich auch als »TERF« und transphob beschimpfen lassen.

Die neue Weltmeisterin im Damenbahnradfahren ist mit Rachel McKinnon eine Transfrau. Jene, die ihr einen unlauteren körperlichen Vorteil vorwerfen, nennt sie öffentlich bigotte Transphobe. Die Drittplatzierte Jennifer Wagner nennt es unfair. Die transsexuelle »Siegerin« formuliert hingegen: »Man kann nicht eine Frau in der Gesellschaft als Transfrau anerkennen und im Sport diese Anerkennung verweigern.«[121] Da hat sie allerdings Recht. Wer A sagt, muss nach den eigenen Maßstäben der Gleichbehandlung in demokratischen Verfassungen dann auch B sagen. Der Fehler ist also eindeutig vorgelagert, nämlich dort, wo gesellschaftlich so getan wird, als müsse man Transfrauen bedingungslos als »echte Frauen« akzeptieren. Nur wer niemals A sagt, kann später noch das B verweigern. Gender muss von Anfang an zu Ende gedacht werden. Weil das nie geschah und wir stattdessen mit der Salamitaktik voranschreiten, kommt es jetzt zu Konflikten, die von Anfang an voraussehbar waren.

DAS ENDE DER SAFE SPACES

Der sportliche Bereich ist bei all dem fast noch ein »Luxusproblem«, betrachtet man im Gegensatz dazu die Bereiche, wo Gefahr für Leib, Leben und sexuelle Selbstbestimmung der Frau droht. Die Frauengefängnisse sind dabei der erste Vorgeschmack. Aber genau genommen sind alle exklusiven Frauenbereiche davon bedroht, von selbsternannten Frauen übernommen zu werden. Ich lernte im Sommer 2019 Sherrie Laurie kennen, sie war damals angeklagt wegen Transphobie in Anchorage, Alaska, wo sie das »Downtown Hope Center« für Obdachlose betreibt. Jeden Tag werden dort in einer Suppenküche 500 Mahlzeiten an alle Geschlechter ausgeteilt, alle können dort duschen und Wäsche waschen, sich ausruhen oder auch einfach nur verweilen und ein freundliches Wort erhalten. Nachts ist ihr Haus aber ein Frauenhaus. Ein echter »Safe Space« für Frauen. Es ist verdammt kalt in Alaska, und Laurie sagt, nahezu 100 Prozent ihrer Frauen dort seien bereits einmal in ihrem Leben Opfer von männlicher Gewalt, Vergewaltigung oder sexueller Übergriffe geworden. Obdachlose Frauen haben leider nicht selten derartige Leidensgeschichten hinter sich. Sie sagt auch, einige dieser Frauen würden trotzdem lieber nachts im Freien schlafen als noch einmal in ihrem Leben in einem Raum mit einem Mann. Dem Haus drohte die Schließung, weil eine »Transfrau« versuchte, sich in den Bettensaal einzuklagen mit dem Vorwurf, er werde in seinen Menschenrechten als Frau diskriminiert. Wir sprechen nicht von Einzelzimmern im Hotel, sondern von einem Schlafsaal, in dem Feldbetten aufgestellt werden und in dem sich alle umziehen und dann nebeneinander liegen. Ist es transphob, wenn Frauen, die bereits Opfer sexueller Gewalt geworden sind, Angst haben, in einem Ram zu schlafen mit einer Person, die für sie ein Mann ist und bleibt, unabhängig davon, wie er das selbst sieht? Erst in zweiter Instanz konnte sich Laurie im August 2019 vor einem Bundesgericht erfolgreich gegen die Anordnung der Stadt wehren, die ihr mit Schließung gedroht hatte[122].

Als Bürgermeister und Verwaltung der australischen Stadt Hobart beschlossen, an den 102 öffentlichen Toiletten Schilder anbringen zu lassen, mit dem Hinweis, dass es explizit erlaubt sei für Transgender-Menschen, die ihnen selbst als richtig erscheinende Toilette zu benutzen, argumentierten die Befürworter, dies trage »zur Sicherheit von genderdiversen Menschen« bei[123]. Was aber, wenn derselbe Verwaltungsakt gleichzeitig zur Unsicherheit von normalen Frauen beiträgt? Wer wird als Damenopfer der Transbewegung preisgegeben, die Bio- oder die Transfrau?

Ist es wirklich transfeindlich, Weiblichkeit nicht als beliebige Kategorie zu akzeptieren? Ist es transfeindlich, sich als Frau zu weigern, einer »Transfrau« an den real existierenden Penis zu fassen, sich vor ihr nackt auszuziehen oder sich im Frauensport mit ihr messen zu müssen? Abseits von Frauengefängnissen stellt sich zudem die Frage: Hat ein Mann Anrecht auf einen Vorstandsposten, der mit einer Frauenquote belegt ist, wenn er sich selbst trotz biologischer Männlichkeit als Frau definiert? Es wird vor allem ein Fest für Juristen, was hier auf uns zurollt, sollten die Naivlinge unter den Toleranzbetrunkenen nicht endlich nüchtern werden.

Wenn Gendergerechtigkeit praktisch wird, gerät die Frau zum doppelten Opfer: Man ignoriert nicht nur ihre weibliche Natur, man spricht diese gar ohne faktische Grundlage Männern zu. Und der versammelte Feminismus feiert seinen eigenen Untergang freudig mit.

KAPITEL 06: ES GIBT KEIN »DRITTES« GESCHLECHT

Im Oktober 2019 überraschte der Pariser Zoo die Weltöffentlichkeit mit der Nachricht über ein rätselhaftes neues Tier, das man dort beherberge, der »Blob«. Er habe 720 diverse Geschlechter, aber kein Gehirn[124]. Die Natur setzt eigenwillige Prioritäten. So weit die Tierwelt, aber wie ist es denn nun beim Menschen? Jahrzehntelange Genderpolitik und Genderforschung konnte die Frage nicht beantworten, wie viele »Geschlechter« es nun tatsächlich gebe. Glaubt man der Berichterstattung der Szene, befinden wir uns offenbar noch in der Entdeckungsphase, denn es kommen ständig neue hinzu. Wo im Geschlechterreigen immer neue LGBTTIQ-Ketten, aber keine substanziell sinnvollen Kategorien auftauchen, kann es auch niemals Klarheit, sondern immer nur Verwirrung geben.

Biologisch betrachtet bleibt von der vielfach zitierten »Vielfalt der Geschlechter« am Ende des Tages nur eine erschlagend hohe, statistische Normalität von Mann und Frau übrig, von der es eine einzige biologische Abweichung, eine Anomalie gibt: die Intersexualität. Es gibt keinen Grund, in Schnappatmung und einen gefühlten Diskriminierungsanfall zu verfallen, nur weil eine menschliche Daseinsform nicht der statistischen Norm entspricht und entsprechend auch als Ausnahme oder Anomalie bezeichnet wird. Jeder Chromosomenfehler, jede körperliche oder geistige Fehlentwicklung ist eine nüchterne Abweichung von der statistischen Norm. Man wünschte, die Lehre von der Normalverteilung innerhalb der »Gauß'schen Glocke«[125] wäre wieder Grundwissen, nicht nur in Schulklassen, sondern auch in Redaktionen, Parlamenten und TV-Talkformaten.

Dass es bei der Entwicklung des Menschen in der Gebärmutter normale Verläufe und auch Komplikationen oder Fehlbildungen gibt, ist Tatsache. Jemand, der nur mit einer Hand auf die Welt kommt, hat eine Behinderung, eine Fehlentwicklung seiner Extremitäten, aber sicher kein neues »Geschlecht der Einarmigen«. Auch Geschlechtsorgane können sich, wie alle Organe oder Körperstrukturen, fehlerhaft entwickeln. Manche Menschen sind dadurch unfruchtbar, andere intersexuell. Das ist nicht schön, schon gar nicht für die Betroffenen selbst, aber kein Akt menschlicher Diskriminierung, sondern Willkür der Natur. Wer den aktuellen Forschungsstand über die Ursachen wissen will, möge sich durch die umfangreiche Fachliteratur über Chromosomen und Hormone lesen, für die gesellschaftliche Debatte ist nur relevant, dass diese biologische Varianz existiert, wenn auch statistisch im absoluten Promillebereich. Bei der Intersexualität handelt es sich also um Menschen, die faktisch primäre und/oder sekundäre Geschlechtsmerkmale beider Geschlechter aufweisen und bei denen sich selbst medizinisches Fachpersonal schwertut, bei Neugeborenen festzulegen, ob es denn nun ein Mädchen ist oder ein Junge. Es existieren zudem vielfältige Varianzen wie etwa, dass die intersexuelle Veranlagung äußerlich gar nicht sichtbar ist, innerlich aber divergiert, wenn ein Mensch etwa einen Penis, aber auch Eierstöcke besitzt, oder sowohl eine Vagina und Brüste als auch innerliche Hoden.

Manche Intersexuelle erfahren erst dann von ihrer körperlichen Abweichung, wenn sie erfolglos versuchen, Kinder zu bekommen, und den körperlichen Ursachen der Kinderlosigkeit nachgehen. Vorher lebten sie völlig unkompliziert als Mann oder als Frau ohne das Wissen um ihre körperliche Anomalie. Intersexualität ist also selbst für Intersexuelle nicht ein automatisches Problem, des *Sich-nicht-zuordnen-Könnens in einer binären Welt*, die meisten haben von klein auf eine deutliche Präferenz, ob sie nun Mann oder Frau sind, und wollen auch nichts »Drittes« sein. Dass diese Menschen nicht mehr, wie es früher Standard war, im Kreissaal durch Entscheidung ihrer Eltern oder der Ärzte als Frau oder als Mann definiert werden und man ihren Körper entsprechend von klein auf mit Hormonen oder gar dem Skalpell passend macht, ohne dass sie selbst als Betroffene jemals mitreden dürfen, ist eine überfällige Errungenschaft. Man versteht, dass die Lobbyverbände der Intersexuellen hier hart um ihr Recht auf körperliche Unversehrtheit und Selbstbestimmung kämpfen mussten. Das waren oft nicht reversible Operationen und damit Körperverletzungen, mit denen sie den Rest des Lebens auskommen mussten. Heute lässt man diese Kinder, wie sie sind, und überlässt die Entscheidung darüber, wie sie mit ihrem Körper umgehen wollen, auch ihnen selbst.

ZWISCHEN KÖNNEN UND WOLLEN

Es gibt aber auch jenen Anteil der Intersexuellen, die sich nicht für eine Seite zwischen Mann und Frau entscheiden können und es deswegen auch nicht wollen. Genau für jene, »die sich dauerhaft weder dem männlichen noch dem weiblichen Geschlecht zuordnen lassen«, hatte das Bundesverfassungsgericht bereits im Jahr 2017 in einem Urteil[126] dem Gesetzgeber den Auftrag erteilt, eine rechtliche Option zu schaffen. Es sollte auch für diese Menschen endlich eine rechtliche Möglichkeit geben, eine Geburtsurkunde oder einen Reisepass zu besitzen, in dem sie nicht eine Leerstelle haben, sondern eine eigene, dritte Option. Obwohl in der Presse breit bejubelt wurde, dass jetzt gar der Oberste Gerichtshof endlich das »dritte Geschlecht« anerkannt habe, war das mitnichten der Fall. Man hat entschieden, dass es eine dritte Eintragungsform geben muss, weil es bisher nur die

Option männlich, weiblich oder eben nichts gab. Das sei diskriminierend, entschied das Gericht völlig korrekt, denn diese Menschen sind ja nicht nichts, sondern einfach anders. Seit Dezember 2018 kann also laut Gesetz[127] bei »Menschen mit Varianten der Geschlechtsentwicklung« im Geburtsregister der Geschlechtseintrag »divers« vorgenommen werden, wenn, so das Gesetz, das Kind weder dem weiblichen noch dem männlichen Geschlecht zugeordnet werden »kann«.

Juristen kennen diese sprachliche Detailversessenheit gut, Medienproduzenten und -konsumenten nicht immer, auch Parlamentarier haben damit ihre Schwierigkeiten, aber Fakt bleibt, ein einzelnes Wort macht in einem Gesetz manchmal einen himmelweiten Unterschied aus. Das Bundesverfassungsgericht hatte ein Gesetz gefordert, für jene, die sich einem Geschlecht »nicht zuordnen lassen«. Im fertigen Gesetz steht nun, es gilt für jene, bei denen man es wirklich nicht zuordnen »kann«. Das bedeutet, es gilt nicht für jene Menschen, die sich gerne divers oder irgendwie anders bezeichnen lassen *wollen*, sondern nur für jene, die es gar nicht *können*. Im Umkehrschluss: Kann ein Mensch biologisch klar als männlich oder weiblich bezeichnet werden, dann darf er sich nicht als »divers« ins Geburtenregister eintragen lassen. Erst im April 2020 wurde genau diese sprachlich kleine, aber rechtlich ungeheuer große Unterscheidung noch einmal vor dem Bundesgerichtshof (BGH) bestätigt. Geklagt hatte diesmal eine Frau, die ihr Geschlecht gerne als »non-binär« in ihre Ausweispapiere eintragen lassen wollte. Das Gericht stellte noch einmal klar: »Personen mit lediglich *empfundener* Intersexualität sind hiervon nicht erfasst.« Allerdings gäbe es eventuell eine Möglichkeit, es über das Transsexuellengesetz zu versuchen, um dort über den Weg des »Geschlechtswechsels« eine Streichung ihrer Weiblichkeit zu erreichen oder durch »divers« ersetzen zu lassen. Das »non-binär« wollte ihr aber auch der BGH nicht geben. Gefühl schlägt eben nicht Fakten.

Die Richter haben sicher begriffen, dass sie ja sonst nicht nur juristisch erstmalig einem frei erfundenen Fantasie-Geschlecht zu rechtlicher Akzeptanz verhelfen würden, sondern auch ein (Geschlechter-)Fass ohne Boden aufmachen. Non-binär wäre nur der Anfang, auch hier muss man Gender zu Ende denken. Im Lesbenmagazin *L-Mag*[128] beschäftigte man sich beispielsweise einst mit der Frage, welche Formen der Weiblichkeit es gäbe, die abgelichteten Frauen in der Fotostrecke hatten alle ganz eigene Geschlechterdefinitionen für sich selbst gefunden. Von »High Femme« bis »Soft Butch« über »Queer-identified Boi He/She«, »Lesbianpansexual« bis zu »Gender Fluid Butch-Femme Transwoman« reichten die Identifikationsvarianten, und das ist nur ein Ausschnitt der »Queerness« und »Fluidity« von »Geschlecht«, erinnern wir uns an die Facebook-Liste mit weit mehr »Geschlechtern« als das.

Im medialen Diskurs wird das potemkinsche Geschlechterdorf großflächig unhinterfragt transportiert. Als in Deutschland die Evangelische Kirche ihr eigenes Studienzentrum für Genderfragen in Hannover eröffnete, klatschten und berichteten alle brav, als eine der Eröffnungsrednerinnen die Theorie in den Raum stellte, es gäbe weit mehr als 4.000 Geschlechter. In England produzierte gar der staatliche Fernsehsender BBC zur Unterstützung eines staatlichen Gesundheitsprogrammes einen Lehrfilm speziell für Schulkinder zum Thema Genderidentitäten, in dem den Kindern beigebracht wurde, es gäbe über 100 Geschlechter[129]. Eine Lehrerin erklärt dort, es gäbe eben Menschen, die sagen, sie wollten nicht ein bestimmtes Geschlecht sein, und stattdessen formulieren: »Ich möchte einfach nur ich sein.« Das ist Genderdiskurs auf Pippi-Langstrumpf-Niveau, aufbereitet für Kinder, die das nicht hinterfragen können und im schulischen Kontext perfiderweise oft die Autorität des Lehrers schlicht akzeptieren.

Jeder mag das Recht haben, sich selbst so zu benennen, wie er will, oder sich für etwas zu halten, was es zwar als Lebensform auf der Erde nicht gibt, was man aber dennoch sein möchte. »Non-binär« zu sein wäre allerdings eine außerterrestrische Lebensform. Einer meiner Söhne lebte ein Jahr lang in der Wahnvorstellung, er sei »Spiderman«, und versuchte das durch waghalsige Kletterunternehmungen an Türrahmen und einen Spiderman-Anzug, der bereits begann, mit seinem vierjährigen Körper zu verwachsen, glaubhaft zu machen. Irgendwann später war er ein Jedi. Aber immer blieb er ein kleiner Junge.

Es gibt nur zwei Geschlechter, aber eine Vielzahl an Arten, sich selbst zu benennen oder auch sexuell zu begehren. Intersexualität ist die einzige, substanziell biologische Abweichung vom Normalfall der Zweigeschlechtlichkeit von Mann und Frau, während der Rest der Definitionen sich im sexuellen, geistigen oder soziologischen Kontext abspielt, aber nicht im Bereich des Stofflichen.

In den Niederlanden bahnt sich derweil die am konsequentesten zu Ende gedachte Variante des Geschlechtseintrages an: Die Regierung beschloss im Juli 2020, man wolle in absehbarer Zeit einfach ganz in Ausweispapieren darauf verzichten[130]. Ziel sei es, den Menschen die Option zu geben, »selbst ihre Identität erschaffen zu können und diese in aller Freiheit und Sicherheit auch zu leben«, teilte die Bildungsministerin Ingrid van Engelshoven dem Parlament in Den Haag mit. Die neuen Ausweise ohne Geschlecht soll es allein aus praktischen Erwägungen aber erst ab dem Jahr 2024/25 geben, weil dann in der Verwaltung sowieso neue Ausweise eingeführt werden. Nur bei Reisepässen solle es wegen europäischer Regeln vorerst keine Änderung geben. Denn man mag selbst auf Geschlechtsangaben verzichten wollen, für den Rest der Welt könnten da aber bei der Einreise noch Fragen offen sein.

WÄHLST DU NOCH ODER KLAGST DU SCHON?

Wer »non-binär« gesetzlich legitimiert und damit juristisch grundsätzlich den natürlich-biologischen Boden der Geschlechterdefinition zugunsten der absoluten Selbstdefinition verlässt, muss in Konsequenz alle weiteren Wortschöpfungen und Selbstbeschreibungen zulassen – und dann wird es auch beim Menschen einmal weit mehr als die 720 Geschlechter des »Blob« geben. Das ist in sich logisch und nur konsequent, alles andere wäre Diskriminierung. Das Schema wiederholt sich: Wer A sagt, wird auch hier B sagen müssen. Solche Musterprozesse müssen als das betrachtet werden, was sie sind: der Versuch, die Mauer zu durchbrechen, durch die dann anschließend alle strömen werden.

Die Lobby macht sich selbst nicht einmal mehr die Mühe zu verdecken, dass man mit strategischer Prozessführung versucht, gerichtliche Dinge durchzusetzen, die man auf dem parlamentarischen Weg nicht durchbekommt. Dabei kommt es auch zu personellen Überschneidungen zwischen den aktiven Vereinsstrukturen der Lobbyisten, politischen Akteuren, klageführenden Juristen und Richtern. Dass beispielsweise mit Prof. Susanne Baer im deutschen Bundesverfassungsgericht mit freundlicher Unterstützung der Partei der Grünen eine langjährige LGBT-Aktivistin und ehemalige Leiterin des GenderKompetenzZentrums an der Humboldt-Universität Berlin als Richterin ins Oberste Gericht katapultiert wurde, war ein strategischer Meilenstein für die Szene. Seither entscheiden sich LGBT-Themen, wie die rechtliche Gleichstellung der »Homo-Ehe« mit der Ehe von Mann und Frau, in Karlsruhe viel geschmeidiger.

Inzwischen existieren aus dem Umfeld von Frau Baer Initiativen, die sich auf den Klageweg spezialisiert haben. Um nur ein paar Beispiele zu nennen: Die Klage vor dem Verfassungsgericht, um das Merkmal »divers« für Intersexuelle möglich zu machen, führten die beiden Juristinnen Prof. Dr. Konstanze Plett und Prof. Dr. Friederike Wapler[131]. Allein die Damen Baer, Plett und Wapler kennen sich schon vielfältig und länger, kämpft man doch seit Jahren an derselben Front. Konstanze Plett ist Professorin im Zentrum Gender Studies an der Universität Bremen und saß mit Susanne Baer gemeinsam im Vorstand der »Vereinigung für Recht und Gesellschaft e. V.«. Der Vorstand dieser Lobbygruppe ist eine illustre Ansammlung politischer Akteure, dem beispielsweise auch der langjährige Staatssekretär im Familienministerium, Ralf Kleindiek, angehört. Wapler und Baer kennen sich ebenfalls schon lange. Wapler vertrat Baer bereits als Dozentin an der Humboldt-Universität, gemeinsam verfassten sie auch Stellungnahmen für den Familienausschuss des Bundestages. Wie man LGBT-Themen am besten vor Gericht bringt, erklärte Friedericke Wapler im November 2017 anlässlich des Thementages zu Intergeschlechtlichkeit im Recht bei einem Vortrag mit dem schönen Titel »Die ›Dritte Option‹ vor dem Bundesverfassungsgericht – ein Beispiel für strategische Prozessführung«[132]. Ort der Veranstaltung war die »Humboldt Law Clinic«. Eine Institution, gegründet von Susanne Baer, wo laut Eigenauskunft »Studierende im engen Austausch mit Nichtregierungsorganisationen, Verbänden und weiteren Akteur*innen an konkreten Fällen mit direktem Bezug zur Praxis« im Bereich Grund- und Menschenrechte, Antidiskriminierung und Inklusionspolitiken arbeiten. Kooperationspartner sind zahlreiche Antidiskriminierungsverbände, als einzige Partei auch die Fraktion der Grünen im Bundestag, aber auch NGOs wie die Gesellschaft für Freiheitsrechte e. V. (GFF). Dort sitzt unter anderem auch Prof. Dr. Nora Markard[133] im Vorstand, die wiederum auch Mitbegründerin der Humboldt Law Clinik von Susanne Baer ist.

MAMA, MAMA UND DIVERS

Es existiert ein interner Kreislauf von Institutionen, Politikern und Juristen, die alle am selben Themenkomplex arbeiten und längst begriffen haben, dass eine politische Agenda nicht in Parlamenten, sondern viel effizienter vor Richterstühlen durchgeboxt wird, nachdem man die Stimmung im Land einmal durch das mediale Twitter-Talkshow-Dorf getrieben hat. Wozu mühsam Wahlkämpfe gewinnen und jahrelange Parlamentsdebatten führen, wenn eine einzige Gerichtsentscheidung ein ganzes Land kippen kann? Die Gesellschaft für Freiheitsrechte, die auch aus den USA von Stiftungen gern mal 250.000 Dollar an Spenden bekommt, betreut aktuell etwa die Klage des »Ehepaares« Tara und Tony E. aus Hessen[134]. Tony ist nach eigener Auskunft »nicht-binär« und hat sich im Personalausweis als »divers« eintragen lassen, was derzeit bekanntlich nur bei Intersexualität möglich ist. Ob Tony genetisch der Vater ist oder überhaupt zeugungsfähig, wird verschwiegen, Tony will ja auch nicht als Vater, sondern als »diverses« Elternteil in der Geburtsurkunde des Kindes eingetragen werden, was ihm derzeit verweigert wird, weil entweder der Vater oder niemand eingetragen wird. Wenn Tony gewinnt, würden Geburtsurkunden nicht mehr die genetische Abstammung eines Kindes dokumentieren, sondern die rechtliche Zuordnung von Elternschaft, die Erwachsene ihm zugewiesen haben.

Die GFF betreut aktuell vor Gericht auch einen weiteren Fall[135]. Dort versucht ein lesbisches Paar, beide »Mütter« in die Geburtsurkunde eines Kindes eintragen zu lassen, mit demselben Argument, dass es eine Diskriminierung von Regenbogenfamilien darstelle, wenn der Ehepartner nicht automatisch als Elternteil eingetragen wird, was bei heterosexuellen Ehen aber geschieht. Der genetische Vater soll also unter den Teppich gekehrt und durch eine weitere Frau ohne genetische Verwandtschaft in der Geburtsurkunde eines Kindes ersetzt werden. Das Kind hätte dann also zwei Mütter, aber keinen Vater. Dazu haben Die Grünen natürlich auch bereits einen passenden Gesetzentwurf[136] durch den Bundestag gejagt, sie nennen den Vorstoß »Mit-Mutterschaft«, was vorerst aber keine Mehrheit im Parlament findet. Sollten alle diese Fälle am Ende in Karlsruhe vor dem Bundesverfassungsgericht landen, was wohl strategisch auch das Ziel ist, wartet dort bereits die Richterin Susanne Baer mit offenen Armen und wehender Regenbogenfahne.

FÜR EINE HANDVOLL LEUTE

Derweil kann nicht einmal die Bundesregierung sagen, wie viele Menschen mit Varianten der Geschlechtsentwicklung in Deutschland überhaupt existieren. Wir diskutieren ein Phänomen, das statistisch nicht erfasst wird. Man weiß auch nicht, wie viele sich nach Einführung der Option »divers« tatsächlich als solche haben eintragen lassen, wie die Antwort[137] der Regierung auf eine Kleine Anfrage[138] im Parlament zeigt. Eine Umfrage bei den einzelnen Bundesländern brachte ganze 28 Menschen in ganz Deutschland zusammen, die beantragt hatten, ihren Geschlechtereintrag in den Ausweispapieren streichen zu lassen. 385 Menschen wiederum haben einen Antrag auf eine Änderung gestellt, rund 290 davon aber nicht, weil sie »divers« sind, sondern weil sie als Transsexuelle von einem Geschlecht zum andern wechseln wollen. Es könnten aber auch reine Anträge auf Namensänderung darunter sein. Die Regierung kann zudem zu keinem einzigen Fall sagen, ob dem Antrag stattgegeben wurde. Antragstellung heißt ja nicht automatisch, dass man die Voraussetzungen der Intersexualität erfüllt. Das Innenministerium fand nach langem Suchen über den Umweg der Rentenstatistik dann noch genau 153 Deutsche und 11 Migranten, die als weder männlich noch weiblich dort vermerkt sind. Wir finden also in einer Bevölkerung von gut 83 Millionen Menschen genau 164, die ihre Geschlechtsbezeichnung nicht im Spektrum weiblich oder männlich haben registrieren lassen, und »keine Angaben« zu machen ist zudem nicht gleichzusetzen mit Menschen, die sich als »divers« identifizieren. Aber gut, dass wir schon mal präventiv für den Massenansturm in der großen Pause in Grundschulen Extratoiletten für potenziell non-binäre Menschen bauen.

Die Rechtsfolgen der Schaffung der Option »divers« in der Geschlechterliste hat bereits massive Auswirkungen auf zahlreiche Lebensbereiche, und das, obwohl wir nicht einmal staatlich erfassen, für wie viele Menschen wir hier tatsächlich ein ganzes Land umkrempeln und interessanterweise die betroffenen Intersexuellen das nur in Ausnahmen selbst einfordern. Wahrscheinlich existieren inzwischen mehr Rechtanwälte und Lobbyisten für Intersexuelle als Betroffene selbst. Verfolgt man die einschlägige Berichterstattung zum Thema sexuelle Vielfalt, könnte man leicht den Eindruck gewinnen, das halbe Land sei bereits in sexueller Auflösung und Heterosexualität nur noch ein Relikt aus früheren Zeiten. Dennoch wird ein ganzer Sprachraum präventiv diskriminierungsfrei komplett durchgegendert und alle Stellenanzeigen im Land müssen nicht nur den Hinweis »männlich/weiblich«, sondern inzwischen mit m/w/i/d auch »inter« und »divers« berücksichtigen, nicht dass sich irgendein Geschlecht nicht angesprochen fühlt und deswegen in Arbeitslosigkeit verharrt. Es ist eine Phantomdebatte auf Kosten aller.

ABSICHTLICHE BEGRIFFSVERWIRRUNG

Die verbale Manifestierung eines angeblichen »dritten Geschlechtes« im Zuge der Anerkennung von Intersexualität wird vor allem von der Transgender-Front schamlos für ihre Lobbypolitik instrumentalisiert, um im Fahrwasser der Intersexualität die eigenen Interessen analog mit durchzusetzen. Es ist wenig hilfreich für die Intersexuellen selbst, die Existenz der »Vielfalt« von Geschlecht herbeizureden, indem man die körperliche Anomalie der Intersexualität mit allen anderen, frei erfundenen Geschlechterdefinitionen gleichsetzt.

Es nutzt aber der Translobby, dass Trans- und Intersexualität immer gemeinsam und teilweise fast schon synonym verwendet werden, weil selbst Teilnehmer am Diskurs den substanziellen Unterschied nicht begreifen. Die Tinte unter dem Gesetz zur Möglichkeit, »divers« für Intersexuelle eintragen zu lassen, war noch nicht einmal trocken, da betonte die damalige Justizministerin Katharina Barley von der SPD bereits, in einem nächsten Schritt gehe es jetzt darum, rasch weitere, unzeitgemäße Regelungen für Transsexuelle zu beseitigen[139]. Neue Regelungen sowohl für inter- als auch für transsexuelle Personen sollten unter Federführung des Justiz- und des Innenministeriums erarbeitet werden. Als »unzeitgemäß« gilt in diesem Zusammenhang aus Sicht der Lobbyverbände vor allem, dass Transmenschen in Deutschland, anders als in progressiveren Ländern, nach wie vor ein ärztliches Gutachten und auch geschlechtsumwandelnde Maßnahmen vorweisen müssen, wenn sie juristisch von einem Geschlecht ins andere wechseln wollen. Es ist also vergleichsweise schwerer, die Hürden sind hoch, und das ist auch gut so.

Wir reden ja nicht von einem Tattoo, sondern davon, dass Menschen sich teilweise irreversiblen, medizinischen Behandlungen unterwerfen, Geschlechtsteile wie Brüste und Penis entfernen lassen und fortan lebenslang Medikamente und Hormone schlucken müssen. Wer trans wird, wird auch lebenslänglich Patient. Der deutsche Gesetzgeber möchte die Ernsthaftigkeit dieser Entscheidung überprüfen, und sie muss auch äußerlich mit körperverändernden Maßnahmen flankiert werden. In Deutschland existieren also keine »weiblichen Penisse«, denn sie müssen operativ entfernt werden, will eine Transfrau juristisch nicht mehr als Mann gelten.

GENDER-BLACKBOX

Genau das ist der Zankapfel im weiteren Diskurs. Die Translobby fordert auch in Deutschland, dass die juristische Umbenennung des Geschlechtes als reiner Akt der Selbstbestimmung zu akzeptieren sei. Die »Bundesvereinigung Trans*« war mit dem »divers«-Gesetz also unzufrieden, die Regierung habe eine »historische Chance« vertan. Dass es für Geschlechtsveränderungen eine medizinische Bescheinigung braucht, sei »nicht nachvollziehbar«. Dass man sich einem Arzt oder einem Richter gegenüber erklären muss, nennen sie »entwürdigend«, »unnötigen, teuren Formalismus« und einen Verstoß gegen die Menschenwürde.[140] »Denn zur Bestimmung der geschlechtlichen Identität bedarf es weder eines Gerichtsverfahrens noch einer Diagnose, sondern lediglich der Selbstauskunft der antragstellenden Person«, so auch die SPD-Familienministerin Franziska Giffey[141], traditionell regenbogenbeflaggt zuständig für alle Geschlechter. Sie betonte zudem, das geltende Transsexuellengesetz müsse aufgehoben werden und durch ein modernes Gesetz zur Anerkennung und Stärkung von geschlechtlicher Vielfalt ersetzt werden, in dem zukünftig »Zwangssachgutachten« über die geschlechtliche Identität von Menschen nicht mehr zulässig sein sollen. Die Grünen wiederum haben so einen Gesetzentwurf[142] bereits im Mai 2017 vorgelegt und nennen es »Selbstbestimmungsgesetz«. Geschlechtsumwandlung und Namensänderung sollen demnach einfach als Willenserklärung bei den Standesämtern möglich sein, um »unbegründete Hürden« zu beseitigen, »die das Selbstbestimmungsrecht in menschenunwürdiger Weise beeinträchtigen«. Damit nicht genug, liegt inzwischen auch ein Gesetzesantrag[143] im Bundestag vor, um das Merkmal der »sexuellen Identität« endlich in den Antidiskriminierungsartikel 3 des Grundgesetzes aufzunehmen. Der Entwurf wurde gemeinsam von den »Grün*innen« der FDP und den Linken eingebracht, arbeitet sich gerade durch den parlamentarischen Betrieb und wurde im Februar 2020 schon einmal im Rechtsausschuss mit Experten beraten.

Interessant ist, die drei Fraktionen liefern in ihrem eigenen Gesetzesentwurf keine klare Definition von »sexueller Identität«, es heißt lediglich: »Das Merkmal der sexuellen Identität im Sinne des Grundgesetzes umfasst ein andauerndes Muster emotionaler, romantischer oder sexueller Anziehung zu Personen eines bestimmten oder verschiedener Geschlechter.« Sexuelle Identität ist damit alles und nichts. Was genau wäre denn beispielsweise ein »andauerndes Muster einer romantischen Anziehung zu verschiedenen Geschlechtern« konkret? Bisexuelle Polygamie? Man will also eine geschlechtliche Blackbox mitten in die Verfassung setzen, ohne ihren Inhalt näher zu erklären. Wir wissen nicht, ob 720 Geschlechter, 4.000 oder nur die LGBTTIQ-Kette gemeint sind. Aufgelistet heißt es: »Der Begriff umfasst insbesondere Hetero-, Homo-, Bi- und Pansexualität, aber auch Asexualität.« Wer keinen Sex will, hat jetzt auch ein Geschlecht. Warum fehlen non-binär, genderfluid oder genderqueer und auch die Butch-Femme in der Auflistung? Die Antwort ist einfach, man muss sie gar nicht aufzählen, denn das Wort »insbesondere« sagt im Juristendeutsch sowieso nicht mehr, als dass dies im Besonderen diese wären, im Allgemeinen aber auch alle anderen möglich sind. Wenn dieser Zusatz in die Verfassung kommt, ist der gesamte Gendertopf automatisch mit im Spiel.

WER NICHT KRANK IST, BRAUCHT AUCH KEINE THERAPIE

Dass diese unsinnige Verfassungsänderung schnell kommt, ist unwahrscheinlich, immerhin braucht man dafür eine Zweidrittelmehrheit im Bundestag, man arbeitet sich derweil lieber an anderen Kriegsschauplätzen ab. Die Klassifizierung von Transsexualität als psychische Krankheit ist im Moment die größte Baustelle der Szene. Wie bereits an den tragischen Beispielen der Transunterwanderung in Großbritannien, den USA und Kanada gesehen, sind manche Länder bereits vorausgeprescht und erlauben mit allen dramatischen Folgen eine Selbstbestimmung von Geschlecht ohne medizinische Begleitung oder Diagnose. Dem Trans-Geschlecht steht dabei verbal das sogenannte Cis-Geschlecht gegenüber. Cis-Geschlechtlich ist dabei das, was der durchschnittliche Leser als normal weiblich und normal männlich bezeichnen würde. *Cis* aus dem Lateinischen für »diesseits« steht im Kontrast zu *trans,* übersetzt »jenseits«. Der Transmensch überschreitet also die Geschlechtergrenze, in der alten DDR hätte man wohl gesagt, er hat von seinem Cis-Geschlecht ins Trans-Geschlecht »rübergemacht«. Wenn also das nächste Mal eine überreizte Feministin bei Twitter dazu aufruft, man möge aufhören, »durchschnittlich toten cis Männern hinterher zu trauern«, um stattdessen mehr »Autor:innen of color« zu unterstützen, müssen Sie das jetzt nicht erst googeln, um zu wissen, wovon geredet wird.

Noch führt die Weltgesundheitsorganisation WHO Transsexualität aber als Identitätsstörung in der Klassifikation ICD-10 unter der Rubrik für Persönlichkeitsstörungen (F64). In der englischen Fachsprache nannte man es lange Zeit »Gender identity disorder«, weil sich das aber diskriminierend anhören könnte, wird es inzwischen »Gender dysphoria« genannt. Das Phänomen der Diskrepanz bleibt aber, egal wie man es nennt. Die Veränderung des Wordings hat politisch eine Strategie. Transsexualität soll weg vom Krankheitscharakter hin zu einer selbstbestimmten Identifikation als eigenständiges »Geschlecht«.

Die Folgen sind nicht nur juristisch fatal, sondern vor allem für Transsexuelle selbst: Wer nicht mehr krank ist, braucht auch keine therapeutische Begleitung, keine Hilfe, ganz im Gegenteil: Wer Transsexuelle von ihrer »Krankheit heilen« will, gilt inzwischen als transphob.

Der Arzt wird also nur noch als Erfüllungsgehilfe betrachtet, aber nicht als jemand, der aus medizinischer Sicht noch eine abweichende Meinung zum Entschluss des Patienten vorweisen sollte. Man sieht ja bereits in der feministischen TERF-Debatte, dass jeder Widerspruch zum Thema Transsexualität sofort mit Ausgrenzung, Beschimpfung und Kriminalisierung beantwortet wird. Wer für sexuelle Vielfalt ist, muss transgender als selbstbestimmte sexuelle Identität anerkennen und darf auf keinen Fall unterstellen, hier sei jemand behandlungsbedürftig. Welcher Therapeut wird sich unter diesen Bedingungen zukünftig noch bereiterklären, einen der meist sehr jungen Patienten überhaupt noch darauf hinzuweisen, dass sein Wunsch nach Geschlechterwechsel eine psychische Krankheit ist, oder versuchen, ihn gar von der Idee des Geschlechterwechsels aktiv abzubringen?

Genau genommen hat man in Deutschland mit dem neuen Konversionsverbotsgesetz im Mai 2020 gerade erst sogar gesetzlich verboten, dass ein Therapeut dies noch unbefangen und ergebnisoffen tun kann. Die Konsequenzen sind dramatisch, die Opfergruppe jung. Damit kommen wir zu den dunkelsten Seiten einer Genderbewegung, die ohne Rücksicht auf Verluste ihre Agenda durchzieht, im Zweifel auch auf Kosten der Schwächsten, die man sich vorstellen kann: der Kinder.

KAPITEL 07: GEOPFERTE KINDER

»Die Hand an der Wiege regiert die Welt«, sagt ein bekanntes Sprichwort. Strategisch heißt das für die Genderlobby vor allem eines: Man muss die elterliche Hand von der Wiege verbannen, weil Lobbyisten und »Vater Staat« das Kind jetzt schaukeln wollen. Gleichzeitig sind Kinder zum Spielball einer Bewegung geworden, die sie wahlweise instrumentalisiert, vereinnahmt, begehrt, entwurzelt, tötet oder auch verkauft. Je nachdem, wie es gerade genehm ist. Je nachdem, wer gerade ein Kind will oder wo ein Kind gerade stört. Aus der »Ehe für alle« folgte automatisch die Forderung nach »Kinder für alle«, auch für jene, die natürlicherweise selbst keine zeugen können, weil die Natur diskriminierenderweise einen Mann und eine Frau zur Zeugung eines Kindes verlangt und von vielfältigen »Geschlechtern« nichts weiß.

In der inneren Logik der Genderdenkweise ist der Bezug auf die Kinder nur eine Erweiterung der bereits aufgestellten Doktrin: Wenn Geschlecht nichts mit Natur und Biologie zu tun haben darf, warum sollte Elternschaft noch daran gemessen werden? Abstammung ist nicht mehr Blutsverwandtschaft, sondern ebenfalls nur gewählte Identität, unterstützt durch gesetzliche Zuordnung. Wenn jeder Frau sein darf, der Frau sein will, darf auch jeder Mutter sein, der Mutter sein will. Der Wahnsinn treibt es auf die Spitze. Aus dem angeblich nur konstruierten »sozialen Geschlecht« folgt konsequent die »soziale Elternschaft«. Das Konzept steht bei den Grünen seit Jahren auf der Agenda[144]. Es ist keine Überraschung, sondern lange geplant. Vater ist, wer Vater sein will. Mutter ist, wer den Vertrag unterschrieben hat. Eltern sind jene und so viele, wie das Gesetz als mögliche Zuordnung legalisiert, Die Grünen fordern erst einmal vier Eltern, man fragt sich gleich: Warum nur vier? Andere Großstädter teilen sich beim »Car-Sharing« ein Auto. Die moderne Familie betreibt »Child-Sharing«. Wenn der Feminismus das Damenopfer geschaffen hat, so gebar die Genderlobby das Kindsopfer.

Das Kind wird vom Menschen zum Projekt gemacht, geformt nach den Interessen von Erwachsenen. Ständig redet man von den »Rechten der Kinder«, die man gar in der Verfassung verankern will, gleichzeitig werden fundamentale Rechte der Kinder missachtet. Eine fortschreitende Entfremdung bestimmt das moderne Leben der Kinder: Man separiert sie von ihren natürlichen Eltern *und* von ihrer natürlichen Geschlechtlichkeit. Mit einem derart entwurzelten Wesen kann man dann anschließend vieles machen. Denn was ist für Kinder noch sicher in einer Welt, in der man ihnen die Antwort auf die elementarsten Fragen verweigert: Wer sie sind, was sie sind, von wem sie abstammen und wohin sie sollen.

DIE TRANS-KIDS-EXPLOSION

Gerade explodiert weltweit die Zahl der Kinder, die glauben, transgender zu sein, ohne dass dafür eine substanzielle Ursache von Experten benannt werden kann. Alle Spezialzentren weltweit machen dieselbe Erfahrung. Die Tavistock-Klinik[145] in London, dem einzigen Fachklinikum der Insel für Kinder und Jugendliche mit »Genderdysphorie« verzeichnete im Jahr 2010 nur 94 Minderjährige, die sich an die Ärzte wandten, im Jahr 2018 waren es über 2.500.[146]

Aus Belgien berichtet der Leiter der Abteilung für Endokrinologie, Sexologie und Gender am Universitätsspital von Gent, Guy T'Sjoen[147], zwischen den Jahren 2000 und 2010 habe es jährlich rund 30 Patienten gegeben, inzwischen sei die Zahl exponentiell auf jährlich rund 300 neue Patienten gestiegen.

In Deutschland berichten alle Klinken, die Transminderjährige behandeln, ähnliche Fallsteigerungen. In der *FAZ* berichtet eine Ärztin aus Bochum[148], im Jahr 2006 habe es hier nur ganze drei minderjährige Transpatienten gegeben, im Jahr 2019 bereits 600, wobei das nur jene sind, die sie dort auch wirklich behandeln, es stellen sich weit mehr junge Menschen als angeblich »transgender« vor. Sie sei bei der Hälfte der Jugendlichen nicht überzeugt von deren Transidentität. Es sei ein »gewisser Hype« zu beobachten: Es kämen »weibliche Jugendliche, die Probleme mit sich, Gott und der Welt haben, sie fühlen sich nicht richtig bei den Mädchen aufgehoben, sie haben Angststörungen, sie ritzen sich, sie haben Depressionen, und dann finden sie im Internet den Begriff transgender«. Die Diagnose einer Transidentität ist Aufgabe eines Kinder- und Jugendpsychiaters oder eines Psychologen. Zu beobachten sei ebenfalls: Vor der Pubertät kommen gleich viele Mädchen und Jungen, mit Beginn der Pubertät sind es schlagartig mehr Mädchen, die offenbar mit ihrem Körper nicht mehr im Einklang sind. In London verzeichnete man beispielsweise innerhalb von zehn Jahren eine Zunahme der Zahlen unter Mädchen von 5.000 Prozent! [149]

In den Vereinigten Staaten ist die Zahl der Genderkliniken zwischen den Jahren 2007 bis 2020 von der Zahl 1 zur Zahl 65 angestiegen, angeblich sind im Schnitt bereits 3 Prozent aller amerikanischen Schulkinder »transgender«[150]. Wenn ein Thema auf allen medialen Kanälen dauerbespielt wird, auch in der Zielgruppe der Kinder und Jugendlichen, ist es nicht Zufall oder spontane Selbstfindung, wenn der Wunsch, das Geschlecht zu wechseln, plötzlich auftaucht. Erste Forschung bestätigt bereits, dass sich in manchen sozialen Gruppen ein ganzer Freundeskreis plötzlich als »trans« outet, obwohl es vorher nie ein Thema war. Im Jahr 2018 veröffentlichte das Institut für Verhaltens- und Sozialwissenschaften der Brown University School of Public Health eine Studie[151] zum sogenannten »Rapid Onset Gender Dysphoria«-Syndrom, also einem in Gruppen auftretenden, plötzlichen Wunsch von Jugendlichen nach Geschlechtswandel. Die Studienleiterin Lisa Littmann nannte die Ergebnisse eine Form von »sozialer Ansteckung«, beschleunigt durch sozialen Gruppendruck und eine verstärkte Nutzung von sozialen Medien und einschlägigen Webseiten. Die Minderjährigen hatten alle bestimmte Social-Media-Gruppen frequentiert, und es kam wiederholt zu einem regelrechten Cluster-Outbreak. Solche Phänomene kennt man bei jungen Menschen in der Psychologie auch bei Magersucht und selbstverletzendem Verhalten, wie dem Ritzen, hinter dem ebenfalls andere psychische Probleme stehen. Die Medizinerin wies in der Studie nach, dass bei 62,5 Prozent der betroffenen Jugendlichen bereits vor der Selbstdiagnose »trans« eine oder mehrere psychiatrische Störungen von Ärzten diagnostiziert wurden. 48,4 Prozent hatten eine Stress- oder Traumaerfahrung, 45 Prozent zeigten selbstverletzendes Verhalten.

Soziale Netzwerke und Medienberichterstattung als Beschleuniger von Trends trifft bei Jugendlichen auf der Suche nach Orientierung, Vorbildern oder gar Idolen schon immer auf fruchtbaren Boden. Massenhysterien gab es bereits bei den Beatles. Prominente und Stars transportieren nicht nur Musik oder politische Inhalte, sondern oft ein ganzes Lebensgefühl für eine junge Generation. Der »Summer of Love« der 68er Generation war einst keine Frage von Open-Air-Musikfestivals wie Woodstock, sondern Protest, Befreiung, Revolution und sexuelle Ausschweifung.

Nehmen wir nur als kleines Beispiel medialer Forcierung die Sendung *Germany's Next Topmodel* von Heidi Klum, ein Sendeformat, das in ähnlicher Struktur in zahlreichen Ländern Millionen Zuschauerinnen findet. Seit einigen Jahren werden ganz neu auch »Transmädchen«, also biologische Jungen, die im »sozialen Wunschgeschlecht« als Mädchen leben, im Casting nicht nur vorgelassen, sondern auch gerne euphorisch vorgeführt. Bis ins Finale schaffte es im Jahr 2019 eines dieser »Mädchen«, das normalerweise mit dem Maßstab, der an die stromlinienförmigen Modelmaße und -talente der Mitbewerberinnen gesetzt wird, völlig diskriminierungsfrei, aber objektiv bereits in der Vorrunde hätte ausscheiden müssen. Aber hier wurde von Woche zu Woche ein Lebensschicksal zelebriert, die mutige Entscheidung gelobt und am Ende gar ein eigener »Personality-Preis« ausgelobt, um das Transmädchen dann nicht wenigstens ohne einen Trostpreis nach Hause zu entlassen. Die Zielgruppe dieser Sendung beginnt inzwischen bei den Zehnjährigen. Der weltweite Streamingdienst Netflix hat mit *AJ und die Queen* längst ein eigenes Serienformat, um Travestie, Transsexualität und »Queerness« abzufeiern mit dem hanebüchenen Plot: »Transkind schleicht sich heimlich in den Wohnwagen eines schwarzen Travestiekünstlers und tingelt mit ihm weiter durchs Land«. Die Serie reiht mehr Klischees aneinander, als es sich je ein transphober weißer Cis-Mann auch nur ausdenken könnte. Der zwölfjährige Desmond Napoles[152] ist in den Vereinigten Staaten ein weit bekanntes »Drag-Kid«. Seine Mutter sagt, er tritt freiwillig und gerne als grell geschminktes Travestiekind auf Schwulenparaden und in einschlägigen Nachtclubs auf, die Szene feiert ihn als neuen Stern am Transhimmel. Das Thema ist massiv angeheizt durch den Hype von Medienberichterstattung, TV-Serien, YouTube-Stars, die sich als trans outen, und Castingshows, die allesamt vorgaukeln, die Änderung des Geschlechtes sei eine einfache und rein glücksbringende Sache. Und natürlich ist man dadurch etwas ganz Besonderes, hebt sich von der Masse ab. Spätestens seit den Conchita-Wurst-Festspielen zum Eurovision Song Contest verwundert es dann gar nicht mehr, wenn »trans« zu sein gar zum hippen medialen Trend erkoren wird.

DER KÖRPER ALS SPIEGEL DER SEELE

Ist das Problem vieler Jugendlicher mit ihrem sich verändernden Körper in der Pubertät wirklich so verwunderlich? Oder nicht gar ein normaler, wenn auch anstrengender Prozess, den jeder Mensch durchläuft, wenn sein Körper heranwächst? Wir sehen zudem nicht nur bei der Frage der Geschlechtsreife, wie am Körper seelische Not sichtbar wird. Ob ich mit meinem eigenen Körper in Einklang bin, ist ja nicht nur auf die Faktoren Weiblichkeit oder Männlichkeit oder sexuelles Begehren beschränkt.

In der Philosophie und auch der Theologie wird seit Jahrhunderten gestritten über die Frage, was im Zusammenspiel von Körper und Seele den Ton angibt. Die Materialisten behaupten, die Seele sei nur Produkt der Materie, also nur das Ergebnis unseres Körpers. Eine breit abgestützte geisteswissenschaftliche Tradition vertritt die These, dass die Seele der Ursprung sei, und der Körper nur die temporäre Hülle und die äußere Ausdrucksform. Wenn man dieser Sichtweise folgt, drängt sich die Frage auf, was es über den inneren Zustand der Seele aussagt, wenn ein Mensch seine äußere Hülle verletzt, verstümmelt oder ablehnt. Nicht selten spiegelt der Körper auch eine seelische Not. Man nennt es dann etwa »Kummerspeck«. Viele Sprichwörter erzählen seit Generationen davon. Wenn uns beispielsweise etwas unter die Haut geht, uns das Kreuz bricht, den Hals zuschnürt oder wenn jemand vom Fleisch fällt. Die Einheit von Körper und Geist ist offensichtlich schwerer künstlich zu »dekonstruieren«, als es manchem wohl lieb ist. Sich mit dem eigenen Körper konstruktiv auseinanderzusetzen, sich mit der eigenen Leiblichkeit zu versöhnen, ist ein Prozess, der für manche eine lebenslange Aufgabe darstellt und wegen seiner Traglast auch therapeutische Hilfe benötigen kann. So kann Magersucht häufig mit einer Autoaggression verbunden sein und ist nicht selten geprägt von einer hohen Diskrepanz zwischen Eigen- und Fremdwahrnehmung. Ein anderes Beispiel: Immer mehr meist weibliche Jugendliche ritzen sich die Arme blutig. Warum gibt es dieses Phänomen heute, das vor 30 Jahren schlicht noch nicht existierte? Der oft zwanghafte Trend körperlicher Selbstoptimierung durch Diäten, exzessiven Sport oder Schönheitsoperationen gehört in das gleiche Umfeld. Die Wege der Gesundung sind vielfältig. Dem Thema Selbstannahme kommt hier eine besondere Bedeutung zu: sich selbst lieben zu lernen, wie man ist.

DAS UNBEHAGEN AM KÖRPER

Es ist ein Spannungsfeld für jedes Mädchen, wenn man körperlich zur Frau wird. Erschwerend kommt heute hinzu, dass die Pubertät im Vergleich zu früheren Generationen inzwischen deutlich früher einsetzt als noch vor 30 oder 40 Jahren. Nicht selten bei Mädchen bereits in der Grundschule. Es ist dann eben nicht nur die helle Freude, wenn einem in der vierten Klasse schon Brüste wachsen und alle darauf starren oder man es sich auch nur einbildet. Was, wenn man gar gehänselt wird deswegen? Einfach ist diese fragile Phase gewiss nicht. Aber die Herausforderungen und selbst der Widerstand gegen die wachsende Weiblichkeit am eigenen Körper ist ganz gewiss nicht verwurzelt in dem Wunsch eines Mädchens, nicht Frau oder gar Mann werden zu wollen. Es ist bei vielen einfach die Überforderung, diesem Umbruch und diesem Unbehagen – oft alleingelassen – begegnen zu müssen. Der Wunsch, noch Kind zu bleiben, statt erwachsen zu werden mit allen Herausforderungen, die auch körperlich dazugehören, ist nicht selten. Wie fatal, wenn in dieser psychisch heiklen Phase jemand kommt und sagt: »Du musst nur Hormone schlucken, dann hört das auf, dass deine Brüste wachsen.« Was für eine verlockende Aussicht.

Gewiss gibt es auch jene Kinder, die bereits früh klar artikulieren, dass sie nicht das Geschlecht haben wollen, das ihr Körper vorzeigt. Diese Diskrepanz muss natürlich ernst genommen werden, auch bei kleinen Kindern. Vor allem aber braucht es Geduld, Verständnis und ein stabiles psychosoziales Umfeld, in dem sich auch extreme oder fragile Phasen stabilisieren können. Und vor allem braucht es Zeit, da ja erst in der Pubertät natürliche hormonelle Wandelprozesse einsetzen, die dann Entwicklungen in Gang setzen, die sich hormonell, hirnphysiologisch und körperlich neu auswirken.

Die sorgfältige Überprüfung, wie ernsthaft und final die Entscheidung zu einer Geschlechtsumwandlung wirklich ist, ist keine Frage von diskriminierenden Zumutungen oder Verweigerung von Selbstbestimmungsrechten an Transgender-Personen, sondern genau genommen eine Schutzmaßnahme, um gerade Kinder vor irreversibler Schädigung ihres Körpers zu bewahren, die sie zudem lebenslang zu einem medikamentenabhängigen Patienten macht.

Der Deutsche Ethikrat[153] befasste sich zu Beginn des Jahres 2020 angesichts der rasant steigenden Fallzahlen von Transkindern ebenfalls mit dem Thema. Den Ursachen des Anstiegs vor allem unter weiblichen Jugendlichen nachzugehen, mahnte er als dringende Aufgabe an, weil sie umstritten und nicht eindeutig seien. Die ethische Herausforderung bei Heranwachsenden bestehe im Spannungsfeld zwischen möglichen Behandlungsmethoden und deren schwerwiegenden Folgen. Die Situation ist heikel, denn man diskutiert über Kinder, die noch nicht voll entscheidungsfähig sind, und mit Eltern und Medizinern, die nun genau diese Entscheidungen tragen oder mittragen sollen, während sich nicht einmal die medizinische Fachwelt einig ist, was man bei Kindern bereits unternehmen soll oder darf.

DAS TRANS-ORAKEL

Der Streit über die richtigen Behandlungsmethoden und den richtigen Zeitpunkt der Diagnose dafür ist weltweit in vollem Gang und reicht von sehr restriktiven Empfehlungen bis hin zu jenen Fachleuten, die glauben, bereits bei Babys Transidentitäten diagnostizieren zu können, wie etwa das Beispiel von Diane Ehrensaft[154], Gründungsmitglied des »Child and Adolescent Gender Center« in Kalifornien zeigt. In einem Vortrag[155] vor Fachpublikum beantwortete sie beispielhaft die Frage aus dem Publikum, wie man bei ein- bis zweijährigen Kindern Indikatoren für eine Transidentität erkennen könne, vor allem, weil sie ja noch nicht sprachfähig sind. Laut ihrer Antwort sei es eine nonverbale »Gender-Message«, wenn ein Mädchen wiederholt ihre Haarspangen vom Kopf reißt und wegschmeißt oder wenn ein Junge seinen Strampler aufreißt, um mit dem wallenden Kleidungsstück herumzulaufen. Kurz habe ich überlegt, was mir meine älteste Tochter wohl im Alter von einem Jahr sagen wollte, als sie damals die Haarspange verschluckte und wir mit ihr zum Arzt rannten, oder meine Söhne, die sich ständig alles selbst auszogen, was man ihnen als Kleinkind anzog.

Wie definiert man wiederum die Ernsthaftigkeit eines Geschlechtswechselwunsches bei einem Siebenjährigen und differenziert dann noch, ob es tatsächlich sein eigener Wunsch ist und nicht nur die Wahnvorstellung seiner Eltern? Und sollte man auch direkt mit der Verabreichung von Pubertätsblockern beginnen, ohne auch nur die Pubertät eines Kindes abzuwarten? In den USA landete ein derartiger Fall bereits als Sorgerechtsstreit in Texas vor Gericht[156]. Die getrenntlebenden Eltern waren uneinig in der Frage, ob der siebenjährige Sohn einer Transbehandlung unterzogen werden soll. Die Mutter war überzeugt, der Junge sei ein Mädchen, der Vater versuchte die Transition zu verhindern. Ein Siebenjähriger zwischen den Fronten, bei denen es um viel mehr als um sein Geschlecht geht, er wird es aber im Zweifel körperlich ausbaden. Das ist nur ein Beispielfall von vielen Kindern, die bereits weit vor der Geschlechtsreife weltweit mit ihren Eltern in den neuen Genderklinken vorstellig werden und bei denen nicht selten frühzeitig die Behandlung mit Pubertätsblockern begonnen wird, damit sich die Geschlechtsorgane gar nicht erst richtig ausbilden. Die Idee dahinter ist, die weitere Entwicklung des biologischen Geschlechtes abzubrechen, damit man später operativ gar nicht so viel verändern muss. Klingt einfach, ist aber fatal in der Konsequenz.

PUBERTÄT KANN MAN NICHT EINFRIEREN

Weltweit warnen inzwischen Hunderte von Kinder- und Jugendärzten, aber auch andere Fachärzte, vor den dramatischen Folgen. In Australien richtete Professor John Whitehall von der Western Sidney Universität im Herbst 2019 einen dringenden öffentlichen Appell[157] an den

Gesundheitsminister und die Regierung. Er forderte einen Stopp der Behandlungen mit Pubertätsblockern und eine parlamentarische Untersuchung zu den Risikofaktoren einer so frühen Medikation, die zu Unfruchtbarkeit und weiteren, irreversiblen Schädigungen führt. Zumal Studien zeigen, dass nahezu ausnahmslos alle dieser Kinder, die erst einmal Pubertätsblocker nehmen, anschließend nahtlos mit Hormonbehandlungen und weiteren Transitionsbehandlungen fortfahren. Man könnte statistisch von einem Automatismus sprechen. Innerhalb weniger Tage schlossen sich über 200 seiner medizinischen Kollegen der Forderung öffentlich an. Seine Homepage mit dem Aufruf wurde innerhalb kürzester Zeit von Unbekannten gehackt, um ihn daran zu hindern, weitere Unterstützer zu sammeln.

Auch in Schweden versammeln sich Fachleute rund um einen der führenden Experten für Kinder- und Jugendpsychologie, Prof. Christopher Gillberg, der frühzeitige Geschlechtsumwandlungen bereits von Kindern als einen »der größten Skandale in der medizinischen Geschichte« nannte und ebenfalls mit zahlreichen Kollegen einen Appell an das Gesundheitsministerium Schwedens richtete, in dem man anmahnt, es stehe nicht in Einklang mit der Forschung und wissenschaftlich erwiesenen Erkenntnissen und sei deswegen nicht mit guten ethischen Standards der Medizin vereinbar, sofort geschlechtsangleichende Behandlungen anzubieten, wenn jemand auch nur danach verlangt«.[158]

In den USA stehen die Experten der Pedriatic Endocrine Society (PES), einer führenden Fachgesellschaft, unter Beschuss, da sie in einer Stellungnahme zu Protokoll gaben[159], die Auswirkungen von Pubertätsblockern seien reversibel, also umkehrbar, und deren Einsatz damit freigaben. Sie repräsentieren damit den Block jener Experten, die zwar keine Langzeitstudien vorweisen können, um ihre sorglose Empfehlung zu untermauern, aber dennoch behaupten, Pubertätsblocker seien nur eine Art »Pausentaste« im Körper, die man nach Belieben ein- und ausschalten könne. Also in etwa: Ein paar Jahre Richtung Mann, und wenn man doch nicht will, problemlos wieder auf Frau schalten, so als wäre der Körper einfach eine Maschine, die man beliebig umprogrammieren kann.

Kritiker sprechen nicht mehr von Fahrlässigkeit angesichts solcher Empfehlungen, sondern von Körperverletzung bei Kindern. Jeder, der auch nur einmal einen Beipackzettel für eine durchschnittliche Antibabypille durchgelesen hat und die Risiken und Nebenwirkungen dieser vergleichsweise niedrig dosierten Hormontabletten kennt, dürfte auch als medizinischer Laie bereits ungefähr erahnen, was im Körper ausgelöst wird, wenn ein Vielfaches an Hormonen lebenslang verabreicht wird. Für eine dauerhafte Aufrechterhaltung der körperlichen Veränderung ist das bei Transmenschen unerlässlich. Wann mit der Vergabe der gegengeschlechtlichen Hormone begonnen wird, unterscheidet sich jedoch weltweit. In Deutschland beginnt man in der Regel frühestens ab dem 16. Lebensjahr, andere Länder auch früher. Hormone sind nicht harmlos. Der Nachweis von Hormonspuren in Nahrungsmitteln oder im Trinkwasser wird ausgiebig als Gesundheitsrisiko angeprangert. All das und die Antibabypille sind jedoch Bonbons im Vergleich zu den Hormonbomben, die ein Leben lang nötig sind, um eine Geschlechtsumwandlung zu betreiben und im Körper dauerhaft aufrechtzuerhalten.

Wer die lange Liste der Risiken und Nebenwirkungen von Pubertätsblockern einmal komplett nachlesen will, findet sie sehr gut bei Michael K. Laidlaw zusammengestellt[160], ein internistischer Facharzt für Endokrinologie, Diabetes und Stoffwechselkrankheiten in Rocklin, Kalifornien.

Hier nur ein kleiner Ausschnitt der Problemlage: In der Pubertät werden nicht nur die Geschlechtsorgane und Genitalien ausgebildet, es ist auch die entscheidende Wachstumsphase bei Kindern für Knochen, Körpergröße, Ausbildung des Beckens und des Gehirns. Alle diese Faktoren werden also in Mitleidenschaft gezogen, wenn die normale Entwicklung ausgebremst wird. Pubertät ist ja keine zu behandelnde Krankheit, sondern der Normalfall. Pubertätsblocker unterdrücken also den Normalfall einer gesunden Entwicklung. Medizinisch betrachtet bewegt man sich damit automatisch am steilen

Abgrund einer Körperverletzung, auf keinen Fall aber entlang von Begriffen wie »Heilung«.

Im Kopf wird durch Pubertätsblocker vor allem die Aktivität der Hypophyse (Hirnanhangsdrüse) heruntergeregelt, um die Produktion der Geschlechtshormone Testosteron beziehungsweise Östrogen zu unterbinden. Leider wird dadurch viel mehr verhindert, was sich fatal im ganzen Körper auswirkt: Die Knochendichte und das Knochenwachstum werden gebremst. Der Knochenaufbau hat ein Zeitfenster in der Pubertät, das sich unwiderruflich schließt. Osteoporose und Knochenbrüche werden zu einer ernsthaften Gefahr. Normalerweise weitet sich das weibliche Becken in dieser Zeit, um später gebärfähig zu werden. Bei Mädchen, die Pubertätsblocker bekommen, wird das Becken aber in der kindlichen Version »eingefroren«. Auftauen kann man es nicht mehr. Will ein Mädchen also später doch Mutter werden, kommt es in der Schwangerschaft zu Komplikationen, Entzündungen und so weiter. Bei Jungen bilden sich Penis und Hoden nicht weiter aus. Ein Mann behält dann eben lebenslang den Penis in der Größe, wie er ihn als Neunjähriger hatte. Bei Männern, die Östrogene bekommen, findet man ein fünffach erhöhtes Risiko für eine Thromboembolie[161].

Hinzu kommen bei beiden Geschlechtern psychische Nebenwirkungen wie emotionale Labilität, Gefühlsschwankungen, Kopfschmerzen, Nervosität, Ängste, Unruhe, Verwirrtheit, Wahnvorstellungen, Schlafstörungen und Depressionen. Die Medikamente, die also alles besser machen sollen, verstärken gar die psychischen Probleme. Eine Langzeitstudie aus Schweden belegt, dass die Suizidrate, die bei Transsexuellen sowieso bereits dramatisch höher ist, zehn Jahre nach der Geschlechtsumwandlung noch einmal massiv ansteigt und dann 20 Mal höher ist als bei der Normalbevölkerung[162]. Wird erst einmal mit Operationen begonnen, ist sowieso vieles irreversibel verloren. Amputierte Brüste bleiben amputiert. Ein Penis ist dann eben weg. Die Gebärmutter, Hoden oder Eierstöcke, die fehlen, führen dann wirklich endgültig und lebenslang zur Unfruchtbarkeit.

In einer Stellungnahme gegenüber dem Deutschen Ethikrat[163] macht die Deutsche Gesellschaft für Sexualmedizin, Sexualtherapie und Sexualwissenschaft (DGSMTW), eine der größten sexualtherapeutischen Fachgesellschaften, ebenfalls deutlich, dass alle statistischen Daten auf einen Automatismus bei den Abläufen hindeuten: Bekommt ein junges Kind erst einmal Pubertätsblocker, führt der Weg meist automatisch zur anschließenden Hormonbehandlung und zuletzt zu chirurgischen Eingriffen. Die Experten warnen, dass dadurch schon frühzeitig ein Weg in die Infertilität gebahnt wird, obwohl dies bei Kindern durch andere Gesetze strengstens verboten ist, selbst dann, wenn die Eltern oder das Kind oder der Jugendliche dazu einwilligen würden. Zum einen verbietet das »Kastrationsgesetz« in seinem Paragraf 2 eine Kastration bei Menschen unter 25 Jahren, zum anderen heißt es im Paragrafen 1631c des Bürgerlichen Gesetzbuches (BGB) zum Verbot der Sterilisation: »Die Eltern können nicht in eine Sterilisation des Kindes einwilligen. Auch das Kind selbst kann nicht in die Sterilisation einwilligen.« Jede Behandlung bei Kindern, die potenziell oder tatsächlich zu einer dauerhaften Unfruchtbarkeit führen kann, kollidiert also mit anderen Schutzrechten.

WENN NIEMAND EINEN AUFHÄLT

Die ersten Opfer einer vorschnellen Behandlung mit Hormonblockern und geschlechtsumwandelnden Operationen melden sich medial zu Wort, organisieren sich in Selbsthilfegruppen oder klagen gar gegen die Kliniken, in denen sie sich schlecht beraten fühlten, weswegen sie nun lebenslang mit den Folgen ihrer einstigen Entscheidung zu kämpfen haben.

In Großbritannien hat die 23-jährige Keira Bell[164] im Frühjahr 2020 Klage gegen die staatliche Klinik in London eingereicht. Sie klagt an, man habe sie einst als 16-Jährige nicht genug hinterfragt in dem Wunsch, zum Mann zu werden, und sie vorschnell auf diesen Weg geführt, den sie heute bereut – und sie deshalb wieder als Frau lebt. Keira sagt, es hätten damals nur ganze drei einstündige Termine in der Klinik stattgefunden, danach habe man ihr sofort Pubertätsblocker verschrieben. In Folge habe der medizinische Weg einfach seinen Lauf genommen: »Ein Schritt führte einfach weiter zum nächsten.« Ihr Wunsch nach einer Geschlechtsumwandlung sei nie hinterfragt, ihre Forderungen seien nie abgelehnt worden. Heute sagt sie, es hätte damals vielleicht einen großen Unterschied gemacht: »Wenn man die Dinge, die ich gesagt habe, einfach nur infrage gestellt hätte.« Die Klage gegen die Klinik wird möglicherweise große Auswirkungen auf die gesamte Praxis der Transbehandlung bei Kindern in Großbritannien haben. Eine Mutter hat sich der Klage ebenfalls angeschlossen, weil ihr 15-jähriges, autistisches Kind dort ebenfalls vorschnell behandelt wurde.

Dem feministische Magazin *EMMA* erzählen Sam (29), Nele (23) und Ellie (21) ihre Geschichte[165] als Warnung für andere, damit sie nicht denselben Fehler begehen. Auch auf der Website des britischen öffentlich-rechtlichen Fernsehsenders BBC kann eine Reportage[166] dazu nachgelesen werden. Alle drei haben eine Geschlechtsumwandlung zum Mann hinter sich, als Transmann gelebt, es bereut und sich auf den Weg zurück in ihr altes Leben als Frau gemacht. Einfach ist das nicht. Spurenlos schon gar nicht. Aber wohl exemplarisch in einem System, das nicht mehr hinterfragt, sondern mit Druck vorantreibt.

Sam hat eine lange Leidensgeschichte mit ihrem Körper hinter sich, Mobbing über ihr jungenhaftes Aussehen, Selbsthass. Mit 22 schickt ein Freund, der selbst transgender ist, sie zu einem empfohlenen Therapeuten, der sich mit sowas auskenne. »Der Therapeut hat dann nach 30 Minuten die Diagnose gestellt, dass ich auf jeden Fall trans bin«, erzählt sie. Dort bekommt sie die Telefonnummer eines Endokrinologen, der die Diagnose sofort bestätigt. »Noch am selben Tag habe ich das Rezept für Testosteron bekommen«, sagt sie. Vier Wochen später beantragt sie die Namensänderung, die sieben Monate später genehmigt wird. Danach beantragt sie bei der Krankenkasse die geschlechtsumwandelnden Operationen. Sie bekommt die Zusage sofort, die Krankenkasse will nicht einmal die zwei zusätzlichen Gutachten, die gesetzlich nötig wären, ihr reichen die beiden, die vom Therapeuten und dem Endokrinologen vorliegen. Es liegen nur zehn Monate zwischen ihrem ersten Besuch bei einem Therapeuten und der Amputation ihrer Brüste. Vier Monate später werden auch schon Eierstöcke und Gebärmutter entfernt. Vor dieser OP ist sie bereits unsicher, ob das alles richtig ist, entscheidet sich dennoch für die Operation, weil sie Angst hat, bei einer Absage die Kosten der bisherigen Behandlung selbst tragen zu müssen.

Ellie hat ebenfalls früh Probleme mit ihrem Körper, sie ist groß, maskulin, spielt Basketball, alle sagen, das sei ein Jungensport. Sie kennt das Gefühl, nicht wie die anderen Mädchen zu sein. Mit 15 outet sie sich als lesbisch. Sie recherchiert im Internet, findet eine Transorganisation in Brüssel und macht einen Termin. Sie will über ihre Probleme reden, der Therapeut erklärt ihr, man könne Testosteron nehmen und sich operieren lassen. »Als ich herauskam, war ich total verwirrt und hatte das Gefühl, dass ich dazu nicht bereit bin.« Aber die Idee, den Körper zu verändern, sei wie »ein Samen gepflanzt« danach. Sie surft im Internet, findet Videos von Transmännern, die über ihr glückliches Leben erzählen. Mit 16 eröffnet sie den Eltern, dass sie einen männlichen Körper will. Die Eltern sind dagegen, finden sie zu jung für die Entscheidung. Sie wird wütend, im Internet hatte man ihr bereits mitgeteilt, dass solche üblichen Reaktionen »transphob« seien. Sie überzeugt die Eltern dennoch zu einem Termin in einer Genderklinik. Der Therapeut dort sagt ihr ins Gesicht, sie sei nur »Opfer des Transhypes in den Medien«. Sie will es nicht hören, findet stattdessen einen neuen Therapeuten, der bestätigt ihr Transbegehren sofort. Die Bedenken der Eltern gegen die Einnahme von Testosteron nennt er unbegründet, das sei reversibel. Mit 17 lässt sich Ellie die Brüste amputieren. Sie ist Belgierin, es gibt dort keine Altersbeschränkung, man muss einfach nur einen Arzt finden, der es macht. Erst danach realisiert sie, dass sie nun ein Leben als Junge führen soll, das Drama beginnt.

Nele ist erst neun Jahre alt, als ihre Brüste beginnen zu wachsen, sie wird deswegen gehänselt, aber auch angemacht, findet die Aufmerksamkeit, die das bei Männern erregt, aber auch irgendwie gut. Danach will sie dünn sein, abnehmen, die Hüften und die großen Brüste loswerden. Sie bekommt eine Essstörung, will den femininen Körper »weghungern«. Gleichzeitig hat sie das Gefühl, sexuell auf Frauen zu stehen. Im Internet sucht sie nach Möglichkeiten der Brustentfernung, »denn ich hatte einen richtigen Ekel vor meinen Brüsten«. Über das Thema kommt sie im Netz auf Transidentität, für sie ergibt es einen Sinn. Mit 20 beginnt sie eine Therapie, nach drei Monaten verschreibt der Therapeut ihr bereits Testosteron, früher als üblich, weil er sich sehr sicher sei bei ihr, sagt er. Die Essstörungen und Depressionen der früheren Jahre schreibt er der Tatsache zu, dass sie als transgender geboren worden sei. Zwischendurch bezeichnet sie sich selbst auch als pangender oder queer. Ihre Mutter ist besorgt und fragt, ob es nicht auch andere Wege gebe als einen Geschlechtswandel. Nele sagt, nach außen habe sie nicht den geringsten Zweifel geäußert, weil sie Angst hatte, man verbaue ihr dann die Chance zur Operation.

Drei unterschiedliche Geschichten mit demselben Ende: die Umkehr zum Ursprung und das Bereuen, es getan zu haben, körperlich nicht umkehrbare Verstümmelungen. Unter dem Schlagwort »Sex Change Regret[167]« sammeln sich über das Internet jene Transsexuelle zum Erfahrungsaustausch und gegenseitiger Unterstützung, die ihren Wechsel zu einem neuen Geschlecht bereuen und in ihr Ursprungsgeschlecht zurückwollen. Sie sind in der Transszene verhasst – solche Geschichten will ja keiner hören. Sie erzählen dort ihre Version, um andere zu warnen, die glauben, nach einer Operation werde alles besser, weil es bei ihnen nämlich nicht so war. Die Depressionen blieben, die Suizidgedanken stiegen.

Auch ausgelöst durch die Klagen gegen die Tavistock-Klinik hat es in England im Juli 2020 überraschend ein Gesinnungswechsel bei der Bewertung von Pubertätsblockern ergeben. Der staatliche Gesundheitsservice NHS hat seine Stellungsnahmen zu den Pubertätsblockern um eine lange Liste erweitert, in der man die Nebenwirkungen und Risiken dieser Hormontherapie nun doch auflistet[168], wie beispielsweise die drohende Unfruchtbarkeit der jungen Patienten, und damit auch eingesteht, dass zahlreiche Langzeitfolgen und Nebenwirkungen noch nicht erforscht seien, nachdem man jahrelang das Gegenteil vertreten hatte[169].

Man muss den Wunsch nach Geschlechtsumwandlung ernst nehmen und man muss ihn auch nicht rundweg als psychische Störung abtun oder ablehnen, weil auch das nicht angemessen ist jenen Erwachsenen gegenüber, die sehr ernsthaft diesen Schritt aus Überzeugung gehen.

Ich habe selbst mit mehreren betroffenen Menschen gesprochen. Mit einer Transfrau saß ich in einer Talksendung. Sie war vorher Soldat, der Köper auch jetzt noch extrem groß und muskulös. Sie trug mächtige Pumps und ein Kleid. Ich fand, sie sah absurd aus. Sie nahm das gelassen, wir hatten auch vor und nach der Sendung viel Spaß miteinander. Sie wollte keine Sonderbehandlung oder Unisextoiletten und auch niemandem gefallen, sondern einfach nur in Ruhe als Frau leben. Wer das nicht versteht, ist wirklich transphob. In einer anderen Sendung saß ich ebenfalls zum Thema sexuelle Vielfalt mit einer sogenannten »Travestiekünstlerin«, die auch durch deutsche Schulen tingelt, um Kindern Toleranz und Anderssein nahezubringen. Er kam als Mann ins Studio, verschwand zwei Stunden in die Maske, in der Sendung war er weiblich aufgetakelt und danach verschwand er wieder als Mann in Jeans aus dem Studio in die Stadt. Immerhin hatte er ja bekannt, seine Motivation sei von klein auf gewesen, im Mittelpunkt zu stehen. Mit »trans« hatte das nichts zu tun, auch wenn er vorgab, für die Rechte dieser Menschen zu sprechen – es war ein Showprogramm. Das ist legitim, jeder möge sein Geld verdienen, womit er will, und sich in der Aufmachung lächerlich machen, die dazu nötig ist. Alles in einen Topf zu werfen schadet aber mehr, als dass es nutzt.

Die aufgezählten Fälle sind exemplarisch für ein System, wie es von der Translobby eingefordert wird. Wer medizinische Diagnosen für überflüssig und Therapien für verzichtbar hält oder sogar verbietet und wer das Selbstbestimmungsrecht des Menschen als einzig nötige Instanz betrachtet, tut das auch bei Kindern. Den Kollateralschaden tragen dann sie. Wer die Augen verschließt vor einem Lobbysystem, das inzwischen Tausende und dazu noch Kinder leichtfertig auf einen unumkehrbaren Weg schickt, der sie körperlich für den Rest ihres Lebens zeichnet und gesundheitlich schädigt, handelt fahrlässig und menschenverachtend.

SELBSTBESTIMMTE DIAGNOSE

In Deutschland haben Die Grünen im Juni 2020 erneut einen aktualisierten Gesetzesantrag für ein verändertes Transsexuellengesetz vorgestellt, sie nennen es analog genau dieser Forderung entsprechend ein »Selbstbestimmungsgesetz[170]«. Der Entwurf sei nach »Konsultationen mit Expert*innen, Vertreter*innen verschiedener NGOs und Menschen aus der Praxis« entstanden, so Die Grünen, deswegen stellte man ihn auch gleich zusammen mit den Lobbyverbänden »Bundesverband Trans*«, der »Deutschen Gesellschaft für Transidentität und Intersexualität (dgti)« und »Intersexuelle Menschen e. V.« vor. Die FDP signalisierte bereits Unterstützung. Zentrale Forderungen sind die erleichterte juristische Geschlechtsänderung durch einfache Erklärung auf dem Standesamt und die Abschaffung der medizinischen Gutachtenpflicht, und zwar bereits für Kinder ab 14 Jahren. Abgeschafft werden soll aber auch die Pflicht, erst drei Jahre im »neuen Geschlecht« zu leben, bevor man mit irreversiblen Maßnahmen beginnt.

Nur für die unter 14-jährigen Kinder sollen die Erziehungsberechtigten oder die Familiengerichte die Entscheidung vor dem Standesamt absegnen. Wie wunderbar, dass man gleich an die Familiengerichte mitgedacht hat, denn man ahnt wohl selbst, dass es genug Eltern geben wird, die sich dem Wunsch der Kinder widersetzen. 14-Jährige dürfen nicht wählen, nicht rauchen, keinen Alkohol trinken und abends nicht länger als bis 22 Uhr auf die Straße. Selbst für das Stechen eines Tattoos wird die Einwilligung der Eltern bis zum Alter von 18 Jahren gesetzlich verlangt. Wenn dieser Entwurf nach den Wünschen der Transverbände und der Partei der Grünen so kommt, werden sie aber ihren Körper, ihr Geschlecht und ihren Namen dauerhaft mit einer einfachen Aussage auf dem Standesamt bereits mit 14 verändern dürfen.

In den USA ist das gesetzlich bereits so möglich. Eltern haben kein Mitspracherecht mehr bei Kindern ab 14, die Kinder sind dann in der Hand der Mediziner. Allein der Bundesstaat South Dakota hat im Frühjahr 2020 das Alter zumindest auf 16 Jahre hochgesetzt[171], begleitet von massiven Protesten der Translobby. Die Tochter von Elaine Davidson[172] war 17 Jahre alt, als sie sich ohne Wissen ihrer Eltern beide Brüste amputieren ließ. Die Mutter erfuhr es erst danach durch Fotos des bandagierten, blutigen Brustkorbs, die ihre Tochter in den sozialen Netzwerken postete. Seither kämpft sie gegen ein System, das Kinder nicht mehr kritisch, sondern nur noch »affirmativ« in den Genderklinken begleitet. Im Klartext: Die Ärzte begleiten den Wunsch der Kinder nur noch positiv und bestärkend, aber nicht mehr hinterfragend. Positiv formuliert wird das Kind also in seinem Wunsch ernst genommen. Kritisch formuliert setzen Ärzte jeden Kinderwunsch unhinterfragt einfach um, begleiten nur unterstützend und ohne vorher therapeutisch die Ernsthaftigkeit des Vorhabens auf die Probe zu stellen oder die Eltern einzubeziehen.

KRIMINELLE ÄRZTE

In Deutschland wurde am 7. Mai 2020 im Deutschen Bundestag gesetzlich verunmöglicht, überhaupt noch anders als »transaffirmativ« therapeutisch vorzugehen. An diesem Tag wurde das »Gesetz zum Schutz vor Konversionsbehandlung« mit großer Mehrheit verabschiedet, medialer besser bekannt als das »Verbot von Homo-Heilung«[173]. In Deutschland würden nach wie vor sogenannte Konversionstherapien angeboten und durchgeführt, »die darauf abzielen, die sexuelle Orientierung oder selbstempfundene geschlechtliche Identität einer Person zu ändern oder zu unterdrücken«. Die Anbieter von sogenannten Konversionstherapien gingen von der Annahme aus, »nicht heterosexuelle Orientierungen (zum Beispiel Homo- oder Bisexualität) oder abweichende Geschlechtsidentitäten (zum Beispiel Transgeschlechtlichkeit) seien behandlungsbedürftig«, heißt es in der Gesetzesbegründung. In Folge darf ab sofort niemand mehr mit Minderjährigen oder nicht einwilligungsfähigen Menschen in einem therapeutischen oder auch seelsorgerischen Gespräch als Priester nichtaffirmativ mit einem Jugendlichen über seine wie auch immer benannte, aber jedenfalls nicht heterosexuelle Gefühls- oder Identitätslage sprechen, ohne nicht bereits mit einem Bein hinter der Anklagebank zu stehen.

Lange schon war es ein großes Anliegen der Homolobby, jegliche Therapie oder Beratung zu verunmöglichen, die infrage stellen könnte, dass eine nicht heterosexuelle Neigung möglicherweise gar nicht angeboren ist, sondern schwanken kann oder gar auch ganz ohne Zwang veränderbar sei. Das Stigma von Homosexualität als »Krankheit« sollte endlich auch gesetzlich für ewig abgelegt werden. Wo keine Krankheit sei, da brauche es auch keine Therapie, so hatte der Gesundheitsminister Jens Spahn, selbst offen homosexuell lebend, Sinn und Zweck des in seinem Ressort angesiedelten Gesetzes in der Presse zusammengefasst. Er hat den Beisatz vergessen: »Was gesund ist, bestimmt jetzt die Politik und kein Arzt.« Als gewollten

Kollateralschaden hat man nämlich nicht nur den Themenkomplex Homosexualität, sondern auch Transsexualität auf den letzten Metern mit in das Gesetz gepackt. Der »Transheiler« soll also ebenfalls verurteilt werden, wenn er nicht »transaffirmativ« behandelt. Entsprechend schlagen jetzt vor allem Kinder- und Jugendärzte Alarm, die mit Transkindern arbeiten, weil man ihre Arbeit gerade kriminalisiert hat.

Genau genommen sind nun alle Behandlungen verboten, die »auf Veränderung oder Unterdrückung der sexuellen Orientierung oder der selbstempfundenen Geschlechtsidentität gerichtet sind«. Man darf es laut Gesetz auch nicht mehr öffentlich anbieten, dafür werben oder einen Erwachsenen an so eine Therapie vermitteln. Für Menschen unter 18 Jahren darf man es nicht einmal mehr anbieten. Explizit wird in Paragraf 1, Absatz 3 festgehalten, dass eine Konversionsbehandlung nicht vorliegt »bei operativen medizinischen Eingriffen oder Hormonbehandlungen, die darauf gerichtet sind, die selbstempfundene geschlechtliche Identität einer Person zum Ausdruck zu bringen oder dem Wunsch einer Person nach einem eher männlichen oder eher weiblichen körperlichen Erscheinungsbild zu entsprechen«. Transbehandlungen sind also in Ordnung und keine Konversion.

Das Gesetz sei ein »Desaster«, formuliert der Kinder- und Jugendpsychiater Alexander Korte[174] an der Uniklinik in München, der seit 2004 Kinder mit Geschlechtsinkongruenz behandelt. Therapeuten bringe es in eine äußerst bedrohliche Lage. »Bisher galt der Grundsatz, dass die therapeutische Begleitung ausgangsoffen sein sollte«, sagt er, und man müsse genau und gründlich hinschauen, »bevor wir lebenslange Hormonbehandlungen und operative Eingriffe einleiten, die irreversible Folgen haben«. Allein schon »die Gleichsetzung von Homosexualität und Transsexualität sei komplett unsinnig und schlicht falsch«. Im Gesetz steht sie dennoch. Nicht weil es fachlich richtig ist, sondern weil die Translobby genug Druck gemacht hat, bis es eingefügt wurde. Bereits im Gesetzgebungsverfahren hatte auch die bereits erwähnte Deutsche Gesellschaft für Sexualmedizin, Sexualtherapie und Sexualwissenschaft (DGSMTW) in ihrer Stellungnahme an den Gesundheitsausschuss des Deutschen Bundestages darum gebeten, »verschiedene medizinische Unkorrektheiten im Begründungstext des Gesetzes (zum Beispiel die Gleichsetzung von sexueller Identität, sexueller Orientierung, Geschlechtsidentität, Transsexualität und Intersexualität) zu korrigieren.[175] Das ist genauso ignoriert worden wie die im selben Schreiben ausgesprochene Befürchtung, dass der Gesetzentwurf in seiner jetzigen Form aktuelle sozialmedizinische Therapien bei Menschen, die an Geschlechtsdysphorie leiden, »quasi unter Strafe stellen«.

Im Klartext: Kinder und Erwachsene das Geschlecht wechseln zu lassen und das therapeutisch umzusetzen, ist keine Konversion, sie davon abzuhalten oder ihr Vorhaben zu hinterfragen, ist es aber schon. Wie unter diesen Umständen überhaupt noch – gerade mit Kindern und Jugendlichen – ergebnisoffen und kritisch im psychotherapeutischen Bereich gearbeitet werden soll, wenn sie den Wunsch äußern, eine Geschlechtsumwandlung durchführen zu wollen, ist ein absolutes Rätsel. Kriminell ist also nicht der Arzt, der einen Jugendlichen ohne große Diagnose in die Hormonbehandlung und auf den OP-Tisch leitet, sondern der Arzt, der noch versucht, ihn davon abzubringen. Jeder Therapeut läuft ab sofort Gefahr, sich strafbar zu machen, wenn er seinen Beruf gewissenhaft und entlang seines Berufsethos ausführen will. Im Ergebnis wird es – wie jetzt bereits zunehmend der Fall – immer weniger Ärzte geben, die überhaupt bereit sind, Patienten mit irgendeiner sexuellen Störung zu behandeln. Man weiß ab sofort als Therapeut nicht einmal, ob ein echter Patient vor einem sitzt oder nicht doch ein Undercover-Translobbyist, der einen mit versteckter Kamera testen will, was im Bereich der Homosexuellenlobby bereits mehrfach vorgekommen ist und jetzt, da es strafbar ist, noch häufiger droht. Warum sollten Ärzte sich noch ein Berufsfeld antun, in dem man sie ständig vor Gericht zerren kann? Den Preis zahlen jene, die wirklich unsicher sind, und eine ergebnisoffene therapeutische Begleitung dringend benötigen. Für sie gibt es dann keine Hilfe mehr.

In Wahrheit scheinen aber auch Die Grünen zu wissen, dass nicht jeder, der sich zu einem Geschlechterwechsel entscheidet und dies gar in seinen Ausweispapieren ändern lassen will, wirklich sicher ist, ob das auch eine final überlegte Sache ist. Warum sonst sollten sie selbst vorschlagen, eine Hintertüre in das Gesetz einzufügen? Genau das haben sie jedoch formuliert, denn laut Vorschlag zum neuen Personenstandsgesetz im Paragrafen 45b, Absatz 5 soll nicht nur jeder ab 14 Jahren eigenmächtig sein Geschlecht in den Ausweispapieren durch einfache Erklärung ändern dürfen, nach einem Jahr darf man es auch widerrufen[176]. Genau genommen darf man es nach diesem Vorschlag unbegrenzt wiederholen, solange zwischen zwei rechtskräftigen Erklärungen ein Zeitabstand von mindestens einem Jahr eingehalten wird. Nicht auszudenken, was für ein rechtliches Chaos allein durch diese kleine Vorschrift entstehen würde, wenn jeder Bürger jährlich ab dem 14. Lebensjahr sein Geschlecht neu bestimmen darf.

ELTERN ALS TRANSVERHINDERER

Damit auch Eltern ihre Kinder nur noch bedingt von diesem Weg abbringen können, schreibt das Gesetz im Paragrafen 5, Absatz 2 zusätzlich, dass auch Erziehungsberechtigte sich nur dann nicht strafbar machen, »sofern sie durch die Tat nicht ihre Fürsorge- oder Erziehungspflicht gröblich verletzen«. Sollte also ein Gericht der Meinung sein, dass sie ihr Kind bei der Geschlechtsumwandlung liebevoll und verständnisvoll hätten unterstützen müssen, weil alles andere eine grobe Verletzung ihrer Fürsorge- oder Erziehungspflicht sei, dann sitzen die Eltern zusammen mit dem kritischen Arzt vor dem Richter. Nimmt man dann noch den bereits zitierten Gesetzentwurf der Grünen hinzu, die das Alter zur alleinigen Entscheidung sowieso auf 14 Jahre herabsetzen wollen, hätten wir bald amerikanische Verhältnisse, wo Eltern nur noch bei Instagram erfahren, welches Geschlecht ihr Kind gerade angenommen hat mit freundlicher Unterstützung von Ärzten, Krankenkassen, der Regierung und dem örtlichen Jugendamt. Das ist die wahre Genderpolitik 4.0. Sie gefährdet nicht nur Kinder, sondern auch das Sorgerecht der Eltern.

Dass Eltern bei der Transition noch hereinreden könnten, ist auch in der Schweiz ein aktuelles Diskussionsthema. Am 11. Juni 2020 passierte dort ein Gesetzentwurf den Ständerat, und somit die erste Kammer des Nationalrates, wonach ein Geschlechterwechsel vereinfacht werden soll und auf »Selbstbestimmung« setzt statt auf biologische Fakten. Auch hier soll analog zum Entwurf der Grünen in Deutschland ein Geschlechterwechsel mittels einfacher Erklärung vor dem Zivilstandsregister möglich sein. Allerdings haben die Schweizer eine Minderjährigenklausel mit beschlossen, sodass Eltern bei Nichtvolljährigen zustimmen müssen. Bislang war dies nicht der Fall, allerdings brauchte es bislang medizinische Gutachten. »Urteilsfähig sind Minderjährige dann, wenn sie verstehen, was die Änderung des Geschlechtseintrages bedeutet, und dies von sich aus wollen. Wenn Eltern künftig diese Änderungen verhindern können, dann werden innerfamiliäre Konflikte unnötig befeuert und die Jugendlichen einem großen Risiko von Mobbing, Diskriminierung und Suizid ausgesetzt«, so Alecs Recher[177], der als Leiter der Rechtsberatung von Transgender Network Switzerland bereits mehrere Hundert Verfahren zur Änderung des Geschlechtseintrags begleitet hat. Damit ist auch gleich geklärt, wer schuld wäre an einem Suizidversuch eines solchen Kindes: seine intoleranten Eltern.

UNTERLASSENE HILFELEISTUNG FÜR ALLE

Man hat also das Kind mit dem Bade ausgeschüttet und ist auch in Deutschland angesichts rasant steigender Zahlen angeblicher Transgenderkinder gerade dabei, die Therapiemöglichkeiten für diese Kinder nicht etwa aufzustocken, sondern sogar abzuschaffen, wenn sie nicht zielsicher in Richtung Geschlechterwechsel marschieren. Das ist keine Selbstbestimmung mehr, sondern gesetzlich verordnete unterlassene Hilfeleistung, und das bei Kindern.

Unterlassene Hilfeleistung heißt das aber ab sofort auch für all jene Patienten, die, wo auch immer, im nicht heterosexuellen Spektrum angesiedelt sind und wegen ihres Sexuallebens ein Problem haben. Wenn heterosexuelle Menschen wegen Paarproblemen, Beziehungsproblemen und sexuellen Problemen nach therapeutischer Begleitung suchen, wieso sollten alle anderen Sexualitäten und »Geschlechter« nicht auch irgendwann Probleme haben? Was ist mit der bisexuellen Frau, die zum Beispiel zwischen zwei Beziehungen steckt, die eine mit einem Mann, die andere mit einer Frau, und es sie belastet? Kann oder darf ein Therapeut ergebnisoffen darüber reden, mit ihr einen Weg suchen, oder läuft er nicht Gefahr, dass jeder Versuch, sie in die Beziehung zu dem Mann zu lenken, was emotional richtig sein könnte, ihm als »Homo-Heilerversuch« ausgelegt wird und ihm anschließend eine Anzeige droht? Ein Arzt, der nichts riskieren will, sollte so eine Patientin schlicht nicht annehmen. Was ist mit jenen Menschen, die in einer gewaltsamen Beziehung stecken, aus der sie sich befreien wollen, ein Problem, das auch in Partnerschaften von Schwulen oder Lesben bekannt ist. Jeder therapeutische Versuch heraus aus dieser »Homobeziehung« könnte vor Gericht landen. Was ist, wenn die Patientin wegen eines ganz anderen Themas kommt, etwa einer Depression, Essstörung, eines Suizidversuchs, und sich erst im Therapieverlauf herauskristallisiert, dass ihre verschiedenen Beziehungen zu verschiedenen Geschlechtern oder ihre Sexualität ein Problem darstellen? Soll der Arzt dann besser mittendrin abbrechen, um sich selbst vor Kriminalisierung zu schützen? Das Gesetz ist so schwammig formuliert, dass solche Fälle nahezu mit Ansage drohen.

GENDER FLIESST NUR IN EINE RICHTUNG

Nicht zuletzt findet sich bei diesem Gesetz auch noch ein sehr großes Genderparadoxon, denn offenbar fließt die viel zitierte »Gender Fluidity« nur in eine Richtung, und zwar immer konsequent von der Heterosexualität weg, aber niemals zurück. Zum Transgeschlecht, aber niemals zurück. Zur Homosexualität, aber niemals zurück. Das ist unlogisch im Sinne der eigenen Theorie, die ständig davon redet, dass Geschlecht ein fließendes Gebilde sei, eine konstruierte Kategorie, die man dekonstruieren könne. Ein Spektrum, in dem man sich bewege. Wenn das wirklich so wäre, könnte man in diesem Spektrum doch vor und zurück, oder nicht? Nach dieser Logik müssten alle 4.000 oder mehr Geschlechter doch genauso dekonstruierbar sein, denn schließlich ist in dieser Theorie die Heterosexualität auch nur eine Ausdrucksform unter vielen.

In diesem Land existiert eine Armada an Beratungsstellen staatlich alimentierter Lobbygruppen und in manchen Bundesländern, wie etwa in Hessen, gar der Auftrag im schulischen Bildungsplan, allen Menschen zu helfen, ihr Coming-out weg von der Heterosexualität und hin in eine wie auch immer definierte andere Sexualität, Identität oder Geschlechtlichkeit umzusetzen. »Hetero-Heilung« ist also Staatsauftrag, Bildungsauftrag und krankenkassenfinanziert. Alle anderen Geschlechter zu »heilen« ist hingegen eine Straftat, wegen der man ab sofort für ein Jahr ins Gefängnis kommt.

Unter diesen Vorzeichen wird leider auch klar, wie schwer es sein muss, wenn man gerade als Jugendlicher nicht sicher ist in seiner Sexualität und nach Orientierung sucht, ohne sich gleich lebenslang festlegen zu müssen. Es gehört zu einer normalen Entwicklung der Pubertät, dass Jugendliche in dieser Altersspanne verstärkt auch Tendenzen zu Homosexualität verspüren, was sich bei der Mehrheit nach Abschluss der Geschlechtsreife wieder ändert, ohne dass irgendjemand eingreift oder sie therapiert. Wenn eine Bewegung allerdings verlangt, dass jede ausprobierte homosexuelle Erfahrung gleich eine Entscheidung fürs Leben sein muss, widerspricht das nicht nur der eigenen Theorie und auch dem Erfahrungshorizont der Gruppe der Bisexuellen, für die man doch ebenfalls vorgibt zu kämpfen, sondern zwingt schon Jugendliche zu einem Bekenntnis, das sie danach unter Druck setzt. Ähnlich wie bei den Transsexuellen existiert auch beim Thema Bisexualität und auch Homosexualität in der Szene wenig Toleranz gegenüber Aussteigern, sind sie doch Verräter an der Sache, wenn sie wieder zur verhassten »Zwangsheteronormativität« zurückkehren.

POLITISCHE STRATEGIEN

Dass es sich bei der exponentiell wachsenden Zahl der Transkinder weltweit um ein Phänomen handelt, das einfach unschuldig vom Himmel gefallen ist, darf derweil auch deswegen bezweifelt werden, weil es längst schriftlich verfasste Strategiepapiere der Translobby gibt, wie man nicht nur für Erwachsene, sondern gerade auch für Kinder Transsexualität legalisiert, an den Elternrechten vorbeimanövriert und gesellschaftlich für Akzeptanz wirbt. Der Leitfaden »Nur Erwachsene? – Gute Praxisbeispiele zur gesetzlichen Gender-Anerkennung für Jugendliche«[178] ist auch hier nur ein Beispiel. Mit dem Slogan »Transrechte sind Menschenrechte« ist ein Papier erstellt worden unter Kooperation von zahlreichen Anwaltskanzleien und LGBT-Lobbygruppen aus ganz Europa unter Regie der Thomson Reuters Foundation, die ein weltweit agierendes Medienunternehmen verantwortet, der – wie man sich selbst lobt – weltweit größten Anwaltskanzlei Dentons und der Jugend- und Studentenorganisation IGLYO, einem Netzwerk von 96 nationalen LGBT-Organisationen in Europa. Nicht nur personell, auch finanziell ist man damit bestens ausgestattet. Akribisch werden darin die Gesetzgebungen der verschiedenen Länder analysiert, werden gute Beispiele vorgestellt und

Empfehlungen formuliert, was juristisch wichtig wäre, um Transrechte auch für Jugendliche flächendeckend in allen Ländern gesetzlich durchzusetzen. Ziel ist die vollständige rechtliche Anerkennung selbst gewählter Geschlechtsidentitäten, also das, was Die Grünen für die deutsche Verfassung bereits als Gesetzesvorschlag formuliert haben. Medizinische Untersuchungen oder Diagnosen für eine vorliegende Geschlechtsdysphorie seien abzulehnen. Eltern werden auch in diesem Gutachten als Störfaktoren bei der Transentwicklung von Kindern betrachtet. Man fordert beispielsweise ein Einschreiten des Staates gegen die Eltern, wenn sie die »freie Entwicklung der Identität einer jungen Trans-Person« behindern. Ist es nicht das, was sich im Konversionsgesetz in Deutschland gerade anbahnt? Dass Eltern zur Geschlechtsumwandlung zustimmen müssen, wird als »restriktiv und problematisch« bewertet. Das »Kindeswohl« wird mehrfach argumentativ erwähnt, allerdings will man das nicht im Elternhaus, sondern bei öffentlichen Institutionen definiert und beschützt wissen.

Für die Arbeit der europäischen LGBT-Lobbygruppen hat man dann noch folgende taktische Empfehlungen: Jugendorganisationen von politischen Parteien für die eigenen Ideen einzunehmen. Das Argument der »Menschenrechte« als Wording zu benutzen, auch um sich an andere Menschenrechtskampagnen dann mit anzuhängen. Juristisch wird empfohlen, nicht die Regierungen Gesetzentwürfe ausarbeiten zu lassen, sondern eigene Formulierungen fertig vorzulegen, um schneller zu sein, außerdem könne man damit die Agenda der Regierung viel besser steuern. Man empfiehlt also das, was Die Grünen aktuell mit der Vorlage des neuen Transsexuellengesetzes und vielen anderen Gesetzen vorher bereits seit Jahren taktisch in Kooperation mit Lobbyisten betreiben. Natürlich sollten die Medien frühzeitig »sensibilisiert« werden für das Thema, damit sie dann, wenn man mit dem Gesetzesvorschlag kommt, nicht querschießen, sondern ihn unterstützen. Als taktisch klug kommt auch die Empfehlung, bestehende Errungenschaften einfach zu erweitern, wie etwa die Forderung »Ehe für alle« zu erweitern, aber auch – siehe Menschenrechte – positive Begriffe als schützend zu nutzen, um die eigenen Kampagnen darin einzuhüllen. Empfohlen wird ebenfalls, im Hintergrund zu bleiben und einzelne Politiker zu kippen, um nicht zu viel Aufsehen zu erregen, solange man noch Gefahr läuft, negative Presse zu bekommen durch zu viel öffentliche Debatte. Wer nach all dem immer noch an Zufall glaubt, dem ist nicht zu helfen.

VON KÜKEN UND KINDERN

Dass Kinder auf dem ideologischen Weg einer Bewegung als Kollateralschaden geopfert werden, ist auch in anderen Bereichen des Geschlechterkampfes nicht wirklich neu. Die Abtreibungslobby betreibt dieses Geschäft seit Jahren. Mindestens fünf Millionen ungeborene Kinder haben deswegen allein in Deutschland in den vergangenen Jahrzehnten nie das Licht der Welt erblickt. Das Kind als Klotz am Bein, das nicht stören darf, ist in der Rhetorik der Frauenbewegung fest verankert. Das Lebensrecht des Kindes wird unter der Fußnote »Zellhaufen« abgekanzelt. Stattdessen spricht man auch im internationalen Kontext gerne vom »Frauenrecht auf Abtreibung«, das als kassenärztliche Dienstleistung nicht verweigert werden dürfe. Auch Abtreibung hält sich taktisch also klug an der Kampagne der »Menschenrechte« fest. Als Exportschlager wird das vermeintliche »Recht«, seine eigenen Kinder zu töten, auch im Rahmen von Entwicklungshilfe etwa nach Afrika oder Indien exportiert[179]. Man nennt das dann die Sicherung der »Reproduktiven Rechte und Zugang zu den Maßnahmen der reproduktiven Gesundheit für Frauen«. Freilich mit dem zweifelhaften Erfolg, dass vor allem Mädchen abgetrieben werden, was vor allem in Indien ein massives Problem darstellt, aber auch in Ländern wie China, wo durch die erzwungene Einkindpolitik inzwischen Millionen Mädchen fehlen. Die feministische Revolution frisst ihre Töchter. Aber nicht nur die, sondern auch die Gruppe der Behinderten.

Ein weiteres Dilemma im intersektionalen Opfertopf des Feminismus: Denn wer für Abtreibung – egal aus welchem Grund – als Frauenrecht kämpft, kann ja keinen Einspruch erheben, wenn die Kinder dann abgetrieben werden, nur weil sie ein Mädchen sind oder eben nicht ganz gesund. Die aufrechte intersektionale Feministin kämpft also für das Recht der Frau, ihr behindertes Kind am Leben zu hindern, sollte sie das Kind aber dennoch bekommen, kämpft man sofort für das Recht genau dieses Kindes auf einen Platz im integrativen Kindergarten, denn schließlich soll es nicht diskriminiert werden. Man könnte diese Schizophrenie lustig finden, wäre sie nicht für Millionen von Kindern tödlich. Während die queer-vegane Feministin gegen das Schreddern männlicher Küken protestieren kann, weil das unmenschlich sei, ist das Töten von weiblichen Kindern im Mutterbauch in Ordnung, solange die Mutter das so will. Bei Küken steht die Massentierhaltung am Pranger, bei der Abtreibung jene, die das Töten der Kinder verhindern wollen.

KINDER IM LIEFERKETTEN-RÜCKSTAU

Den Tiefpunkt im Umgang mit Kindern findet die Genderbewegung aktuell bei der Forderung nach Legalisierung von Leihmutterschaft weltweit. Ganz unfreiwillig zerrte die Corona-Pandemie das böse Gesicht der Leihmutterschaft ans Licht der Öffentlichkeit. Eines der zahlreichen Unternehmen im europäischen Reproduktionseldorado Ukraine hatte im Mai 2020 ein Video[180] aus dem firmeneigenen Hotel in Kiew online gestellt, um der Welt und der eigenen Kundschaft zu versichern, dass alles getan werde, um die Neugeborenen zu betreuen, die dort festhingen, weil niemand anreisen konnte, um sie abzuholen, und dass man sich sehr kümmern würde, bis es eine administrative Lösung gibt. Man konnte einen Massenschlafsaal mit 46

Kinderwagen sehen, wie sie in den besten DDR-Zeiten nicht schöner hätten aufgereiht werden können. Die Szenerie wechselte zwischen herzzerreißendem Brüllen, wenn der Anwalt von BioTexCom die Dringlichkeit des Problems vorstellt, und Bilderbuchbildern aufopferungsvoller Kinderschwestern, eingekleidet in pastellfarbene Tierbilderleibchen. Ein potemkinsches märchenhaftes Leihmütterdorf. Das Problem entstand vermutlich auch in weiteren Ländern, die die sogenannte »Leihmutterschaft« legalisiert und damit den modernen Kinderhandel im Namen des Elternwunsches salonfähig gemacht haben.

Die Lieferketten waren in Corona-Zeiten eben nicht nur bei sonstigen Waren des täglichen Gebrauchs weltweit unterbrochen, auch dort, wo der Mensch durch die Möglichkeiten der Reproduktionsmedizin in fremden Bäuchen gebrütet und auf dem Weltmarkt verschoben wird, erlebte der Handel einen Rückstau. Der Kollateralschaden der Warenkette »Mensch« war also elternlos. Rund 500 Neugeborene warteten schätzungsweise allein in der Ukraine darauf, von ihren »Bestellern« aus aller Welt abgeholt zu werden, die aufgrund von Corona-Reisebeschränkungen nicht ins Land einreisen konnten.

»Leihmutterschaft« ist eben nicht niedlich. Es wird ja keine Mutter geliehen, sondern ihr Bauch als reine Brutstätte benutzt und das Kind anschließend jenem überreicht, der dafür gezahlt hat oder sich rechtlich hat zuordnen lassen, wie das im Juristendeutsch neuerdings heißt. Auch hier entsteht ein herrliches argumentatives Paradoxon für die feministische Szene. Denn wenn ein Vertreter der Kirche Frauen ermutigt, Kinder zu bekommen, fängt er sich hierzulande sofort den Vorwurf ein, Mutterkreuze verteilen zu wollen, alternativ die Frau zum Brutkasten zu degradieren. Kauft sich ein schwules Paar aber aus dem Katalog eine Eizelle und aus einem anderen Katalog eine Frau als Brutstätte ein, dann reden sich selbst Feministinnen das Ganze als »Reproduktionsarbeit« schön. Es sind wohl dieselben, die sich auch Prostitution als ehrliche »Sexarbeit« mit Tariflohn wünschen.

Nahezu zeitgleich zu den Schreibabys in Kiew stand in Berlin wiederum Dennis S. vor Gericht[181]. Seine Bemühungen um ein Leihmutterkind aus Zypern war erfolgreich gewesen, allerdings hatte er den Jungen nicht nur gekauft, um ihn großzuziehen, sondern auch, um sich als Pädophiler mit ihm anderweitig zu vergnügen. Hier formuliert das Juristendeutsch der Anklage: »Die Anschaffung eines eigenen Kindes« habe dem »Ausleben seiner pädophilen Neigungen« gedient. Beweismittel sind 16 selbstgedrehte Filme des Missbrauchs an dem kleinen Finn, der Junge ist erst dreieinhalb. In pädophilen Netzwerken hatte sich Dennis S. unter seinen Artverwandten mit der Anschaffung des Spielzeugs gebrüstet. Ein Kind als Missbrauchsobjekt gezeugt und gekauft. Ja, auch das ist ein möglicher Kollateralschaden, wenn Kinder zu Objekten werden.

Es widerspricht eklatant der Würde des Menschen, dass man ihn aus seiner Subjektstellung heraushebt, um ihn auf dem Weltmarkt der Reproduktionsmedizin als Produkt zu handeln. Es war ein langer Weg, Menschenhandel weltweit zu ächten. Erwachsene nein, Babys ja? Auch einzelne Organe dürfen nicht gekauft und verkauft werden, weil der zivilisierte Teil der Welt das jedenfalls als unethisch und als Ausbeutung armer Menschen bezeichnet. Niere aus Afrika – nein, Kind aus Indien – ja? All jene, die ständig die Rechte von Kindern schützen wollen, missachten konsequent ausgerechnet die elementarsten: das Kinderrecht, überhaupt und egal in welcher Verfassung geboren zu werden, denn ohne Leben gibt es gar keine Rechte und das Kinderrecht, dann wie ein Mensch und nicht wie ein Objekt behandelt zu werden.

KAPITEL 08: GENDER MACHT SCHULE

Warum haben alle totalitären Ideen der Geschichte bei der Umsetzung ihrer Gesellschaftspolitik strategisch nach den Kindern gegriffen? Die Antwort ist einfach: Weil es nötig ist und auch erschreckend gut funktioniert, um bei ihnen die bisherige Normalität zu destabilisieren und zu zersetzen. Wer die Axt an die Familie als erste Sozialisationseinheit des Menschen anlegt, zerstört psychosoziale Stabilität, Tradition, Wissen, Überlieferung, religiöse Glaubensvermittlung und auch die daraus resultierenden Wert- und Moralvorstellungen. Auch wenn die Freunde des Kollektivs es nicht hören wollen, aber die Familie ist erwiesenermaßen das beste Bollwerk gegen übergriffige Staaten und Ideologen. Die gesellschaftlichen Folgekosten mutwilligen Eingreifens in die innere Balance und Stabilität der Familie sind legendär, weil sie nicht nur die Kinder, sondern auch die Demokratie gefährden. Das Diktum des früheren Bundesverfassungsrichters Ernst-Wolfgang Böckenförde[182] lässt grüßen: »Der freiheitliche, säkularisierte Staat lebt von Voraussetzungen, die er selbst nicht garantieren kann. Das ist das große Wagnis, das er, um der Freiheit willen, eingegangen ist.« Die Freiheit steht also auf dem Spiel, wenn ihr der gesellschaftliche Nährboden entzogen wird.

Die Freiheitsrechte demokratischer Verfassungen, auch der deutschen, sind deswegen in der Mehrheit Abwehrrechte gegenüber der

Ambition des Staates, sich in das Leben seiner Bürger einmischen zu wollen. Während medial also oft das »Recht auf etwas« diskutiert wird, verkörpern Verfassungsrechte ihrem Wesen nach eher »Freiheiten von Bevormundung«.

Die Kleinfamilie ist der erste Wirk-Raum des freien Gedankens in der Privatheit der eigenen vier Wände. Hier wird noch die »Muttersprache« gesprochen und nicht die »Kita-Sprache« oder gar ein gendersensibles »Neu*Sprech«. Kinder sind eingebettet in der Familie im besten Sinne »Freie Radikale«, die noch gebändigt und kultiviert werden müssen, um in der Gesellschaft, in die sie hineingeboren werden, zu überleben und zu gedeihen. Tragfähige Erziehungsvielfalt findet bestenfalls in der Vielfalt von Familie statt: in der Vielfalt von Weltanschauungen, politischen Meinungen, religiösen Gemeinschaften, ethnischen Hintergründen und geschlechtlicher Unterschiedlichkeit. Familie ist Kulturtat im besten Sinne, Vielfalt per excellence. Deswegen ist sie für totalitäre Ideen so unberechenbar und gefährlich. Wenn hingegen der Staat erziehen will und dafür seinen Kompetenzbereich ausweitet, regiert im Kinderzimmer erschreckend schnell die staatliche DIN-Norm im politisch gerade opportunen Denkradius.

Die Kultivierung der Kinder zu gesellschaftsfähigen Wesen ist also grundsätzlich ein normaler Vorgang und sozusagen die Wiege des natürlichen Subsidiaritätsprinzips: Was Familie tun kann, soll sie selbst tun. Das Tauziehen um die Normalität wird bloß in der Frage ausgefochten: Wer nimmt die Kultivierung der neuen Pflänzchen vor, nach welchen Ideen, mit welchen Methoden und zu welchem Zweck? Selbst liberale Eltern geben ihren Kindern doch eine Kultur als Norm vor, nämlich jene, dass rote Linien nur freie Ansichtssachen und aushandelbar sind. Und selbst der Anarchist setzt eine Regel: dass es keine gibt.

Wenn also im Gender-gemainstreamten Erziehungsideal gerade die Rettung der Kinderseelen aus ihren reaktionären zweigeschlechtlichen, heterosexuellen und – Gott bewahre – erzkatholischen Elternhäusern hin in eine liberale, tolerante, freiheitliche, geschlechtssensible Zukunft als Akt der Befreiung aus der »Zwangsheteronormativität« propagiert wird, ist es in Wahrheit genau wie bei Erwachsenen auch: Es führt nicht in die Freiheit, auch hier wechseln nur die Erziehungsberechtigten und ihre Motivation. Problematisch ist, dass Kinder gegenüber Erwachsenen weithin wehrlos sind. Umso wichtiger ist es, dass die Motivation jener, die sie erziehen, von Liebe, Wohlwollen und Achtsamkeit geprägt ist.

DIE LUFTHOHEIT ÜBER DEN KINDERBETTEN

Wer den Menschen neu schaffen will – und von nicht weniger als dem handelt die gesamte Genderidee –, sollte also beizeiten mit der Erziehung zum sexuell vielfältigen Menschen beginnen, am besten, bevor sich anderweitige Glaubenssätze bei den Kindern gefestigt haben. Glaubt ein Kind bereits, die Welt sei zweigeschlechtlich, eine Ehe aus Mann und Frau normal, und man selbst sei entweder ein Junge oder ein Mädchen, einfach nur weil es dem eigenen Erfahrungshorizont entspricht, ist aus Genderperspektive bereits Gefahr im Verzug. Wer die heterosexuelle Beziehung der eigenen Eltern für selbstverständlich oder gar nachahmenswert hält, ist im Sinne der Gendertheorie bereits auf Abwegen. Wir nehmen uns als Kinder die Eltern zum Vorbild, im Schlechten und im Guten, und formulieren damit bewusst und unbewusst Lebensziele für später.

Alle Kinder träumen die »Wenn ich einmal groß bin«-Träume. Meine jüngste Tochter sprach als Vierjährige von sich in der Zukunft immer mit folgender Formulierung: »Wenn ich später eine Mama bin, dann ...« Aus feministischer Sicht ist das ein Supergau, ging doch das arme Ding davon aus, ihre Weiblichkeit hänge mit Biologie und Fortpflanzung zusammen und dass es gar normal, ja nahezu ein Automatismus sei, dass sie als Mädchen später so wie ihre eigene Mama, die Oma, die Nachbarin, die Tanten und die Mütter ihrer Freunde, einmal Kinder haben würde. Das Ziel, später eine offene Beziehung als polyamouröses und geschlechtlich non-binäres Wesen zu führen, kam ihr nicht in den Sinn, weil sie von dieser verlockenden Alternative eben nichts wusste. Andersdenkende und selbsterziehende Eltern sind also der natürliche Feind der Genderbewegung, denn sie sind Hüter der Normalität.

Man kennt die Bilder von Kindern in Uniformen in Reih und Glied aus Nordkorea oder aus China recht gut. In Vergessenheit geraten scheint, dass dieselben Methoden vor nicht allzu langer Zeit noch auf dem Staatsgebiet der DDR und des gesamten Ostblocks hinter dem Kommunistischen Wall ebenfalls Standard waren. Der Gehorsam zur einzig gewollten Denkweise wurde in all diesen Regimen von klein auf »angelernt«. Ich bin selbst noch im kommunistischen Rumänien geboren und hatte mein erstes Pioniertuch bereits in der Grundschule stolz in Empfang nehmen dürfen. Wir wurden zum Beklatschen der Paraden zu Ehren des großen Diktators Ceaușescu auf Schulhöfen und an Straßenrändern mit Fähnchen in der Hand in Stellung gebracht. Das Kommunistische Manifest fordert es als Strategie unverblümt ein: Die Gesellschaft soll die Kinder erziehen, Ambitionen der Eltern diesbezüglich sollten verlacht werden. Simone de Beauvoir hat es später, wie all ihre marxistisch geprägten Freundinnen, nur brav nachgeplappert. Eltern als mögliche Störfaktoren auf dem Weg in eine neue Gesellschaft kennt man auch aus dem Nationalsozialismus. Dort betrieb man ebenfalls die Methode, Kinder staatlich zu erziehen und zum Zwecke der Indoktrination in Gruppen abseits der Familienstruktur zu organisieren, um sie im Zweifel zu gehorsamen Staatsbürgern und Denunzianten ihrer eigenen Eltern zu formen.

Es ist zutiefst tragisch und irgendwie doch logisch zugleich, wenn wir erleben, dass diese Denkfiguren heute wiederaufleben und die WHO, der Gesundheitsminister oder die Bundeszentrale für gesundheitliche Aufklärung die sexuelle Bildung von Kleinkindern zur Staatsaufgabe erklären[183]. Genau hier setzt sexuelle Frühertüchtigung der Genderbewegung als Gegenpol des Elternhauses an. Wer sich also fragt, warum die sexuelle Erziehung von Kindern inzwischen mit staatlichem Segen bereits im Kindergarten stattfinden soll, findet hier seine Antwort: Dort hat man sie alle beisammen, abseits der Eltern. Wer Kinder früh vereinnahmt, muss sie später nicht mühsam auf einen neuen Weg Richtung Regenbogen bringen. Es ist eben viel einfacher, jemanden von klein auf nach einer Ideologie »zu biegen«, als ihn erst brechen und danach mühsam neu einschwören und zusammensetzen zu müssen.

Kindergärten und Grundschulen lesen jetzt also Kinderbücher über Papas mit Babybauch, schwule Prinzen, die endlich Hochzeit feiern, und ähnliche Geschichten. Schulen schreiben Diktate zum Thema Polygamie, empfehlen sexuelle Praktiken, schulen in »Porno-Kompetenz« und was man als Schulkind zum Schließen lebenslanger Freundschaften sonst noch so braucht. Selbst Bayern baut Unisextoiletten für Sechsjährige. Schulen verpflichten sich per Lehrplan zur Unterstützung beim sexuellen Coming-out[184], wie etwa im Bundesland Hessen, und zur Belohnung geht es zum Schulausflug auf den Christopher Street Day. Systematisch wird von klein auf im staatlichen Betreuungs- und Bildungssystem eine Scheinrealität als neue Norm für Kinder gezimmert, obwohl ihre gelebte Realität eine andere ist.

Man sollte nun meinen, dass in freien, demokratischen Gesellschaften immer automatisch die Alarmglocken läuten müssten, wenn wieder eine politische Bewegung daherkommt, die Kinder aus den Fängen ihres angeblich reaktionären Elternhauses befreien will, um sie abseits ihrer Verwandtschaft auf den »richtigen« Weg zu führen. Doch weit gefehlt, denn dieses Gedankengut ist bereits lange im sozialdemokratischen Denken verankert. Die Wiedervereinigung Deutschlands hat zudem einen Landesteil zurückgebracht, der über Jahrzehnte kollektivistische Ideen praktiziert hat und die staatliche Erziehung von Kindern von klein auf in weiten Teilen nicht mehr hinterfragt. Hat man doch ein paar Generationen bereits im Kommunismus der DDR an die Normalität dieser Praxis gewöhnt. Früher hieß es also Sozialismus, heute kommen die gleichen Inhalte im bunten Gewandt daher und nennen sich moderne Familienpolitik.

Die Familienpolitik in Deutschland folgt diesem Weg schon lange und selbst die konservativen Parteien zeigen wenig Interesse, daran etwas zu ändern. Nicht einmal die Liberalen protestieren, sie wollen weniger die Kinder befreien, aber die Frauen auf dem Arbeitsmarkt sehen, dafür muss das Kind eben wegorganisiert werden. »Wir wollen die Lufthoheit über den Kinderbetten erobern«, formulierte es plakativ und seither vielfach zitiert der heutige SPD-Vizekanzler Olaf Scholz schon im Jahr 2002[185]. Man kämpft im Sinne der Emanzipation schon Jahrzehnte dafür, die Frau von der Last ihrer Kinder zu entbinden, um die nächste Generation im Kollektiv staatlicher Kinderbetreuung großzuziehen.

VATER STAAT ALS ADVOKAT

Um Eltern weiter in ihren Erziehungsrechten zu beschneiden und den Staat gleichzeitig als neuen »Advokaten« der Kinder zu installieren, ist das Projekt »Kinderrechte in die Verfassung« aktiv. Regelmäßig wird darauf gedrängt, eigene Rechte für Kinder in der Verfassung zu verankern, damit der Staat endlich an den Eltern vorbei seine »Wohltaten« an das Kind bringen kann. Selbst mitten in der Corona-Krise, als Millionen von Familien erstaunliche Leistung brachten, indem sie zu Hause ihre Kinder betreuten, beschulten und nebenher auch noch berufstätig sein mussten, fiel der sozialdemokratischen Justizministerin Christine Lambrecht nichts Besseres ein, als erneut zu fordern, man müsse die Kinderrechte endlich durch das Parlament schleusen. Keinem Kind ginge es dadurch besser und es ist juristisch überflüssig, denn Kinder sind auch Menschen und genießen deswegen jedes Menschenrecht der Erwachsenen, aber zu verlockend ist es nach wie vor, endlich dem Staat die Kompetenz zu überschreiben, was denn dem Kindeswohl entspricht und was nicht. Juristisch wären nämlich – im Falle der Verankerung von Sonderrechten für Kinder in der Verfassung – nicht mehr wie jetzt Eltern die »natürlichen Vertreter« ihrer Kinder, sondern der Staat als zweite Instanz daneben, der ebenfalls beansprucht, das Kindeswohl zu definieren und zu verteidigen – im Zweifel auch gegen die Ansichten der Eltern. Etwa wenn diese ihren Kindern die wertvolle sexuelle Bildung in Kindergarten und Schule verweigern wollen. Oder die Geschlechtsumwandlung. Kinderrechte in der Verfassung wäre ein juristischer Keil zwischen Eltern und Kind. Schlimmstenfalls wäre dieser Schritt das Einfallstor zum massiven staatlichen Eingriff in die Kernzelle der Familie.

GENDER MACHT SCHULE

Das politische Vehikel der »Rechte der Kinder« umfasst ja schließlich auch das »Recht der Kinder auf Bildung« oder das »Recht der Kinder auf sexuelle Entfaltung«. Was dabei Bildung ist, was bereits Indoktrination oder was gar blanke sexuelle Übergriffigkeit darstellt, wird heute immer öfter auf dem Schlachtfeld des Sexualkundeunterrichtes politisch ausgefochten. Es ist kein Zufall, sondern System, dass sich die Erweiterung des Sexualkundeunterrichtes auf immer jüngere Kinder mit immer umfangreicheren Materialien wie ein Lauffeuer in den Bildungsplänen der einzelnen Bundesländer verbreitet hat und genau genommen auch in ganz Europa parallel forciert wird. Bildung zur sexuellen Vielfalt wurde damit zum »Kinderrecht auf sexuelle Bildung«. LGBT-Rechte werden als Toleranzschulung vermittelt. Wer da widerspricht, ist argumentativ automatisch auf der intoleranten Seite einsortiert. Welches Kind hält dem argumentativ vor der Klasse und dem Lehrer stand oder gar etwas entgegen?

BETREUTES DENKEN

Und Toleranz ist längst nicht mehr genug. Sprachlich ist man schleichend zum Begriff der »Akzeptanz sexueller Vielfalt« übergegangen, ohne dass darüber diskutiert wurde, dass die beiden Begriffe inhaltlich sehr klar zu unterscheiden sind. »Framing« nennt es sich methodisch, wenn politische Ambitionen in den richtigen »Rahmen« gesetzt werden und die Durchschlagskraft mit dem richtigen »Wording«, also der richtigen Formulierung, vorangetrieben wird, um den Weg zu ebnen. So wie aus Gleichberechtigung die Gleichstellung wurde, ist aus der Toleranz die Akzeptanz als Bildungsziel umformuliert worden. Inhaltlich bedeutet Ersteres, dass unterschiedliche Positionen legitim sind, die sich gegenseitig aber erdulden müssen, von Lateinisch *tolerare*, während die Akzeptanz erwartet, dass ich meine inhaltliche Position verändere und die andere annehme, von Lateinisch *accipere*. Akzeptanz erfordert also einen Seitenwechsel, einen Meinungswechsel, während die Toleranz mir meinen anderen Standpunkt zugesteht, wohlwissend, dass es auch andere legitime Meinungen dazu geben kann. Jeder Parlamentsbetrieb, der aus mehr als einer Partei besteht, ist gelebte, demokratische, freiheitliche Toleranz. Schule und Kindergarten mit Gendergewässern unterm Kiel erziehen aber in Sachen sexueller Vielfalt zu Akzeptanz, der Meinungswechsel ist also neues Bildungsziel.

STATTLICH STAATLICH ALIMENTIERT

Eine ganze Kindergeneration zu neuem Denken zu bewegen braucht finanzielle und personelle Ressourcen und vor allem den gesetzlichen Zugang zu den Kindertagesstätten und Schulhöfen. Ohne das Wohlwollen des Staates wäre das nie möglich. Wie schön für die Lobbygruppen, dass der Staat es ja genehmigt und finanziert! Man schuf gar das staatlich abgesegnete Label »Schule der Vielfalt«[186]. Finanziert vom Bildungsministerium Nordrhein-Westfalen und begleitet von einschlägigen Lobbygruppen sollen Schulen dabei animiert werden, sich öffentlich gegen Homophobie und Transphobie zu bekennen.

Um den »Qualitätsstandards« der Bewegung zu genügen, müssen Schulen ihre Toleranz ständig neu demonstrieren, sodass das Thema an einer Schule dauerhaft präsent ist, um die einmal erworbene Toleranzmedaille auch zu behalten: Ein kompletter Jahrgang der Schule muss jährlich an den Aufklärungsworkshops für Akzeptanz und gegen Diskriminierung teilnehmen. Die Schule muss zwingend das Gegen-Homophobie-Bekenntnisschild an den Schuleingang an die Wand nageln, Lehrer müssen Fortbildungen zu sexueller Vielfalt wahrnehmen. Es wird verlangt, sich »regelmäßig und nachhaltig gegen Homophobie und Transphobie« einzusetzen. Die Schulen »zeigen ihre Offenheit und wenden sich gegen eine Tabuisierung der Themen Homosexualität, Transsexualität und heteronormative Diskriminierung von lesbischen, schwulen, bi und trans* Menschen im Schulbereich.« Kooperiert wird intersektional natürlich mit dem Projekt »Schule ohne Rassismus[187]«, auch bei den Kindern muss die zwingende Allianz der Opfergruppen frühzeitig verankert werden. »Trans« zu sein wird also nicht nur medial, sondern auch im schulischen Kontext bis hin in die Bildungspläne als eine geschlechtliche Ausdrucksform unter vielen dargestellt, die schlicht anzuerkennen und nicht intolerant zu hinterfragen ist. Wer will schon mit »transphoben« Zwischenrufen auffallen? Oder mit dem Hinweis darauf, dass Transsexualität in der medizinischen Fachwelt als behandlungsbedürftig gilt? Trans ist im Bildungssektor nur dann ein Problem, wenn jemand etwas dagegen hat. Damit fügt sich der pädagogische Raum nahtlos in die juristischen Weichenstellungen ein, die zum neuen Konversionsverbotsgesetz bereits beschrieben wurden: Information zum Thema Trans bitte nur wohlwollend und affirmativ, alles andere ist transphob oder jetzt auch kriminell.

In zahlreichen Schulen und immer mehr Bundesländern werden Sexualkundeprojekte von externen Lobbygruppen an die Schulen geholt. Kein anderes Thema findet so massiv, breitwillig und staatlich alimentiert Einlass auf den Schulhof wie die Interessenvertretung der sexuellen Vielfalt. Exemplarisch steht hierfür das »Landesnetzwerk SCHLAU NRW[188]«, finanziert vom Familienministerium in Nordrhein-Westfalen. Man bietet in brav gegenderter Sprache: »Bildungs- und Antidiskriminierungs-Workshops zu geschlechtlicher und sexueller Vielfalt für Schulen, Sportvereine, Jugendzentren und andere Jugendeinrichtungen an. Im Zentrum von SCHLAU stehen Begegnungen und Gespräche zwischen Jugendlichen und unseren lesbischen, schwulen, bisexuellen, trans*, inter* und queeren Teamer_innen.« Durch den Segen des Familienministeriums werden die einschlägigen Gruppen mit ihrer Agenda als Experten an Schulen vorgelassen. Nicht selten steht in den Konzepten, dass diese Arbeit ohne Anwesenheit der Lehrer stattfinden soll. Damit ist man pädagogisch ungestört mit den Kindern allein, um über den Themenkomplex Geschlecht, Coming-out, sexuelle Vielfalt und ihre Rechte auf sexuelle Entfaltung zu sprechen.

Das Netzwerk SCHLAU NRW kooperiert dabei mit dem Schwulen Netzwerk NRW[189], das sämtliche Lobbyverbände der LGBT-Szene im bevölkerungsreichsten Bundesland vernetzt und koordiniert. Auch hier arbeitet man mit Steuergeldern und schart unter seinem Dach unzählige weitere Netzwerke und Verbände, die dann ebenfalls von staatlicher Seite durchfinanziert sind. Laut Jahresbericht 2017/2018 kann man stolz berichten, dass die Förderung der Arbeit, durch die 95 Prozent aller Ausgaben gedeckt sind, zwischen 2016 und 2018 mehr als verdoppelt werden konnte. Früher bekam man das Geld aus dem Ministerium für »Gesundheit und Emanzipation«, eine eigenwillige Ressortstelle der damaligen rot-grünen Regierung in Nordrhein-Westfalen, inzwischen aber komplett aus dem Familienministerium. Finanziert wird über das Netzwerk querbeet alles, was nicht heterosexuell ist. Etwa die »Landeskoordination Trans* NRW[190]«, nach Eigenauskunft eine landesweite Fachstelle zur Unterstützung der Gruppen und Angebote von und für trans* Menschen, die über »geschlechtliche Vielfalt und die Bedarfe von (binären und nicht-binären) trans* Menschen« aufklärt. Auch dieser Verband wird vom Familienministerium NRW finanziert, man ist aber auch nur Teil eines weiteren Netzwerks, ebenfalls steuerfinanziert, dem Netzwerk Geschlechtliche Vielfalt Trans* NRW e. V. (NGVT* NRW)[191]. Natürlich haben auch die Lesben in NRW ihr eigenes gefördertes Netzwerk und ebenso die Regenbogenfamilien[192], finanziert alles durch das Familienministerium. Die »queeren« Geschlechter verlangen mit dem »Netzwerk Queere Jugend NRW[193]« ebenfalls ein Stück vom Förderkuchen mit einem eigenen Verband. Dort findet man weiter zur »Landesarbeitsgemeinschaft Mädchen*arbeit in NRW e. V.«[194], Netzwerk und Fachstelle »für parteiliche queer-feministische und diversitätssensible Mädchen*arbeit und Geschlechterpädagogik.« Die Angebotspalette bietet aber auch die Fachstelle »Gerne anders!«[195], wo man sich den Maßnahmen »zum Abbau gegen Heterosexismus und Homophobie sowie Trans*phobie« in der Jugendarbeit von Kommunen und Einrichtungen verschrieben hat. Es würde Seiten füllen, die aufgelisteten, staatlich geförderten Projekte, Netzwerke und Fachstellen aufzulisten. Die Budgets reichen in die Millionen. Das ist hier nur ein kleiner Ausschnitt aus der Schnittstelle von Politik und LGBT-Lobby in nur einem Bundesland von insgesamt 16. Sie haben alle eines gemeinsam: Ihre Agenda ist staatlich gewollt und mit Steuergeldern finanziert. Damit sind die LGBT-»Opfergruppen« jedenfalls die bestalimentierten Opfer der Republik.

Wie man schon allein auf dieser Liste sieht, steigt die Zahl der sprachlich verwendeten »Gender*sternchen« dadurch exponentiell an. Natürlich wird das in den Broschüren und Materialien, die man verwendet, in der Schule automatisch so fortgeschrieben, sodass auch die Verwendung von gegenderter Sprache im Schulbetrieb schleichend etabliert wird.

Dasselbe Konzept wird gerade nicht nur in Deutschland, sondern in allen Staaten der Europäischen Union durchgezogen. Es hat System. In Österreich bezieht sich das Schulministerium auf die »Experten-Empfehlungen« zum Sexualkundeunterricht, erstellt von der deutschen Bundeszentrale für gesundheitliche Aufklärung in Zusammenarbeit mit der WHO. Diese Richtlinien sollen für ganz Europa empfehlenswert sein, deswegen wurden sie ja erstellt. Diese Empfehlungen werden dann in den einzelnen Mitgliedsländern der EU teilweise gar nicht mehr hinterfragt, man denkt nicht mehr selbst, sondern übernimmt einfach bestehende Konzepte anderer Länder. Im Ergebnis existieren bereits Schulungen und Materialien für den Kindergartenbereich, um bereits – wie von der WHO ja auch empfohlen – bei Vierjährigen mit der Bildung zur sexuellen Vielfalt zu beginnen. Damit die sexuell vielfältig ambitionierte Erzieherin weiß, mit welchem Material und auf welcher rechtlichen Basis sie argumentativ vorgehen kann, hat beispielsweise die Akademie Waldschlösschen ein über 100-seitiges Dossier zusammengestellt unter dem Titel »Akzeptanz für Vielfalt von klein auf!«[196] für den Kindergartenbereich. Die »sexuelle und geschlechtliche Vielfalt« der Kinder soll durch geeignete Bücher als Thema aufgegriffen werden, man macht Vorschläge, wie Eltern eingebunden werden und wie man argumentieren kann, wenn sich Widerstand gegen das Thema im Kindergarten regt.

Die Akademie Waldschlösschen ist eine staatlich geförderte Kaderschmiede der LGBT-Gemeinde. Die Gelder fließen aus Bundesstiftungen und Fördertöpfen. Die Kindergartenbroschüre wird beispielsweise aus dem Programm »Demokratie leben!« des Bundesfamilienministeriums finanziert. In derselben Akademie bildete man aber auch die SCHLAU-Gruppen aus, die dann an die Schulen geschickt werden. Das Schulmaterial wird von den immer wieder selben Experten und Sexualpädagogen erstellt und weiterempfohlen, die auch in der Akademie als Referenten auftreten. Wie dieser Kreislauf funktioniert, hat die Journalistin Antje Schmelcher von der *Frankfurter Allgemeinen Zeitung* bereits vor Jahren mit dem schönen Titel »Unter dem Deckmantel der Vielfalt« akribisch zusammengestellt.[197]

Wie man als fortschrittliche Erzieherin hingegen erkennt, dass ein Kind möglicherweise gefährdet ist, weil es in einem traditionellen Elternhaus groß wird, wo wenig Verständnis und Unterstützung für die neuen Lebensmodelle und geschlechtliche Vielfalt vorhanden sind, hat die Amadeu Antonio Stiftung in einer eigens erstellten Broschüre für intersektionale Vielfältigkeit für den Kindergartenbereich zusammengestellt. Diese Stiftung wird ebenfalls mit Millionen Euro aus diversen Ministerien und Steuergeldern aus verschiedenen Fördertöpfen alimentiert und hat gleich eine Fachstelle »Gender, gruppenbezogene Menschenfeindlichkeit und Rechtsextremismus[198]« – damit ist auch klar, dass der Themenkomplex in ihren Augen zusammengehört: Genderkritik ist rechts![199] Wie gut, dass diese Stiftung mit Anetta Kahane[200] von einer ehemaligen Stasimitarbeiterin geleitet wird, da ist das Aufspüren von »völkischen Familien« in guten Händen. In der Broschüre[201], zu der die Familienministerin Franziska Giffey ein freundliches Vorwort beigesteuert hat, wird also aufgelistet, woran man problematische Elternhäuser erkennt: Diese Kinder seien in der Regel gehorsam, sie zeigen keine Disziplinierungsprobleme, es lassen sich »traditionelle Geschlechterrollen in den Erziehungsstilen erkennen: ›Das Mädchen trägt Kleider und Zöpfe, es wird zu Hause zu Haus- und Handarbeiten angeleitet‹«. Wer seine Kinder also so erzieht, dass sie sich anständig benehmen und Regeln befolgen, sie morgens kämmt und den Mädchen Zöpfe bindet, ist bereits verdächtig. Wehren sich Eltern gegen eine Kindergartenpädagogik, indem sie böse Worte wie »Genderquatsch« oder »Frühsexualisierung« benutzen, sollen sie zum Elterngespräch beordert werden. Zitat: »Die Wortwahl der Mutter gibt Grund zu der Annahme, dass diese sich im Kontext (neu-)rechter oder fundamentalistischer Ideologien verortet oder bewegt. Daher wäre es gut, darauf vorbereitet zu sein, dass das Gespräch durchaus kontrovers verlaufen kann.«

Es existiert inzwischen eine ganze Flut von Materialien, erstellt von staatlichen Behörden oder auch Interessenverbänden, die dann wiederum finanziell von staatlicher Seite gefördert werden. Wie etwa die Broschüre »Anders ist normal«, herausgegeben von der Abtreibungslobbyorganisation pro familia, die aber finanziert wird von der

Bundeszentrale für gesundheitliche Aufklärung[202]. Die Broschüre »Entscheidung im Unterricht – Coming-out im Klassenzimmer« ist wiederum eine Kooperation des staatlichen Fernsehsenders WDR und der Bundeszentrale für politische Bildung[203] für den Unterricht an Hauptschulen und Berufsschulen. Überall fühlt man sich offenbar verpflichtet, Kindern sexuell weiterzuhelfen.

Auch beim staatlichen Kindersender KIKA hat man eine breite Angebotspalette an Informationen rund um Sexualität. Wie etwa die Checkliste »Bist du bereit?«, um zu erkunden, ob man den ersten Sex wagen soll[204]. Die Zielgruppe des Senders sind wohlgemerkt Kinder zwischen drei und 13 Jahren. Hilfreich ist für die Kinder deswegen sicher der Hinweis[205]: »Wenn du jünger als 14 Jahre bist, betrachtet das Gesetz dich in Deutschland noch als Kind. Und demnach können deine Eltern dir nicht nur den Sex, sondern auch das Knutschen verbieten. Mit dem Unterschied, dass du dich beim Küssen nicht strafbar machst, wenn dein Knutschpartner freiwillig mitmacht und auch nicht älter als 14 Jahre ist.« Beim Quiz zum Thema Selbstbefriedigung[206] können die Kinder dann herausfinden, ob man sich vorher die Hände waschen sollte, ob es bereits Sucht ist, wenn man es mehrfach täglich tut, ob es ungesund ist oder nicht etwa doch hilft, Stress abzubauen. Beim »Brüste-Legespiel« kann man erfahren, was »Ost-West-Brüste« sind – ich verrate vorweg, es hat nichts mit der deutschen Wiedervereinigung zu tun. Für Jungs ist sicher der Wissensfilm interessant, wie man überraschende ungewollte Erektionen im Alltag leicht überspielen kann. Man müsse »nicht in Panik verfallen« wegen der »Beule in der Hose«. Wir lernen: Wenn man im Sitzen von einer Erektion überrascht wird, ist das praktisch, dann sollte man einfach sitzen bleiben. Übermannt es den Fünftklässler hingegen im Stehen, hilft, in die Hosentasche greifen und »den Penis mit einem Griff unter den Hosenbund und den Gürtel stecken«. In der Doku über Sam, bekommen Kinder wiederum kinderleicht das Thema Transsexualität erklärt. Sam hieß früher nämlich Iris und hat bereits mit zehn Jahren sein wahres Geschlecht gefunden. »Er wurde im Körper eines Mädchens geboren«, sagt die Stimme aus dem Off. Für so viel Lebenshilfe zahlen Eltern sicher gerne die obligatorischen Gebühren für den Staatsfunk.

PORNO-KOMPETENZ FÜR KINDER

Als im Jahr 2013 die Medien berichteten, dass in Baden-Württemberg verstörte Grundschüler nach Hause kamen, weil die eifrige Klassenlehrerin ihnen im Zuge des neuen, sexuell vielfältigen Sexualkundeunterrichtes erklärt hatte, dass Lesben sich gegenseitig sexuell stimulieren, indem sie sich gegenseitig die Vagina lecken, wurde das verstört als bedauerlicher Einzelfall zur Kenntnis genommen und ad acta gelegt. Inzwischen gehört das Wissen um Sexualpraktiken zum Standardprogramm von Sexualkunde bei Jugendlichen.

In Schleswig-Holstein beauftragte das zuständige Ministerium einen Lobbyistenverband, um Schulmaterial zur sexuellen Vielfalt zu entwickeln. Das Ganze war Teil des »Aktionsplans für Akzeptanz vielfältiger sexueller Identitäten Schleswig-Holstein«, einige Bundesländer leisten sich diese landesweiten Aktionspläne für die Finanzierung einschlägiger Initiativen und Projekte. Heraus kam dabei der »Methodenschatz für Grundschulen zu Lebens- und Liebesweisen[207]« für »Echte Vielfalt unter dem Regenbogen«. In Diktaten sollten die Kinder lernen, wie Polygamie, die illegale Leihmutterschaft, aber auch das Dreiecksverhältnis oder die Geschlechtsumwandlung bei ihren Eltern funktioniert.

Im Konzentrationsspiel wiederum sollten verschiedene Möglichkeiten erörtert werden, wie man eine richtige Regenbogenfamilie wird. Also zum Beispiel so: »Joy lebt bei ihrem Papa. Dieser war früher eine Frau, wurde zu dieser Zeit schwanger und hat das Kind bekommen.« Oder auch die Geschichte von Helge, der mit Mami und Mama zusammenlebt: »Mami hat sowohl weibliche also auch männliche Geschlechtsmerkmale und so konnte sie mit Mama ein Kind zeugen.« Mal davon abgesehen, dass ein Kind in der Grundschule keine Ahnung hat, was der Unterschied zwischen Geschlechtsmerkmalen und Geschlechtsorganen ist, und selbst für Erwachsene die Begriffe transsexuell und intersexuell bekanntlich nicht immer unterscheidbar sind, stellt sich die Frage, wofür genau Kinder zwischen sechs und zehn Jahren sich ohne Anlass mit diesen Themen in der Schule zwangsweise beschäftigen sollen.

In einem Diktatbeispiel für Achtjährige wurde wiederum das Konzept einer offenen Ehe vorgestellt: »Dilan berichtet: Zusätzlich zu meinen Eltern gibt es in meiner Familie noch Robin und Noa. Robin ist die Liebste meines Papas und Noa ist die beste Freundin meiner Mama.« Das ist wirklich sehr modern und endlich werden die Geliebte von Papa und die Gespielin von Mama nicht mehr aus dem Familienalbum ausgegrenzt. Erst durch Proteste von Eltern und Kritik aus der Presse wurden die Materialien vorerst wieder zurückgezogen. Die Frage bleibt: Wieso dürfen Lobbygruppen Schulmaterial erstellen, und wer in den Ministerien ordnet das an und winkt es durch?

In Berlin existiert bereits seit 2006 eine Handreichung über »Lesbische und schwule Lebensweisen« für den fächerverbindenden und fachübergreifenden Unterricht in der Sekundarstufe für die Fächer Biologie, Deutsch, Englisch, Ethik, Geschichte/Sozialkunde, Latein und Psychologie[208]. Wer hat sich in Berlin die Pantomimespiele ausgedacht, in denen Begriffe wie »Darkroom«, »zu früh kommen«, »Sadomaso« oder »Porno« von Kindern als lustige Spieleinheit vor der ganzen Klasse dargestellt werden sollen?

Eine besonders steile Karriere machte das Buch *Sexualpädagogik der Vielfalt*[209], das in einer Auflage von 3.000 Stück gedruckt wurde und über Lehrerschulungen als Standardwerk weitergereicht wurde, aber auch von Schulämtern als Materialsammlung empfohlen war. Das Buch stammt aus der Feder von Prof. Elisabeth Tuider, Stefan Timmermanns und anderen Kollegen, erschienen im renommierten wissenschaftlichen Beltz Juventa Verlag. Frau Tuider forderte einige Jahre später, Kinder müssten »Porno-Kompetenz« erwerben.

Ihre Materialsammlung für den Unterricht erwies sich als eine echte Fundgrube für die »Vervielfältigung von Sexualitäten, Identitäten und Körpern[!]«, aber auch die »Verwirrung« und »Veruneindeutigung« der Jugendlichen. Pädagogisches Ziel könne auch im »Verstören, im Aufzeigen verschiedener Identitätsmöglichkeiten und im Schaffen neuer Erlebnisräume« liegen. Die Erlebnisräume des neuen »Alles kann, nichts muss«-Fachunterrichtes werden dann gefüllt mit Dildos, Potenzmitteln, Lack, Leder, Latex, Aktfotos, Vaginalkugeln und Handschellen, die beispielsweise als Unterrichtsmaterialien von den Schülern in einer Lerneinheit »ersteigert« werden für verschiedene Parteien eines Mietshauses. Dort wohnt zwar kein einziges heterosexuelles Paar mit Kindern, dafür aber alleinerziehende Mütter, Lesben mit und Schwule ohne Kind, aber auch ein klassisches Heteropaar ohne Kinder. Nicht geklärt ist, wer von ihnen die Handschellen bekommt. In der Stunde unter dem Titel »Ein Puff für alle« sollen die Schüler ein Bordell mit Zimmern bestücken und dabei der pädagogisch wertvollen Fragestellung nachgehen: »Welche sexuellen Vorlieben müssen in den Räumen wie bedient und zufriedengestellt werden?«, wobei explizit verschiedene sexuelle Präferenzen und auch Praktiken benannt werden sollen. Sehr tolerant gegenüber den Sexarbeiterinnen in der »Care«-Branche der Prostitution ist auch der Hinweis im Buch, dass bei möglichen kritischen Nachfragen von Jugendlichen zum Thema »käufliche Liebe« die Lehrkraft der Diskussion »die Tiefe nehmen« soll, »indem sie auf die persönliche Freiheit hinweist, sexuelle Dienste in Anspruch nehmen zu dürfen bzw. diese anzubieten«. Im Klartext: Der Lehrer soll selbst dann noch Prostitution verteidigen, wenn Schüler es kritisch sehen.

»Magst du Muschi?«, fragt wiederum öffentlich in Plakatkampagnen die Aktion »Jugend gegen AIDS e. V.«[210]. Wir sehen zwei Frauen, die gemeinsam an einer Erdbeere lecken, über die eine Vagina gezeichnet wurde. Der Text dazu lautet: »Ob lesbisch oder bi, probier doch, wenn du Lust drauf hast. Do what you want.« Hauptsache, mit Kondom, ist die zentrale Botschaft, alles andere ist egal. Sexualität reduziert auf das Niveau einer Eissorte, die heute mal nach Erdbeere und morgen nach »Muschi« schmecken darf.

Auch dieser Verein wandert mit finanzieller Ausstattung des Bundesgesundheitsministeriums und im Auftrag des Bundestages durch deutsche Schulen, dies sei ein Schwerpunkt ihrer Arbeit. Das alles sind nur Ausschnitte aus einem flächendeckenden System, das vorgibt, Kinder stark zu machen und mit dieser Arbeit Selbstbestimmung und Präventionsarbeit gegen Missbrauch zu betreiben, faktisch aber Generationen von Kindern vom Kindergarten an mit allen Variationen von Sexualität überfrachtet.

PARADIGMENWECHSEL

Das alles ist längst nicht mehr Bildung und Prävention, sondern ein Paradigmenwechsel: immer jüngere Kinder, in immer mehr Unterrichtsstunden, in immer mehr Fächern mit immer mehr sexuellen Themen bis hin zur Heranführung an die Selbstverständlichkeit von Geschlechterwechsel, Prostitution, künstliche Befruchtung, Leihmutterschaft und die Abkehr von der Normalität biologischer Abstammung. Die behauptete »Realität« Geschlechtervielfalt soll dabei fächerübergreifend auch in Mathematik, Latein, Kunst, Musik, Deutsch und jedem anderen Fach aufgebaut werden, damit in den Kinderköpfen verankert wird, was sie im täglichen Leben in der Regel nicht erleben. Um noch einmal die Toilettenanlage für ein »drittes« Geschlecht in der Grundschule in Pullach beispielhaft zu betrachten: Niemand erwartet dort ernsthaft einen Erstklässler, der nach einer Sondertoilette verlangt. Dass sie dennoch gebaut wird, transportiert die Botschaft deutlich perfider: Man verankert schon bei Grundschülern, die das intellektuell nicht hinterfragen können, die Idee, es gäbe selbstverständlich überall den Bedarf vielfältiger Sanitäranlagen, weil das binäre System der Geschlechter neuerdings »Fake News« sei. Das ist die Dekonstruktion der Normalität mit dem Ziel der Umdeutung aller Werte.

Offiziell finden sich in der Begründung für den staatlichen Auftrag an der sexuellen Bildung aller Kinder die Argumente, es ginge um Aufklärung über Verhütungsmethoden, um ungewollte Schwangerschaften zu verhindern, die Prävention vor der Immunschwäche Aids und Geschlechtskrankheiten und vor allem auch die Prävention vor sexuellem Missbrauch bei Kindern, indem man sie »sprachfähig« machen will, damit sie Missbrauch selbst benennen können, und der Förderung von Toleranz gegenüber sexuellen Minderheiten.

Faktisch geht der vermittelte Inhalt, wie die Materialien und Konzepte zeigen, längst weit über diese Ziele hinaus. Kinder werden gezielt zur Unzeit an Thematiken herangeführt, um die Landkarten in ihren Köpfen entsprechend zu beschreiben.

Argumentative Schizophrenie ist auch beim Thema Sexualerziehung der Kinder an der Tagesordnung: Einerseits wird massiv gestritten, ob es nicht bereits übergriffig und ein Akt sexualisierter Gewalt sei, wenn ein Mann einer Frau ungefragt ein Kompliment, einen Drink an der Bar oder einen Sitzplatz neben sich anbietet, gleichzeitig überfrachten wir schon Kinder im Kindergarten mit der ausgelebten Sexualität ihrer Eltern. Nicht weil sie danach fragen, sondern weil Lobbygruppen gerne möchten, dass die Kinder möglichst früh davon wissen. Wer als Erwachsener bei der Betriebsfeier seinen Kollegen ein lustiges Pantomimespiel als Eisbrecher vorschlägt, um Begriffe wie »Porno« oder »zu früh kommen« darzustellen, kann heutzutage mit einer fristlosen Kündigung rechnen. Wer in der Kaffeepause die Kollegin mit der Frage nach den ihr bekannten sexuellen Vorlieben der Durchschnittsbevölkerung konfrontiert, hat die Anzeige wegen sexueller Belästigung am Arbeitsplatz sicher in der Tasche. Jeder Exhibitionist, der anderen Menschen ungefragt seinen nackten Körper entgegenstreckt, kann mit einer Anzeige rechnen. Wieso gilt dieser Maßstab nicht bei Kindern? Warum gilt es nicht als sexuelle Belästigung, ihnen in der Schule vor ihren Freunden Bilder zu zeigen, die ihnen peinlich sind, und sie mit sexuellen Inhalten und Aufgabenstellungen zu konfrontieren?

Da werden staatliche Programme ins Leben gerufen, um Kinder vor Pornografie im Internet zu schützen und Eltern aufzuklären, wie sie auf den Smartphones und Tablets der Kinder Sicherheitsschranken aufbauen, gleichzeitig erlauben wir jenen Sexualpädagogen den Zutritt an die Schulen, die Kindern gezielt an Pornos heranführen und ihnen damit »Porno-Kompetenz« beibringen wollen.

Als ich in der Talksendung *Maischberger* einst bei einer Debatte zur Frage des Sexualkundeunterrichtes den Zeitungsbericht zitierte, über die Grundschüler, denen man das lesbische Lecken genauer erklärt hatte, reagierte die Moderatorin hektisch mit der Frage, um wie viel Uhr die Sendung ausgestrahlt wird. Also mit der Frage, ob dies aus Jugendschutzgründen spät genug ist, damit keine Kinder mehr vor dem Fernseher sitzen. Abends im TV ist »Lecken« also ein Problem, morgens in der Grundschule und auf dem Kindersender KIKA ist es Bildung. Gut, dass wir das geklärt haben.

SEX FÜR ALLE

»Die Rückkehr der Pädophilen«, nannte die feministische Zeitschrift *EMMA* einst den Einzug des Konzeptes der »sexuellen Vielfalt« in die heutige Pädagogik. Akribisch verfolgt das Magazin seit Jahrzehnten die Machenschaften der immer selben »Experten«, politischen Aktivisten und »Kinderfreunde«, die sich gerne auch im Dunstkreis der Partei der Grünen bewegten, die ihre unrühmliche Vermengung von Pädophilie und Homosexualität, die man einst in einer gemeinsamen Arbeitsgruppe vereinte, bis heute nicht wirklich aufgearbeitet hat. Man kann nur jedem empfehlen, das Dossier[211] von Alice Schwarzer dazu einmal zu lesen, ich hebe in einem Ausschnitt nur eine Personalie beispielhaft hervor: »Der als links geltende Rechtswissenschaftler Rüdiger Lautmann zum Beispiel konnte ungestört weiter an der

Universität Bremen lehren, obwohl er bereits 1978 den sexuellen Missbrauch von Kindern als ›Straftaten ohne Opfer‹ bezeichnet hatte. Auf dem Deutschen Soziologentag im April 1979 war Lautmann dann maßgeblich an dem Antrag beteiligt, den Pädophilie-Paragrafen 176 ersatzlos zu streichen. Wer hätte ihn auch stören sollen? Zusammen mit Lautmann, der den ›Arbeitskreis Homosexualität und Gesellschaft‹ initiiert hatte, forderten die FDP-nahe ›Humanistische Union‹ ebenso wie die ›Schwulengruppen‹ der Jungdemokraten, Jungsozialisten und die ›Gewerkschaft Erziehung und Wissenschaft‹ die ersatzlose Streichung des Paragrafen 176. Wäre das nicht verhindert worden, wäre der sexuelle Missbrauch von Kindern heute in Deutschland straffrei.« Anzufügen wäre an dieser Stelle aber unbedingt noch: Rüdiger Lautmann saß auch im Vorstand der Akademie Waldschlösschen. So schließt sich der Kreis.

Gerade erst ist im Juni 2020 eine Expertise erschienen, wie über 30 Jahre lang die Ideen des Sexualpädagogen Helmut Kentler in Berlin zu staatlich unterstützen Projekten führte, bei denen Jugendliche aus schwierigen Verhältnissen bewusst bei pädophilen Männern untergebracht wurden, wohlwissend und in Kauf nehmend, dass es dabei zu Missbrauch der Jungen kam[212]. Der Abschlussbericht der Hildesheimer Universität, die vom Berliner Senat beauftragt worden war, das Wirken des umstrittenen Psychologen und Sexualwissenschaftlers Helmut Kentler in der Berliner Kinder- und Jugendhilfe seit Ende der 1960er Jahre zu untersuchen, liest sich wie ein Totalversagen von Behörden. Es habe in den 1970er Jahren in manchen Bezirksjugendämtern von Berlin ein Netzwerk gegeben, in dem pädophile Positionen akzeptiert und verteidigt worden seien. Kentler selbst begründete sein Experiment damit, dass die Jugendlichen unter dem Einfluss der Männer »sozial gefestigt« würden. »Diese Leute haben diese schwachsinnigen Jungen nur deswegen ausgehalten, weil sie eben in sie verliebt, verknallt und vernarrt waren«, so Kentler später selbst. Das Projekt sei ein »voller Erfolg«. Die Chronologie dieser Vorfälle und die Karriere Kentlers lesen sich in der Zeitung *taz*[213] wie ein schlechter Film. Erst in den 2000er Jahren endete diese skandalöse Praxis des »Kentler-Experimentes«. Einige der damaligen Opfer bemühen sich heute in Klagen um Schadenersatz und Schmerzensgeld für das, was ihnen angetan wurde.

Der umstrittene Psychologe und Sexualwissenschaftler Kentler galt seit den 1950er Jahren als tonangebender Reformpädagoge in Sachen Sexualwissenschaft, bis heute wird er in Broschüren und Fachliteratur als Experte zitiert, seine Schüler bestimmen heute die Sexualpädagogik der Vielfalt. Als er 2008 verstarb, erschien ein Nachruf auf ihn bei der Humanistischen Union, in deren Beirat er saß. Verfasst ist der Text von keinen geringeren als den bereits erwähnten heute umtriebig agierenden Sexualexperten Elisabeth Tuider und Rüdiger Lautmann[214]. Es handelte sich nicht um eine Abgrenzung, sondern um eine Hommage um Kentlers Verdienste, seine Biografie sei »ein Exempel für einen strahlenden Berufserfolg«.

Damals ging es nicht um Prävention vor Missbrauch, sondern um deren Legalisierung. Die Protagonisten haben heute nur ein neues Framing, man nennt es jetzt das Kinderrecht auf sexuelle Bildung. »Sex für alle« soll die Kinder endlich miteinschließen. Heute schützt man Kinder nicht mehr vor zu früher Sexualität, sondern kämpft für ihr Recht darauf.

In einer düsteren Zukunftsvision entwickelte Aldous Huxley bereits 1932 in seinem Roman *Brave New World* die Idee, wie eine Gesellschaft aufgebaut sein müsste, in der Menschen zur Unfreiheit konditioniert werden. Interessant ist, was er dafür als nötig erachtete: Die Unterbrechung der natürlichen Fortpflanzung, natürliche Elternschaft ist verboten. Embryonen werden in künstlichen Gebärmüttern gebrütet und in staatlichen Aufwuchsstationen herangebildet. Die Zerstörung der Familie durch das Verbot monogamer Beziehungen, Promiskuität ist staatlich erwünscht. Moderne moralische Vorstellungen werden im Kindergarten indoktriniert, wo die Kinder auch zu sexuellen Spielen angehalten werden. Widerständler werden verpflichtet, an den *Orgy-Porgy*-Gruppen teilzunehmen, bei denen man sich zum Singen, Tanzen und anschließendem Gruppensex trifft.

Strategisch konnte man von Huxley eine Menge lernen. Er hatte sein Buch aber nicht als Betriebsanleitung, sondern als Warnung verfasst.

KAPITEL 09: DIE INSZENIERUNG DES NICHTS

Die intersektionale Öffnung zu neuen Opfergruppen kann man abseits von Weltrettungsambitionen weniger heroisch, dafür aber realistisch der blanken Existenzangst der feministischen Bewegung zuschreiben. In einer Zeit, in der sich gerade in den westlichen Wohlstandgesellschaften nahezu nicht mehr erklären lässt, warum die Frauenförderung trotz grandioser Errungenschaften und längst verwirklichter, rechtlich einklagbarer Verfassungsrechte immer weiter vorangetrieben werden muss, warum immer weitere Studien und Forschungen betrieben werden sollen, warum Budgets nicht abgeschafft, sondern erweitert, warum Posten und Beauftragte nicht abgebaut, sondern aufgestockt werden wollen, braucht es neue Begründungen zum Weitermachen. Es ist überlebenswichtig, auch für den eigenen Lebensunterhalt. Die Erweiterung zum »Intersektionalen Feminismus« war absolut notwendig, um den thematischen Spielplatz und die Opfergruppen zu vergrößern.

Was tut man als Emanzipationsbewegte also, wenn man einerseits die »heißen Eisen« und Paradoxien der feministischen Ideen bis hin zur Selbstverleugnung nicht anfassen will, aber dennoch Aktionismus auch für Bio-Frauen vortäuschen muss, um die eigene Unersetzlichkeit täglich nachzuweisen? – Man stürzt sich auf Nebenkriegsschauplätze, auf denen man sich ausgiebig austobt. Und dann ist keine Forderung zu idiotisch, keine Lappalie zu klein und kein weibliches Gefühl zu irrelevant, um nicht ausgiebig diskutiert, beklagt und angeprangert zu werden. Wer in den eigenen Breitengraden keine ernsten Probleme hat, muss die Inszenierung des Nichts mit großer Disziplin und Ernsthaftigkeit vorantreiben, gerne flankiert mit Hysterie und Übertreibung. Zumindest ist der Unterhaltungswert so mancher Debatte hoch, was zumindest jene, die ihren Humor noch nicht ganz verloren haben, immer wieder milde stimmt. Wer keine existenziellen Probleme hat, kämpft dann eben für eine gendersensible Sprache ohne Mikroaggression, dafür mit ganz viel Sternchen, Wortschöpfungen und Verboten, oder für einen reduzierten Mehrwertsteuersatz für Damenbinden oder wie die queer-veganen Feministinnen aus Spanien gegen die Rape Culture auf dem Hühnerhof, da sie ernsthaft davon ausgehen, dass die Hennen täglich vom Hahn vergewaltigt werden[215] und man die Geschlechter aller Spezies voneinander trennen muss, um diese animalische Vergewaltigungskultur endlich zu beenden. Bitte vermeiden Sie jetzt billige Assoziationen zwischen aufgeregten Hühnern und Frauen.

FEMINISTINNENSPIELCHEN

Firmen positionieren sich LGBT-freundlich oder wenigstens frauenbewegt, nicht weil es den Umsätzen nutzt, sondern weil es dem Image nicht schaden soll, dass man es nicht getan hat, wie das Beispiel der Damenbinden für alle Geschlechter bei Procter & Gamble bereits gezeigt hat. Diversity-freundlich zu sein gilt, wenn auch nicht immer bei der Kundschaft selbst, doch zumindest medial als Pluspunkt für das firmeneigene Image. Man kann damit Marketing betreiben und sich gegen genderunsensible Konkurrenten auf dem Markt vorbildlich abheben. Der Spielzeughersteller Hasbro etwa hat gendersensibel eine geschlechtergerechte Version des Spieles Monopoly auf den Markt gebracht[216]. Ganz im Stil der »positiven Diskriminierung« sind bei »Ms. Monopoly« Männer chronisch benachteiligt. Der Gender-Pay-Gap wird umgedreht, sie starten mit weniger Geld, bekommen auch weniger als Frauen, wenn sie über »Los« gehen, was man bei Hasbro als zusätzlichen Spaßfaktor und Ausdruck von Gendergerechtigkeit bezeichnet, »denn damit genießen Frauen die Vorteile, die in der realen Welt häufig Männern vorbehalten sind«. Symbolpolitik für das gute Image.

Der Spielzeughersteller Mattel kompensierte hingegen sein schlechtes Barbie-Image im Jahr 2017 mit einer Puppenedition mit bravem Hidschab. Während die feministische Elite die langbeinige, hübsche, kurvenstarke Barbie normalerweise hasst, weil sie bekanntlich ein problematisches Frauenbild und sexistische Rollenstereotype verbreitet, da sie sich den ganzen Tag nur umzieht, frisiert, shoppen geht und immer noch auf Ken steht statt auf ihre heimlich lesbischen Mitschwestern, wurde die erste islamisch verhüllte Barbie allen Ernstes in der Barbie-Reihe »Sheroes«[217] (das weibliche Pendant zu »Heroes« – Helden) einsortiert. Kein Aufschrei ereilte uns deswegen aus der intersektionalen Feminismusecke, obwohl man sonst bei jedem pinken Mädchenspielzeug gerne in Schnappatmung verfällt und das stereotype Gendermarketing bei jedem Überraschungsei kritisiert. Logisch: Wer das Kopftuch oder gar den Hidschab als feministisches Zeichen »reclaimed«, hat ja keinen Grund zur Beschwerde, wenn nicht nur kleine Mädchen, sondern auch ihre Puppen bereits verschleiert werden, um schon von klein auf an die Normalität der Unterdrückung gewöhnt zu werden. Diese Mädchen haben jedenfalls später kein Problem, Schachweltmeisterinnen im Iran zu werden. Man kann sich die Unterdrückung nicht nur schön-reden, sondern auch frühzeitig im Puppenhaushalt bereits schön-kleiden.

Mir drängte sich hingegen damals die Frage auf, ob es demnächst wohl auch das Barbie-Haus gibt, in dem der liebe Ken seine Barbie auspeitschen oder steinigen lassen kann, wenn sie den hübschen Hidschab ablegen will, was ich als Frage öffentlich an den Spielzeughersteller Mattel in den Raum stellte. Facebook ließ mich daraufhin wissen, dass ich für sieben Tage gesperrt bin, weil ich gegen die Gemeinschaftsstandards der Plattform verstoßen habe, indem ich eine Religionsgemeinschaft verunglimpfe. Das muss man verstehen, die Herren Muslime haben schließlich auch ein Recht auf ihre Traditionen. Dem einen ist eben sein Sonntagsgottesdienst heilig, dem anderen seine Steinigung.

Ich hätte mir besser ein Beispiel nehmen sollen an dem feministisch geschulten Kollegen bei der Wochenzeitung *Die Zeit*, der zielsicher erkannt hatte, dass die neue Kopftuch-Barbie »sich emanzipiert« habe[218] mit diesem neuen Look. Endlich nicht mehr Minirock und Bikini, sondern züchtig verschleiert. Im selben Blatt forderte kurz darauf eine Kollegin – ebenfalls aus Gründen der Emanzipation – einen Verzicht der Frau auf Make-up, auf das Herausputzen ihres Äußeren, also einen Verzicht auf Zurschaustellung ihrer Schönheit. Freiheit durch Hässlichkeit. Solange sich Frauen als das »schöne Geschlecht gerieren«[219] bleibe die #MeToo-Debatte oberflächlich, so die These, deswegen appelliert die Autorin an Modedesigner, Politiker und Schulen, mitzuhelfen, die Schönheit der Frau endgültig abzuschminken. Freiheit also durch Kleidung, die nicht mehr den Körper oder gar die Figur hervorhebt. Sackförmige, unscheinbare Aufmachung, um die Reize der Frau nicht zu enthüllen, sondern zu verdecken. Verzicht auf Nacktheit in der Öffentlichkeit. Die Burka erscheint da fast als natürliche Lösung. Man hätte es auch aus dem Salafismus-Handbuch für Anfänger entnehmen können, um dem 9. Feministischen Gebot zum Durchbruch zu verhelfen: Du sollt eben einfach nicht schön sein. Dass ausgerechnet progressive feministische Kreise päpstlicher sind als der Papst, viktorianischer als Fräulein Rottenmeier und restriktiver als jeder Imam, entbehrt nicht einer gewissen Komik.

SEX IM FOYER

Konsequent in dieser Denkweise verankert erreichte uns schon vor Jahren aus der feministischen Ecke der Ruf nach einer »Pummelchen-Quote« bei Schönheitswettbewerben, weil es ja so unfair sei, dass immer nur die Hübschen gewinnen, ohne dass die viel zitierten inneren Werte oder die mitgebrachten Zusatzpfunde einer Frau im Ranking auf der Habenseite verbucht werden. Heidi hat dann bei *Germany's Next Topmodel* einfach kein Foto für dich. Inzwischen ist man in diesem Bereich inhaltlich weiter. Jung, schön und dann noch schlank wird sukzessive auf immer weiteren Ebenen als »sexistisches Frauenbild« gebrandmarkt, das ja nur männliche Lust und Schönheitsideale reproduziere und damit von der Bildfläche verschwinden sollte. Barbie ist überall. Und so forderte die sozialistische Parteijugend der SPD, die Jusos, im Landesverband Berlin gar staatlich geförderte feministische Pornofilme. Die Vorsitzende Annika Klose argumentierte beim Parteitag[220], das Ganze habe nicht nur gesundheitspolitische, sondern auch gleichstellungspolitische Relevanz, weil Pornos ein problematisches Frauenbild vermitteln. Es wäre ja noch schöner, wenn die Menschen selbst entscheiden, welche sexuellen Fantasien sie haben oder was sie erregend finden. Eine Pummelchen-Quote für Pornodarstellerinnen erscheint in diesem Zuge unausweichlich.

Für Pornoeinsteiger sei erklärt, dass es sich bei der feministischen Variante nicht um billige Rammelvideos mit überdimensionalen Geschlechtsteilen und Schlauchlippen-Körbchengröße-Doppel-D-Damen handelt, sondern selbstredend um sensibel durchdachte, handlungsstarke Filme. Wäre es ein Sendeformat beim Kultursender Arte, die Reihe hieße vermutlich »Sex im Foyer«. Damit die Pornos lebensnah und authentisch sind, sollen dort nicht nur Schöne, Junge und Perfekte, sondern der Querschnitt der Gesellschaft[221] zu Geschlechtsverkehr kommen. Kein Darwinismus mehr im Schlafzimmer, stattdessen bunte und natürlich intersektionale Vielfalt verschiedener Geschlechtsteile, Hautfarben, sexueller Orientierungen, Altersklassen, und natürlich geht alles ganz gleichberechtigt zu. Die Protagonisten geben vorher zu Protokoll, dass sie einverstanden sind. Ja heißt ja, und nein heißt nein. Niemand wird herabgewürdigt oder gegen seinen Willen gefilmt. Nicht zu vergessen sind die garantiert guten Arbeitsbedingungen am Set und die anständige Bezahlung. Ich bin sicher, man arbeitet bereits an einem EU-zertifizierten Label. Feministische Pornos sind also so etwas wie der Fair-Trade-Kaffee der Pornobranche.

Geht es nach den Wünschen des sozialistischen Jugendverbandes, sollen die feministischen Pornos natürlich ohne Altersbeschränkung in den Mediatheken der öffentlich-rechtlichen Fernsehanstalten online zugänglich gemacht werden[222]. Pornos für alle! Die anderen finden die Kids ja auch kostenlos und frei im Netz, argumentiert die Landesvorsitzende. Recht hat sie, und damit schalten wir zurück ins Studio zum Kindersender KIKA in die Sendung *Wissen macht Ah!*, heute mit der spannenden Folge: »Wie produziere ich meinen eigenen Porno ganz leicht mit dem Smartphone meines großen Bruders?«

Berlin war von Anfang an ein Mekka des Genderirrsinns. Nirgendwo traf politische Inkompetenz so geballt auf ideologischen Eifer als in der langjährig rot-grün regierten Hauptstadt. Im Resultat schleusen die drei Dutzend allein in Berlin ansässigen Genderlehrstühle allerlei »Sexismuskrieger*innen« durch die Universitäten auf die Straßen, die dann ein Genderzertifikat, dafür keinen Job, aber ganz viel Problembewusstsein besitzen. Der schwule Bürgermeister Klaus Wowereit kokettierte einst mit dem Slogan, Berlin sei zwar arm, aber sexy. Das ist inzwischen falsch. Berlin ist immer noch arm, aber jetzt spießig. Berlin bekommt seit zehn Jahren keinen anständigen Flughafen fertiggebaut, dafür Unisextoiletten in den Rathäusern. Man muss Prioritäten setzen. Berlin ist die Stadt, in der es manche Stadtteile zu einer eigenen Sexismuspolizei gebracht haben, um »sexistische« Werbeplakate zu verbieten. Der Straßenstrich darf aber bleiben. Was genau nun sexistisch ist und was nicht, entscheidet die feministische Gleichstellungsbeauftragte unseres Vertrauens.

Im Bezirk Friedrichshain-Kreuzberg hat die amtierende Doppelnamen-Dame mit ihrer »Arbeitsgruppe gegen sexistische, diskriminierende und frauenfeindliche Werbung« dafür extra einen eigenen Leitfaden erstellt[223]. Man sieht sich in einer »Vorreiterrolle«[224], um die Degradierung der Frau zum Sexualobjekt zu bekämpfen. Die Broschüre liest sich wie ein Krisenbericht aus einem Kampfgebiet. Sexistische Werbung reproduziere tagtäglich Geschlechterrollenstereotype sowie diskriminierende Denkmuster und sei damit »eine strukturelle Form von Gewalt« [225]. Da ist sie wieder zuverlässig: die strukturelle Gewalt gegen Frauen, diesmal ausgestrahlt durch ein Plakat. Diese Werbewellen nehmen wir dann als Verbraucher im Stadtbild über unser »wiederholtes und unreflektiertes Lernen« auf und reproduzieren dann diese falschen Bilder. Ab sofort erledigen feministisch vorgeschulte Damen das Denken für die Endverbraucher und entscheiden im Vorfeld, was dem unreflektierten Passanten noch zuzumuten ist.

Wunderbar ist auch die Definition von Sexismus: »Unter sexistischer Werbung ist jegliche diskriminierende Darstellung von Personen aufgrund ihres biologischen und sozial konstruierten Geschlechtes im öffentlichen Raum zu verstehen. Dies schließt gleichermaßen offen feindlichen als auch subtilen wie zum Beispiel positiven und humoristischen Sexismus ein und bezieht sich sowohl auf die bildliche als auch sprachliche Darstellung«[226]. Immerhin gesteht man ein, dass es so etwas wie positiven Sexismus gibt und dass der Humor noch nicht tot sei, das ist aber keine Entschuldigung, dafür muss er jetzt trotzdem sterben.

Natürlich ist auch die Werbepolizei intersektional ausgerichtet, so heißt es in der Broschüre weiter: »Zudem werden die Kriterien stets auch im Zusammenhang von Zuschreibungen aufgrund von Abstammung, Race, Sprache, Heimat/Herkunft, Glauben, religiöser oder politischer Anschauung, Alter, Aussehen und Behinderung betrachtet.« Sexistisch ist demnach bereits Werbung, in der Frauen kaum oder sehr körperbetont bekleidet sind, und auch jene, in der Frau »ohne Anlass lächelnd inszeniert wird«. Auch verboten ist jetzt Werbung, die Frauen als »hysterisch, kompliziert« zeigt, aber auch wenn sie als »hilfsbedürftig, fürsorglich, mit großer Freude im Haushalt beschäftigt, verführerisch, oder schön«[227] dargestellt wird. Das ist nahezu ein sprachliches Déjà-vu des Antrags vor dem Europarat 2010, als man schon einmal versuchte, die glückliche Hausfrau als angebliche Stereotype in der Werbung zu verbieten. Mit dieser Methode stellt man den Werbebetrieb jedenfalls am besten komplett ein. Warum erst unliebsame Plakate mühsam mit Graffiti demolieren, besser man verbietet sie ganz.

FEMINISTISCHE LÖSCHKOMMANDOS

Du sollst eben nicht schön sein, auf keinen Fall soll man es wahrnehmen. Auch der muslimische Bürgermeister von London, Sadiq Khan, der ja bereits als toleranter Transfrauenversteher von sich reden machte, hat sexistische Werbung auf Bussen und in U-Bahnen verboten. Man ist also bereits in guter Gesellschaft, die Frau wird nur noch anständig bekleidet öffentlich zu sehen sein.[228] Der feministische Fachbegriff für die skandalöse Darstellung von schönen schlanken Frauen in der Öffentlichkeit hat natürlich längst einen eigenen Fachbegriff, das sogenannte »Bodyshaming « [229]. Gemeint ist in diesem Kontext: Die Darstellung von hübschen schlanken Frauen beschäme all jene Frauen, die es nicht sind. Damit wir unperfekten Frauen nicht ständig mit unserer eigenen körperlichen Unzulänglichkeit konfrontiert sind, sollen wir nicht immer auf hübsche Frauen blicken müssen. Es ist nur noch eine Frage der Zeit, bis schöne Frauen nicht mehr auf die Straße dürfen. Natürlich nur aus Solidarität mit den dicken hässlichen, versteht sich.

Wunderbar an der erwähnten Broschüre »Sexism shouldn't sell« ist, dass sie wie in einem Lehrstück exemplarisch die feministischen Denkweisen und Kampfbegriffe wie bunte Klischee-Perlen aneinanderreiht. Wenn man das Denkschema nachvollzogen hat, wo aus feministischer Sicht der Feind sitzt und wie die Frau gesehen und entsprechend gerettet werden soll und muss, versteht man die innere Logik der daraus resultierenden Forderungen und Verbote ganz automatisch. Nicht vergessen: Ist es doch Irrsinn, so hat es doch Methode.

Auch in diesem Themenkomplex entsteht das Problem, dass ein an sich guter Gedanke und ein echtes Problem durch Hysterie und Übertreibung ad absurdum geführt werden und damit eine Solidarisierung erschwert wird. Denn natürlich existieren surreale Körpervorstellungen über Frauen und Männer. Natürlich ist es besorgniserregend, wenn schon Jugendliche Idealmaßen hinterhereifern und niemand mehr ein unbearbeitetes Profilbild in den sozialen Netzwerken verwendet, um den aktuellen Schönheitsidealen zu entsprechen. Feministische Löschkommandos sind aber nicht die Lösung. Faktisch überreicht man damit nämlich wieder einer kleinen ideologischen Fußtruppe die Herrschaft über das, was für alle noch als sagbar oder darstellbar gilt, was eine gute und eine falsche Darstellung von Frauen ist oder gar, was Humor, Ironie und Satire noch darf. Worüber die eine lacht, darüber ist die andere empört. Wer bekommt Recht? Es existiert zudem bereits in Deutschland ein unabhängiger Werberat, bei dem sich jeder Bürger beschweren kann, wenn er ein Plakat oder eine Kampagne, egal aus welchem Grund, für anstößig hält. Wieso brauchen manche Städte oder gar einzelne Stadtteile jetzt zusätzlich weitere, eigene Regeln, und wer bestimmt die neuen Kriterien für eine gesamte Branche? Die ehrenamtliche »Arbeitsgruppe gegen sexistische, diskriminierende und frauenfeindliche Werbung« aus Wanne-Eickel?

Wer zudem die vermeintlich falsche Darstellung von Frauen auf Plakaten bereits als »strukturelle Form von Gewalt« versteht oder auch nur den Hinweis auf die Schönheit anderer Menschen oder gar deren Anblick als Aggression empfindet, ist im identischen Gefühlsmuster gefangen, wie die eingangs erwähnte schwarze Weißseinsforscherin, die sich bereits durch die Existenz mehrheitlich weißer Menschen im Raum angegriffen wähnte. In dieser Wahrnehmungswelt ist dann logisch, dass Frauen in Pornos nicht schön, dafür divers sein müssen, dass jedes Bikiniwerbeplakat verbannt werden muss, weil es Mikroaggressionen aussendet, oder wie in den folgenden beiden Beispielen, dass man Cheerleader als sexistisch hinauswirft und ein Gedicht über die Schönheit der Frau an der Hausfassade einer Universität zu feministischer Schnappatmung führt. Alles atmet denselben Kleingeist.

GEFÄHRLICHE KUNST

Sechs Jahre hatte an der Fassade der Berliner Alice Salomon Hochschule unbehelligt ein Gedicht des Lyrikers Eugen Gomringer in großen Lettern gestanden, bevor es wegen massiver sexistischer Tendenzen auf Beschwerde der Studentenverwaltung entfernt werden musste. Der Vorwurf: »Das Gedicht reproduziert nicht nur eine klassische patriarchale Kunsttradition, in der Frauen ausschließlich die schönen Musen sind, die männliche Künstler zu kreativen Taten inspirieren. Es erinnert zudem unangenehm an sexuelle Belästigung, der Frauen alltäglich ausgesetzt sind.«[230] Es musste sich um wirklich gefährliche Kunst handeln, dass sich die amtierenden Feministinnen an der Hochschule derart in ihrer Weiblichkeit degradiert, diskriminiert und entwürdigt fühlten. Zitieren wir doch einfach das üble Machwerk und lassen die Zeilen für sich selbst sprechen:

Alleen
Alleen und Blumen
Blumen
Blumen und Frauen

Alleen
Alleen und Frauen
Alleen und Blumen und Frauen und
ein Bewunderer

Frauen, Blumen, Alleen und ein Bewunderer. Acht Zeilen Schönheit und der Teufel ist los. Die Lust an der Zensur wächst Seite an Seite mit der Überempfindlichkeit einer Generation, die nicht einmal mehr in der Lage scheint, Lyrik von Beleidigung zu unterscheiden.

SEXISTISCHER SPORT

Als mit den »Alba Dancers« die Cheerleader des Berliner Basketballclubs Alba Berlin im Jahr 2019 gegen ihren Willen als Rahmenprogramm der Spiele hinausgeworfen wurden, war die offizielle Begründung ebenfalls Sexismus. Junge Frauen seien als »attraktive Pausenfüller« im Männersport nicht mehr »zeitgemäß«. Nicht nur, dass hier ignoriert wurde, dass die jungen Frauen das selbst anders sahen und das, was sie tun, nicht als Amüsement für Männer, sondern als Wettkampfsport betreiben, diese Erklärung ließ auch mehr Fragen offen, als sie beantwortete. Denn was genau war nicht zeitgemäß? Dass die Frauen sexy gekleidet sind und somit hübsch anzusehen? Oder eher die Tatsache, dass sie nur als »Pausenfüller« bei den Männer-Spielen auftreten? Wäre es in Ordnung, wenn sie in den Pausen der Frauen-Spiele auftreten? Und was, wenn sich lesbische Frauen am Anblick der Mädchen erfreuten, wäre das dann okay, weil nur das lüsterne Gaffen mitteleuropäischer Männer problematisch ist?

Hoffentlich verrät das auch keiner den Amerikanern, wo regelmäßig weibliche Superstars die berühmte Halftime Show beim Superbowl der Männer bestreiten. Nicht, dass all die Showgrößen wie Jennifer Lopez, Shakira oder Beyoncé demnächst absagen, weil ihnen eine deutsche Feministin erklärt, dass sie in Wahrheit gar keine Künstlerinnen, sondern nur die Pausenclowns des Männersports sind.

In Deutschland hatte sich gar der Innenminister Horst Seehofer persönlich in die Cheerleading-Debatte eingeschaltet und schlug ab sofort ganz zeitgemäß geschlechtergemischte Cheerleading-Teams vor[231], denn diese verstünden ebenfalls zu begeistern und »das würde auch viel stärker unsere Gesellschaft und die Zusammensetzung der Fans abbilden«. Nach diesen Kriterien müssten auch ein paar Hässliche, ein paar Übergewichtige, große Anteile Unsportlicher, ein paar Rollstuhlfahrer, ein Fußballfan und unbedingt eine schwarze Transfrau in den Kader aufgenommen werden.

Darum geht es im Kern aber gar nicht. Kein Mensch möchte Cheerleadern, Fußballteams oder Ballettensembles zusehen, weil sie den Querschnitt der Gesellschaft abbilden. Spitzensport definiert sich per se dadurch, dass sich die Besten einer Fertigkeit miteinander messen und nicht Lieschen Müller gegen den biertrinkenden Hooligan antritt. Es ist in Wahrheit also wieder die aufreizend gekleidete, hübsche junge Frau, die von der Bildfläche entfernt werden soll. Sie ist der ständige Affront einer feministischen Bewegung, die vor allem mit einem nachweislich schon immer ein Problem hatte: der freiwillig zur Schau gestellten Weiblichkeit. Es ist die offene Bluse. Das Dirndl-Dekolleté. Der Bikini. Es sind die Hotpants, die High Heels und der Minirock. Es ist absurd, denn all das tragen Millionen Frauen freiwillig und gerne.

Bis in die Modebranche hinein zieht sich inzwischen eine Schizophrenie im Umgang mit weiblicher Kleidung und der Frage: Welche ist feministisch akzeptabel und anerkannt und welche gilt als überholt? In der ehrwürdigen *Frankfurter Allgemeinen Sonntagszeitung* kommentiert eine Journalistin die Pariser Modewoche 2020 aus feministischer Sicht[232] und kritisiert, dass doch wieder nur dünne große Models über den Laufsteg rennen, auch wenn zumindest inzwischen »Models of Color« größere Selbstverständlichkeit wären. Man widerspräche nicht genug den »von Männern festgelegten Schönheitsnormen« und überhaupt, wenn »heute ein Model in Micro-Mini und High Heels über den Laufsteg stolpert, dann sieht das unpraktisch, eher nach Unfreiheit, nicht nach Fortschritt aus«. Wie die echte feministische Avantgarde der Mode aussieht, weiß sie jedoch direkt hinterher zu loben. Dass es auch anders ginge, »zeigen genau die Designer, die sich nicht an Traditionen und Konventionen halten müssen. Marine Serre schickt Frauen in Burka und stylischen Hidschabs auf den Laufsteg, sie greift auch zu Karomustern«. Wie schön, dass auch in Paris endlich Style in die Unterdrückung kommt. Und schon wieder: Es ist der Punkt, an dem sich Feminismus und Islamismus am Nächsten kommen. Beide ertragen es nicht, wenn Frauen selbst entscheiden, wie viel Haut sie öffentlich zeigen, wie sie ihre Reize einsetzen oder dass sie sich gar dazu entscheiden, diesen Vorgang nicht als Unterdrückung, sondern als Emanzipation zu betrachten. Der einzige Unterschied ist nur: Im Feminismus zensieren Frauen, im Islamismus tun es nach wie vor die Herren.

Die Diskurshoheit muss täglich gesichert werden, und dann muss man bis ins sprachliche Detail vorgehen oder notfalls auch einen Mythos zerlegen. Es bringt zwar Milliarden von Frauen nichts, aber dann wird dennoch als große Errungenschaft gefeiert, dass am Set von *James Bond* das Wort »Bondgirl« verbannt wurde und es ab sofort ganz erwachsen »Bondwoman« heißt[233]. Bravo! Erstaunlich ist nur, dass Miss Moneypenny immer noch gut aussehen darf und noch nicht durch eine übergewichtige Mittfünfzigerin mit Hormonproblemen in der Menopause ersetzt wurde. Immerhin ist sie jetzt schon mal schwarz, ein Etappensieg der intersektionalen Bewegung. Wenn Bond sich jetzt noch öffentlich als Transfrau outet oder wenigstens heimlich die Unterwäsche von »M« aufträgt, bekommt das Drehbuch sicher einen LGBT-Sonder-Oscar.

QUOTEN FÜR ALLE

Die Überlagerung frauenspezifischer Interessen durch die Forderungen der LGBT-Lobby sind nicht nur im Showbusiness, sondern auch in der Quotendebatte längst präsent. Die feindliche Übernahme der Frauen- durch eine Diversity-Bewegung hat hier längst Fuß gefasst, wie man selbst an absurden Themenkomplexen wie Pornografie oder Cheerleading exemplarisch betrachten kann. Man hat nur den zweiten Schritt der juristischen Durchsetzung noch nicht begonnen, sondern tummelt sich erst im gesellschaftlichen Vorfeld. Klar ist dennoch nach der inneren Logik des Systems: Wer Quoten für Frauen fordert, bekommt später Quoten für alle. Der Dammbruch erfolgt an der Sollbruchstelle des Verzichtes auf den Faktor Qualifikation zugunsten anderer Eigenschaften, wie auch immer diese dann definiert sind.

Genau genommen müssen all die diversen Gruppen gar nichts tun, sie können einfach abwarten, bis die Damen die Quoten juristisch durchgekämpft und flächendeckend installiert haben, und können dann im Zuge der Antidiskriminierungsgesetzgebung ihren Anteil einfordern. Die Frauen leisten hier in Wahrheit die Vorarbeit, von der anschließend alle anderen profitieren werden. Es entbehrt nicht einer gewissen Komik, dass Feministinnen gerade Quoten für Bio-Frauen durchkämpfen und sich anschließend von Transfrauen, Schwulen, Schwarzen und sonstigen Lobbys ihre hart errungenen Posten wieder abnehmen lassen werden. Dieses Phänomen sorgt auch bei der sogenannten »Ehe für alle« für unfreiwillige Komik. Dort kämpfen ausgerechnet Homosexuelle das Recht auf eine »Ehe für Alle« juristisch durch, das in letzter Konsequenz auch den Islamisten zugutekommt, die ihre Drittfrauen in Dortmund auch noch ehelichen möchten, während in ihren Ursprungsländern nach wie vor Homosexuelle aufgehängt werden. Dass aber auch in der Quotenpolitik eine zweite Welle erfolgen wird, ist nicht eine Frage des Ob, sondern nur noch des Wann, denn es ist konsequent. Wer alle retten will, muss seine Quotenposten auch mit allen teilen.

PARITÄT UM JEDEN PREIS?

Selbst wenn man nun in einem surrealen Denkversuch einmal von der Annahme ausgeht, Frauen und die wie auch immer definierte Vielfalt der Geschlechter würde es tatsächlich freiwillig in alle Berufsfelder und gesellschaftlichen Bereiche, die bisher als Männerdomänen galten, ziehen, was nachweislich nicht so ist, stellt sich immer noch die Frage: Ist die gesetzlich erzwungene »Gleichstellung« der Geschlechter im Sinne einer 50:50-Parität oder eine Diversität nach Querschnitt der Bevölkerung in allen Berufsgruppen gut und unbedingt staatlich förderungswürdig oder gar notwendig? Das sind alles Kategorien, aus denen sich die Geschlechterpolitik bereits von Anfang an verabschiedet hat.

Mit großer Selbstverständlichkeit wird das positive Veränderungspotenzial durch Gleichstellung in allen Berufsfeldern und Branchen behauptet, ohne dass es faktisch an der Lebensrealität je gemessen wurde. Gemischte Teams arbeiten also der Theorie nach besser, erfolgreicher, bringen mehr Gewinn, Harmonie und so weiter. Unternehmen, die dem nicht folgen, verzichten im Umkehrschluss also freiwillig auf Gewinn und Erfolg, nur um ihre weiße, heterosexuell-männliche Belegschaft zu privilegieren? Nur mit dieser Denkweise sind Studien wie jene an der Universität Paderborn zu erklären, die beispielsweise ein Diversity-Problem bei der Feuerwehr anmahnt: »Weiße, heterosexuelle Männer aus der Arbeiterschicht stellen die Mehrheit dar und prägen das Bild des typischen Feuerwehrmannes. Die Aufrechterhaltung des Ideals beeinflusst die Chancen auf soziale und kulturelle Integration.«[234] Dieses Problem der Dominanz des weißen Heteromannes will man nun mit freundlicher finanzieller Unterstützung durch das Bildungs- und Forschungsministerium lösen. Ein zentrales Problem in vielen Feuerwehren sei, dass Frauen und Migranten nicht nur unterrepräsentiert, sondern häufig auch unerwünscht seien, lernen wir aus der Pressemitteilung. Feuerwehren seien in der internationalen Forschungsliteratur sowieso bereits für ihre »Veränderungsresistenz« bekannt, die sich wesentlich aus sozialen Dynamiken speise. Der intolerante, weiße, frauen- und schwulenfeindliche Hetero-Feuerwehrmann ist also ein Problem, und das wusste man schon vor Beginn der Studie und nicht erst am Ende. Es ist ein klassisches Phänomen vieler Geschlechterstudien, dass sie ihr Ergebnis bereits am Anfang kennen.

Man möge mich korrigieren, aber ich dachte immer, zentrale Aufgabe der Feuerwehr sei die Rettung und Brandlöschung und nicht die Integration verschiedener Geschlechts- und Bevölkerungsgruppen. Falls es doch anders sein sollte, wäre es sicher hilfreich, wir würden alle eine tolerante Antidiskriminierungshaltung annehmen und Schilder an die Haustüren hängen, dass in diesem anständig brennenden Haus im Brandfall keine Feuerwehr reinkommt, wenn sie nicht mindestens eine Frau, einen Schwulen, ein paar »People of Color« und einen Transmann im Löschkommando mitbringt. Wir zeigen die Rote Karte gegen Transphobie bei der Feuerwehr! Wir zeigen Haltung bis zum niedergebrannten Fundament!

Dass eine Professorin ihre eigene Theorie beweisen will, ist das eine, dass ein Staatsapparat allerdings einer Doktrin folgt, ohne vorher zu prüfen, ob diese überhaupt von Vorteil ist oder nicht sogar zum Nachteil der gesellschaftlichen Mehrheit gereicht, ist problematisch.

Bevor wir Millionenbudgets aus dem Staatshaushalt ausgeben, muss doch wenigstens klar sein, ob der Einsatz der Steuergelder gut und richtig ist. Wenn es aber von Vorteil ist, dann für wen genau? Für jene, die mit Quoten einen Job bekommen, den sie ohne nie erreicht hätten, oder für den Rest der Gesellschaft, das Unternehmen oder die Institution, in der das vollzogen wird? Staatliches Handeln und auch die Verwendung von staatlichen Geldern muss sich an den Interessen der Mehrheit und an den Grundsätzen der Verfassung orientieren, die Erfüllung von Einzelinteressen ist – auch wenn im Einzelnen durchaus nachvollziehbar – dem Allgemeinwohl unterzuordnen.

MODERNE BRANDOPFER

Fragen wir also einmal ketzerisch so: Wenn es bei Ihnen zu Hause brennt, möchten Sie dann unbedingt, dass eine Frau kommt und löscht, oder möchten Sie, dass derjenige kommt, der den Job am besten machen kann? Lässt sich das moderne Brandopfer nur von politisch korrektem Personal oder doch lieber von Fachpersonal retten?

Es entstehen lebensgefährliche Interessenkonflikte vor allem dort, wo körperliche Eigenschaften relevant werden, bei denen Frauen Männern natürlicherweise unterlegen sind. Darf man Sicherheit opfern, um Geschlechterparität zu gewährleisten? Es ist eine Fragestellung, die im gesamten Sicherheitssektor bis hin zum Polizeidienst oder dem Militär möglicherweise über Leben und Tod entscheidet. Die Biologie ist nicht dekonstruierbar. Körperkraft lässt sich nur trainieren, aber nicht andichten oder »identifizieren«. Wenn Anforderungsprofile an einen Beruf für Frauen herabgesenkt werden, damit sie die Zugangstest körperlich überhaupt schaffen, ist das kein emanzipatorischer Erfolg, sondern ein Risiko für alle: für die Frau selbst, die körperlich dem Job dann nicht gewachsen ist, ihn aber dennoch erbringen soll, was wir dazu auch noch von ihr erwarten. Für ihre Kollegen, die sich nicht darauf verlassen können, dass die Frau an ihrer Seite im Einsatz volle Leistung bringen kann, und für jeden anderen auch, der die bestmögliche Hilfe in der Not braucht, aber nicht die Besten, sondern die politisch Auserwählten geschickt bekommt.

Bereits unter der Regie der früheren Verteidigungsministerin Ursula von der Leyen wurde massiv mit landesweiten Plakatkampagnen um mehr Frauen für die Bundeswehr geworben. Wem sollte diese Kampagne nutzen? Jeder Fußkranke, den man bis dato bei der Musterung noch im Erdgeschoss nach Hause geschickt hätte, schafft es heute zum Rekruten. Das Ganze nennt sich Diversity-Management. In vielfältigen Programmen zur Rekrutierung neuer Zielgruppen hatte die Ministerin betont, die Truppe für Frauen, für alle sexuellen Orientierungen und auch verstärkt für Menschen mit Behinderung attraktiv machen zu wollen[235]. Nun weiß ich nicht genau, inwiefern sexuelle Vielfalt und eine Rollstuhlarmee unsere Wehrfähigkeit festigen, aber ich lasse mich gerne in die Geheimnisse der Militärstrategie einweisen. Kein Geheimnis ist indes, dass die Erhöhung des Frauenanteils nicht den grandiosen, überlegenen, weiblichen Fähigkeiten, sondern neuerdings Personalmangel geschuldet ist, seit die allgemeine Wehrpflicht abgeschafft wurde.

Diversity als das Gesellschaftsthema der Stunde muss auch bei den Streitkräften jetzt also vielfältig untersucht und umgesetzt werden. Die Antwort der Bundesregierung[236] auf eine Anfrage der Fraktion der Grünen im Bundestag zählt stolz auf, was getan wird, um intersektional nicht nur diverse Geschlechter und sexuelle Identitäten, sondern auch Menschen mit multikulturellen und multireligiösen Hintergründen und selbst Schwerbehinderte in die Verteidigung des Landes einzubinden. Es existieren Broschüren zur Akzeptanz von Minderheiten, zum Umgang mit Transsexuellen, man veranstaltet Workshops und Fortbildungen, und im Rahmen des 3. Deutschen Diversity-Tages 2015 wurde durch das Bundesverteidigungsministerium gar die Internationale Konferenz »Diversity and Inclusion in Armed Forces« (DIAF 2015) durchgeführt. Noch kennen wir nicht die Ergebnisse des Fragebogens »Bunt in der Bundeswehr?[237] Ein Barometer zur Vielfalt«, der die Soldaten vor allem zur sexuellen Vielfalt der Truppe befragt. Die Ergebnisse werden sicher spannend sein.

Wie oft müssen transsexuelle Soldaten ihre Gefühle verbergen? Findet der pansexuelle Oberoffizier einen Vorgesetzten, mit dem er über seine Versagensängste sprechen kann? Eignet sich der Heterosexuelle mit Migrationshintergrund oder doch der schwule Biodeutsche mit Behinderung besser als Major?

Vielfalt werde als Chance begriffen, werden wir informiert. Die Life-Work-Balance brachte Spiegel in die Spinde, Gardinen an die Fenster und Kitas in die Kasernen. Die 41 neuen Puma-Panzer für die neue Nato-Sondereinsatzgruppe mussten zwar erst noch mit über 200 Millionen Euro nach- und hochgerüstet werden, aber zumindest sind sie inzwischen auch für Hochschwangere tauglich ausgestattet[238], sollte es im neunten Monat in Afghanistan auf Patrouillenfahrt zu einer Spontangeburt kommen. Während ich selbst als schwangere Radioredakteurin einst vom Schichtdienst befreit war – man nennt das Arbeitsschutz –, bereiten wir uns offenbar für ein zwischenmenschliches Gefecht vor allem innerhalb der Kasernen vor.

Nicht einmal die Friedensbewegung in Deutschland wusste mit der Diversity-Charmeoffensive viel anzufangen. Wahrscheinlich sind sie noch zu sehr damit beschäftigt, ihre Demoplakate gegen die Streitkräfte in gendergerechter Sprache zu formulieren: »Soldatinnen und Soldaten sind Mörderinnen und Mörder« – oder gleich: »Soldat*innen sind Mörder*innen«, um der Transphobie und der Ausgrenzung vielfältiger Geschlechtsgruppen auf Friedensdemos vorzubeugen.

Der ehemalige polnische Verteidigungs- und Außenminister Radosław Sikorski gab 2019 in einem Interview einen polnischen Witz über die labile Wehrfähigkeit der Deutschen zu Protokoll: »Was hat sich zwischen Mai 2018 und Mai 1945 nicht geändert?« Antwort: »Nur vier Flugzeuge der deutschen Luftwaffe sind einsatzbereit«[239]. Sikorski und andere kennen eben nicht die subversivste Geheimwaffe der deutschen Bundeswehr: den weltbekannten, deutschen Humor. Das ist »Frieden schaffen ohne Waffen 4.0«. Wir werden dafür sorgen, dass der Gegner sich einfach totlacht.

Ich befürworte explizit Frauen in Sicherheitsberufen. Es gibt unzählige Arbeitsbereiche bei Feuerwehr, Polizei und auch bei den Streitkräften, wo es gut und richtig ist, dass Frauen und Männer gemeinsam arbeiten, oder wo gar Frauen strategisch unerlässlich sind, weil sie gerade als Frau gebraucht werden. Gleichzeitig darf die Sicherheit nicht der Ideologie geopfert werden oder einer Doktrin, die ohne Sinn und Verstand durchexerziert wird, nur damit am Ende der statistische Gender-Gap bereinigt ist.

Und so kann man natürlich positiv betrachten, dass man sich bis hin zur *Wehrmedizinischen Monatsschrift*, dem Fachmagazin für den medizinischen Sektor der Streitkräfte, mit der Frage von Transgeschlechtlichkeit, Geschlechtsidentitätsstörungen und Transsexualität im Kontext des wehrmedizinischen Managements beschäftigt[240]. Wenn jetzt sogar verstärkt für »Diversity« in der Bundeswehr geworben wird, dann wird sie sich auch einfinden und dann braucht es dringend Richtlinien und Handlungsempfehlungen auch für Vorgesetze, bis hin zu der Frage, ob Transfrauen in der Bundeswehr bei den Frauen, in Extraräumen oder bei den Männern untergebracht sind oder duschen. Der Autor des nüchternen Fachartikels zeigt zudem auf, dass nach derzeitigen Richtlinien jemand mit dem Geschlechtseintrag »divers« im Geburtsregister als wehruntauglich ausgemustert werden müsste, weil es eine dauerhafte Geschlechtsindifferenz medizinisch dokumentiert. Bundeswehrmitarbeiter, die also bei der Musterung möglicherweise Transsexuelle oder »Divers«-Personen automatisch aussortieren, wären laut Vorschrift sicher, aber gesellschaftlich tot, weil man ihnen Diskriminierung aufgrund von Geschlecht vorwerfen würde. Festhalten sollte man dennoch, dass dies nicht geschieht, weil die Bundeswehr dringend die Vielfalt der Geschlechter braucht, sondern umgekehrt, die Vielfalt der Geschlechter Anspruch auf Teilnahme anmeldet. Das mag gesellschaftspolitisch erwünscht sein, es ist aber im Umkehrschluss nicht zwingend sicherheitspolitisch nötig oder gar hilfreich.

KAPITEL 10: SCHICHTWECHSEL IM FRAUENGEFÄNGNIS

Während der Vorstoß in originäre Männerdomänen also einerseits massiv gefordert und gefördert wird, zählt es dennoch auf der emanzipatorischen Habenseite nicht, wenn Frau mit dem falschen Thema, der falschen Partei oder dem falschen Vorgesetzten auf Spitzenpositionen kämpft und dort erfolgreich ist. Egal nun, ob Spitzenpolitikerinnen bei rechten Parteien wie der AfD oder auch Marine Le Pen in Frankreich: Wer im politisch falschen Sektor kämpft, wird ignoriert und geächtet. »Rechte Frauen«, die einen »Feminismus von rechts«[241] propagieren, nennt man sie in der linken Szene. Man versteht sie nicht, ignoriert sie, beschimpft sie und verachtet sie. Sie kollaborieren mit dem Feind, damit sind sie Ausgestoßene, deren Erfolge nicht gefeiert, sondern bestenfalls totgeschwiegen werden.

In der Wahlnacht des amerikanischen Präsidentschaftswahlkampfes 2016 siegte beispielsweise nicht nur Donald Trump, sondern auch eine Frau. Kellyanne Conway hatte als erste Frau überhaupt die Leitung eines Wahlkampfes der Republikaner übernommen. Sie kämpfte gegen die Zeit, mit einem unberechenbaren Kandidaten, gegen ständig neue Skandale und die versammelte Weltpresse. Als erste Frau in diesem Job hat sie »ihren« Kandidaten dennoch ins Oval

Office platziert. Ein grandioser Erfolg aus dem Nichts für eine Frau, die in eine Männerdomäne eingebrochen war. Niemand hat sie gefeiert, sie hatte gegen das 10. Feministische Gebot verstoßen und sich mit dem falschen Mann eingelassen. Hätte sie wenigstens einst Barack Obama ins Weiße Haus verholfen. Es wäre eine Teilabsolution gewesen. Zwar nur ein Mann, aber dafür wenigstens schwarz. Oder wenn Trump wenigstens schwul wäre. Auch dann hätte sie auf Applaus aus der Szene hoffen können. Aber so war sie nichts weiter als Teil des reaktionären Backlash, Handlangerin zur Verfestigung des Patriarchats und damit Verräterin an der Frauensache. Schande über sie! Geflissentlich übersah das feministische Lager damals auch, dass 42 Prozent der Frauen Trump gewählt hatten. Anstatt zu überlegen, warum Frauen lieber mit dem Kopf einen Mann statt mit der Vagina eine Frau wählen, stöhnte des linke Establishment, dass selbst Frauen frauenfeindlich gewählt hätten[242].

In den Stunden der Wahrheit, wenn die Realität die selbsternannten Eliten überrollt, so wie in der amerikanischen Wahlnacht geschehen, werden die weiblichen Prototypen derjenigen, die der Essayist Nassim Nicholas Taleb so herrlich als »Intellektuellen-Idioten« bezeichnet, am deutlichsten sichtbar. Ausgestattet mit akademischen Weihen, gerne von Eliteuniversitäten, bewegen sie sich nur noch in inneren Zirkeln, und erklären andere für krank oder blöde, weil sie Dinge tun, die man selbst verachtet oder nicht versteht. »Es ist die Wahrheit, dass sie dumm sind, dumm in einem destruktiven Ausmaß, sie haben sich freiwillig gegen ihre eigenen Interessen gestellt und in das Interesse von Hass, Bigotterie, Ignoranz und der Aufrechterhaltung einer fragilen weißen männlichen Hegemonie. Sie sind unglaublich dumm.« Als hätte Taleb sie beim Schreiben seines Werkes *Skin in the game* vor Augen gehabt, sprudelte es nach dem Trump-Sieg exemplarisch aus der amerikanischen Feministin und Schriftstellerin Lauren Groff[243]. Man sagt, sie schreibe über weibliche Wut. Was sie leider nicht beantwortete, war die Frage, was um Himmels willen besser werden sollte auf der Welt, wenn Frauen nur noch

Frauen wählen. Und galt die Gegenkandidatin Hillary Clinton nicht noch vor kurzem als amerikanische Kriegstreiberin in ihrem Job als US-Außenministerin, die selbst übrigens ziemlich lange einen alten weißen (Ehe-)Mann mit problematischer Libido politisch und privat unterstützte? Eine Frau an der Spitze bedeutet nicht zwingend gute Politik für Frauen. Warum solchen Fragen nachgehen, wenn man die einzig mögliche Antwort schon weiß: 42 Prozent der Wählerinnen sind eben einfach nur dumm.

FRAUEN AUSSER KONTROLLE

Wer nur in seinem eigenen Wahrnehmungsausschnitt lebt und nicht mehr bereit oder in der Lage ist, Millionen von Geschlechtsgenossinnen, die anders leben, denken und wählen, weil sie es so wollen, ernst zu nehmen, ist dann entsprechend irritiert, wenn Realität und Weltbild auseinanderklaffen. Und so war die feministische Bewegung dann im Jahr 2020 auch von den Reaktionen der Frauen und Familien auf die Corona-Krise überrascht worden. Um nicht zu sagen, man war entsetzt!

Millionen von Familien auf staatliche Anordnung zu Hause, erwartungsgemäß schrillten beim organisierten Feminismus die Alarmglocken. Millionen von Frauen weltweit, die nicht mehr im Büro, sondern an Heim und Herd standen, drohten den emanzipatorischen Backlash zu beschleunigen. Ob gar »die ohnehin mühsame und zeitverzögerte Emanzipation der deutschen Mutter durch Corona rückabgewickelt« werde, fragte man sich mit dem besorgten Fazit, dies sei »nicht undenkbar«[244]. Zur Primetime saß die Soziologin Jutta Allmendinger im staatlichen Fernsehen und fantasiert angstvoll in der Talksendung von Anne Will von einer »entsetzlichen Retraditionalisierung«[245] der Frauen und von einem Rückfall um mindestens 30 Jahre, den man nie mehr aufholen könne. Nie mehr! Waren die 1990er Jahre aus weiblicher Sicht wirklich so rückständig? Die

Sendung endete mit den traurigen Worten ans Publikum, das Patriarchat sei zurück und die Frauen würden wieder unsichtbar in der Gesellschaft. Im linken Magazin *Der Spiegel* erzählte eine überzeugte berufstätige Redakteurin von ihren überraschenden Erfahrungen im Homeoffice und kam zu der erstaunten Erkenntnis: Nie ging es ihrem Sohn jedenfalls besser als jetzt, da sie ihn nicht mehr jeden Morgen aus dem Bett zerren muss, um ihn in die Kita zu bringen[246]. Das hatte ihr wohl vorher niemand verraten. Diese Option, dass Kinder nicht leiden oder verblöden, sondern sogar glücklich aufwachsen, wenn die eigene Mutter und nicht ein Fremder sie großzieht, drang als immerwährende Wahrheit jetzt durch persönliche Erfahrung auch zu jenen durch, die sich das vorher hatten ausreden lassen. So weit die exemplarische Zusammenfassung der feministischen Weltuntergangsstimmung, obwohl die Frauen tatsächlich nie sichtbarer waren als in der Corona-Krise, allerdings nicht dort, wo die Emanzipationsbewegung sie haben wollte.

Diese »entsetzliche Retraditionalisierung«, die andere auch als »Backlash« der Emanzipation bezeichnen, ist in Wahrheit die größte Angst der gesamten feministischen Bewegung. Die böse Vorahnung, dass es vielen Frauen sogar gefällt. Dass es gar kein emanzipatorischer Rückschritt ist, sondern ein Nachhausekommen. Dass das traditionelle Familienmodell nicht die Überführung in weibliche Gefangenschaft, sondern in eine neue Freiheit sein könnte. Die Angst geht um, dass auch jene, die bisher das Mantra geglaubt haben, man müsse sich auf dem Arbeitsmarkt aufopfern und die eigenen Kinder unbedingt so schnell wie möglich in fremde Hände geben, jetzt Blut geleckt haben, weil sie sehen, dass das Leben als Frau und auch als Mutter nicht so alternativlos ist, wie es gerne politisch vorgebetet wird.

Diese Krise lasse »traditionelle Rollenvorstellungen wieder wie die natürlichste Sache der Welt aussehen« und »emanzipative und progressive Bewegungen und Diskurse als eine Art Luxusproblem« erscheinen, meldet sich die Autorin Jana Hensel zu Wort.[247] Solche reaktionären Forderungen würden in Krisenzeiten »als irgendwie logisch und plausibel erscheinen«, befürchtete sie.

NATÜRLICHE NORMALITÄT

Was, wenn es natürlich, plausibel und logisch erscheint, weil es natürlich, plausibel und logisch *ist*. Also einfach normal? Es ist der Gedanke, der einfach nicht sein darf, weil er nicht sein soll. Krisenzeiten zwingen Gesellschaften immer, sich auf das Wesentliche zu konzentrieren und zu reduzieren. Millionen von Familien stellten dank Corona fest, dass dann, wenn der Staat ausfällt, nur auf die Familie Verlass ist und tatsächlich die Mutter wieder in den Mittelpunkt des Haushaltes rückt. Es gehört zu einem feministischen Mythos, dass Mütter ersetzbar seien. Es ist eine ideologische Hypothese, die noch nie an der Realität gemessen wurde, sondern immer nur dem Wunschtraum entsprang, die Mutter so schnell wie möglich komplett vom Kind zu »entbinden«. Dass nun, da Familien plötzlich gezwungen waren, den ganzen Tag miteinander zu verbringen, alte Rollenschemata wieder neu aufblühten, kann man entsprechend unterschiedlich deuten: Während die einen den Rückfall in veraltete Rollen beklagen und davon sprechen, die Frauen würden wieder zurückgedrängt, könnte man auch die These vertreten, dass in dem Augenblick, in dem die staatliche Ordnung und ihr künstlich erzeugter Druck auf Frauen zusammenbricht, sie mit großer Normalität in ein Leben rutschen, das manche nie freiwillig verlassen haben, sondern aus dem sie massiv und gerade auch durch andere Frauen hinausgedrängt wurden.

Wenn der Staat die Kontrolle verliert, gewinnen andere sie zurück. Ja, Frauen waren in der Corona-Krise plötzlich wieder zu Hause und damit außerhalb der staatlichen und feministischen Kontrolle – und vielleicht ist das die beste Nachricht der Corona-Pandemie.

GUTES KÜMMERN - BÖSES KÜMMERN

Die Liste der feministisch definierten, zu vermeidenden weiblichen No-Gos hat über die Jahre thematisch gewechselt, war aber immer präsent. Manchmal haben sich die Ansichten über die Jahre gar um hundertachtzig Grad gedreht, wie etwa bei der Bewertung der Pflege- und Familienarbeit, die in der Regel von Frauen ausgeführt wird. Obwohl also einerseits der Corona-Backlash mit der Frau als Hüterin von Heim und Kind angeprangert wird, erleben diese Tätigkeiten im Zuge einer Neuentdeckung als sogenannte »Care-Arbeit« eine Anerkennung mit feministischen Weihen. Die Würdigung dieser Leistung der Frauen einzufordern ist plötzlich salonfähig. »Kümmer-Arbeit« ist also wertvoll – je nachdem, von wem sie unter welchen Bedingungen erbracht wird. Der Unterschied zwischen feministisch wertvoller »Care-Arbeit« und der »entsetzlichen Retraditionalisierung« besteht einzig und allein in der Frage, ob und von wem man sich als Frau dafür bezahlen lässt. Die Gesellschaft soll also anerkennen, dass es Arbeit und Mühe ist, einen Haushalt zu führen, Kinder großzuziehen und Alte zu pflegen, gleichzeitig darf man es nicht im privaten Rahmen bezahlt und gerne tun. Das 7. Feministische Gebot, wonach man keine glückliche Hausfrau sein darf, muss schließlich gehalten werden. Zu tief sitzt der Feminismus immer noch im Erdloch des marxistischen Proletariatsdenken fest. Und deswegen kämpft man nicht für die finanzielle Anerkennung innerfamiliärer Arbeit, sondern bekämpft solche Maßnahmen, wie etwa das Betreuungsgeld für selbsterziehende Eltern, sogar explizit als vermeintliche »Herdprämie«.

- Gutes Kümmern ist, wenn ich fremde Kinder als Dienstleistung hüte, böses Kümmern ist, wenn ich meine eigenen Kinder kostenlos großziehe.

- Gutes Kümmern ist, wenn ich als Pflegekraft fremde Menschen im Alter begleite, böses Kümmern ist, wenn ich es unentgeltlich zu Hause mit den eigenen Eltern tue.
- Gutes Kümmern ist, wenn ich als angestellte Haushaltshilfe fremde Häuser und Gärten bewirtschafte – böses Kümmern ist es, wenn ich in meiner eigenen Küche stehe und für mich und die eigenen Kinder koche.
- Gutes Kümmern ist, wenn der Mann den Haushalt führt, weil er damit partnerschaftlich Rollenstereotype überwindet – böses Kümmern ist, wenn Frau es macht, weil sie dann sexistische Rollenstereotype zementiert.
- Gutes Kümmern ist, wenn ich die erbrachte Dienstleistung des Kümmerns brav versteuere – böses Kümmern ist, wenn ich in familiärer Schwarzarbeit meine Kinder selbst großziehe, ohne dafür Steuern zu bezahlen.
- Ungerecht ist, wenn jemand mit seinem versteuerten Dienstleistungs-Kümmern später nur eine kleine Rente bekommt – selbst schuld an der eigenen Altersarmut ist, wer als Frau durch freiwilliges Schwarzmarkt-Kümmern in der Familie nur die Rentenzahler für die anderen großzieht.

Nur wer sich dafür bezahlen lässt, menschliche Nähe zu zeigen, gilt im feministischen Diskurs als emanzipiert. Es zeugt von einer unglaublichen und auch bedauernswerten Gefühlskälte und Emotionsarmut, wenn man Fürsorge nur in Form einer bezahlten Dienstleistung anerkennen kann und nicht mehr als Ausdruck von tiefer Menschlichkeit und Liebe.

Dass es dann in der Corona-Zeit zu einer Verschiebung im reproduktiven Arbeitssektor gekommen ist, nehmen dann auch Soziologinnen zur Kenntnis. Natürlich um es zu beklagen, denn man war doch im Abschütteln lästiger Tätigkeiten bereits so weit gekommen, und jetzt bringt ein Virus wieder alles auf null. »Ein Großteil dessen, was inzwischen an Sorgetätigkeiten vergesellschaftet oder kommodifiziert war, verlagert sich wieder zurück ins Zuhause«, fasst etwa die Frankfurter Soziologin Sarah Speck ihre Untersuchungen der Lebensumstände während des Corona-Lockdowns zusammen[248]. Man müsse laut Speck hinzufügen, »dass im Rahmen von *stay at home* das Zuhause als Ort der Geborgenheit und des Wohlbefindens gilt«. Das Menschen ihr Zuhausesein und die gestiegene Familienarbeit dennoch positiv konnotieren, sei allerdings aus feministischer Sicht »in mehrfacher Hinsicht zu hinterfragen und zu kritisieren«. Gründe findet sie viele. Das Zuhause sei schließlich Ort der »Aufrechterhaltung alltäglich notwendiger Arbeit«, die jetzt noch viel mehr statt endlich weniger wird, da sie aktuell nicht ausgelagert werden könne. Zuhause, das sei für »viele ein Ort der Gewalt«, und natürlich sei das Zuhause schon immer ein Ort gewesen, »um neue Formen der Ausbeutung zu erfinden und zu erproben«. Arbeit, Ausbeutung, Gewalt. Trautes Heim, Gefängnis allein.

GUTE ARBEIT - BÖSE ARBEIT

Frau soll also ihr eigenes Geld verdienen, vor allem, um aus ihrem Zuhause endlich rauszukommen und vom Manne unabhängig zu sein. Sie darf aber dafür nicht jeden Job machen und auch nicht mit allen Mitteln darum kämpfen. Was sie nämlich genau tut, wird feministisch ebenfalls unterschiedlich klassifiziert. Gefühlsduseleien beim »Kümmern« sind also unangebracht, der Einsatz der viel zitierten »Waffen einer Frau« zum Broterwerb gelten aber ebenfalls als hochproblematisch. Wer sein Aussehen oder seinen Sexappeal als Frau auf dem Arbeitsmarkt einsetzt, gilt als fragwürdig und dumm, weil man dadurch mithilft, das Weibchen-Schema zu transportieren, das Bild der sexuell willigen Frau, das Klischee der Frau, die sich aufhübscht, nur um Männern zu gefallen, und damit traditionelle Rollenstereotype nicht abbaut, sondern sogar befördert. Frau hat gefälligst mit ihrem Hirn und nicht mit ihrem hübschen Hintern Geld zu verdienen, auch um sich nicht ungerechte Vorteile gegenüber den hässlichen Entlein zu verschaffen. Ich war selbst Zeuge, wie live in der Talksendung *hart aber fair*[249] Sybille Mattfeldt-Kloth vom Landesfrauenrat Niedersachsen mit emanzipiertem Doppelnamen und dem Gesicht zur Faust geballt meiner Sitznachbarin Sophia Thomalla die Anwesenheitsberechtigung in der Sendung zum Thema »Gender und Emanzipation« absprach, weil so eine wie die hier doch nicht mitreden könne. Sie war jung, schön, aber eben Model und Schauspielerin. Kein weißer alter Mann hätte mit so einem sexistischen Statement noch lebend diese Sendung verlassen, als alte weiße Frauenrechtlerin darf man aber ungestraft und live Frauen den Verstand absprechen, wenn sie gut aussehen. Hoch lebe auch hier der Doppelstandard.

Interessanterweise scheiden sich die Geister innerhalb der feministischen Szene am Themenkomplex der Prostitution. Man sollte meinen, dass es hier in Konsequenz eine klare Haltung gegen den Broterwerb der Frau durch den Einsatz ihres Aussehens, der Zurverfügungstellung ihres Körpers und ihrer Sexualität an Männer geben müsste, aber weit gefehlt. Jene, die gerade noch das Nacktmodell aus dem *Playboy*-Magazin als dumm abgestempelt haben, drehen sich hier wieder um hundertachtzig Grad. Gerade bei den jüngeren Feministinnen gibt es massiven Widerstand und nahezu eine Verleugnung der Tatsache, dass Prostitution sich weltweit in der Regel als Ausbeutung von Frauen zeigt und oft im Zuge von Zwangsprostitution stattfindet. Die Zwangslage vieler Prostituierten wird aber nicht als Call-to-Action zu ihrer Befreiung verstanden, stattdessen erhebt man sie ganz in marxistischer Manier und in einem Akt der Selbstermächtigung in den Stand der »Sexarbeiterin«, die sich im Zuge ihrer Care-Arbeit auf dem sexuellen Dienstleistungsmarkt bezahlen lässt und dafür einen Tariflohn, eine Krankenversicherung und gesellschaftliche Anerkennung bekommen soll, statt einer Alternative zum Verkauf ihres Körpers. Mehr noch, auch hier hat man einen Fachbegriff entwickelt, um jene feministischen Schwestern anzuprangern und zu stigmatisieren, die Prostitution ablehnen: Die SWERF, abgekürzt für »Sex Work Exclusionary Radical Feminists«, beschreibt analog zu den TERF jene Schwestern, die hier aus den Reihen des feministischen Kollektivs ausbrechen. Der »Alles-außer-Prostitution-Feminismus« ist also gleichsam geächtet wie der »Alles-außer-Trans-Feminismus«. Es darf keine Ausnahmen geben.

Analog steht die Prostitution der Frau als sogenannte »Leihmutter« im selben feministischen Konflikt. Die einen sehen sie als »Reproduktionsarbeiterin«, die ihre Fruchtbarkeit selbstbestimmt in ehrlicher körperlicher Arbeit an den Mann, den Schwulen oder auch an die gebärunfähige oder -unfreudige Frau oder Lesbe verkauft, während die anderen in Leihmutterschaft nur eine weitere Stufe der Ausbeutung von Frauen – oder gar eine neue Form von Kolonialismus des Westens gegenüber den Frauen in Ländern wie Indien und Thailand – betrachten und parallel den Menschenhandel von Kindern als salonfähiges »Reclaimen« zur modernen Reproduktionsmethode beklagen. Fast erscheint es erstaunlich, dass es noch keinen »Alles-außer-Leihmutterschaft«-Fachbegriff der Szene gibt, aber der Schritt zwischen Gebärmutter und Gebärnutte ist jedenfalls nur klein.

FEMINISTISCHE UNFREIHEIT

Betrachtet man im Fazit die feministische Idee der von Kindern, Männern, Familie und Emotionalität endlich befreiten Frau im Kontext der Menschheitsgeschichte, ist es nahezu absurd und lächerlich, dass eine der elementarsten Sozialisations- und Schutzeinheiten des Menschen, die natürliche Kleinfamilie, plötzlich als unnormal, überflüssig oder gar gefährlich für Frauen gelten sollte.

Du sollst also Feministin sein – das 1. Feministische Gebot steht wie in Stein gemeißelt. Die Definitionshoheit über den feministischen Inhalt dieser Forderung ist aber nicht nur vielfach paradox, sondern hat inzwischen eine selbstzerstörerische Dimension erreicht. Die derzeit angesagte, intersektionale, antirassistische Feministin muss im Sinne eines transinklusiven Feminismus sogar an der Negierung ihrer eigenen natürlichen Weiblichkeit mitarbeiten und die Vereinnahmung von Weiblichkeit nicht nur gutheißen, sondern sogar befördern, um nicht verurteilt und aus der Gruppe der »Feministinnen« ausgestoßen zu werden. Die Frage, was die »erlaubte« Form von Feminismus ist, hat damit einen weiteren Tiefpunkt in der Emanzipationsgeschichte erreicht, steht damit aber leider auch nur in einer langen Tradition.

Niemand hat über die Jahrzehnte besser herausgearbeitet, was Frauen alles nicht denken und tun sollen, als Frauen selbst. Kein Mann dieser Welt könnte sich diese Ungeheuerlichkeit heute noch herausnehmen. Während der moderne Mann nahezu devot erduldet, dass der Diskurs über die Frage, wie ein Mann zu sein hat, wenn er als modern und aufgeschlossen gelten will, nahezu ausnahmslos von Frauen geführt wird und nur noch als Erfüllungsnorm an den Mann herangetragen wird, die er brav abnicken und umsetzen darf, würden wir den umgekehrten Fall, dass Männer in Talksendungen sitzen und ausdiskutieren, wie die Frau gefälligst zu sein hat, mit digitalen Amokläufen und öffentlichen BH-Verbrennungen beantworten.

Der größte Feind der Frau ist längst nicht mehr der Mann, sondern eine andere Frau. Auch das ist Emanzipation, sie hat sich bloß von ihren ursprünglichen Ansprüchen entfernt. Und es bestätigt die Eingangsthese, dass die propagierte Dekonstruktion der Zwangsheteronormativität keine Freiheit bringt, sondern nur neue Aufseher, besser gesagt: »Aufseher*innen«.

KAPITEL 11: GUTE MÄNNER - BÖSE MÄNNER

Obwohl die Diskurshoheit über das Leben der Frau also längst von Frauen erobert wurde, ist der Mann als Feindbild dennoch weiterhin allseits präsent, weil auch nützlich. Stichwort: Rape Culture! Glaubt man der Schwarmintelligenz im digitalen Sexismusgewitter, leben wir als Frauen ungebrochen und systematisch unter dem Joch einer heterosexuell weiß geprägten Vergewaltigungskultur alternder Lüstlinge, die sich schmierig und breitbeinig in allen Lebenslagen an Frauen vergreifen. Nicht nur in Deutschland. Weltweit, außer natürlich, wie bereits erwähnt, auf dem Territorium von Mohammed, dem Frauenversteher. Im freien Westen gilt: Harvey Weinstein ist überall. Jede Frau ist ein Opfer. Ergo: Jeder Mann ein potenzieller Täter. Immer noch wabert der Hashtag #MeToo durch das Internet. Das Zauberwort heißt »Sexismus«, und der Feind ist der »alte weiße Mann«, der symbolisch erstmal für alles und jeden steht, der nicht mitzieht im intersektionalen Kampf.

Seit uns in regelmäßigen Abständen Internetkampagnen zum Thema ereilen, ist es allerdings unübersichtlich geworden, ob die eine Kampagne schon vorbei ist, wegen Peinlichkeit ganz beerdigt wurde, und unter welchem Hashtag wir uns tagesaktuell im Netz als weibliches Opfer outen. Was hatten wir nicht schon alles? Den #aufschrei nach dem Skandal um den FDP-Politiker Rainer Brüderle. Alter weißer Mann macht junger weißer Frau Kompliment an einer Bar. Klarer Fall von entsetzlichem Sexismus. Danach #NeinheißtNein, die Kampagne, als das Nachwuchsstarlet Gina Lisa Lohfink angeklagt war, zwei Männer fälschlich einer Vergewaltigung bezichtigt zu haben. Bis in Regierungskreise und in die *Tagesschau* der ARD war man kollektiv im #TeamGinaLisa, jedenfalls so lange, bis Frau Lohfink wegen Falschbeschuldigungen schuldig gesprochen wurde. Es folgte die schockierende Äußerung eines CDU-Politikers, der eine ambitionierte Nachwuchskraft seines Ortsverbandes skandalöserweise als »süße Maus« bezeichnet hatte. Süße Maus! Da war sie wieder, die altbekannte Rape Culture! Kein Anlass ist zu nichtig, um auf einen Zug aufzuspringen, der sich medial hypen lässt. Das sind alles Bärendienste für jene Frauen, die in echter Not mit echten Problemen nicht mehr ernst genommen werden, angesichts der Banalitäten, die gleichzeitig in Masse durch das mediale Dorf getrieben werden.

Wehe, man verlangt eine Wertung nach Schwere des Vergehens oder wirft die Frage auf, ob das vermeintliche Opfer überhaupt eines ist oder nur eine Wichtigtuerin mit dünnem Fell. Oder eine mit Karriereambitionen, die gerade einen Mann aus dem Weg räumt, oder auch nur eine Frau mit miesem Vernichtungswillen, die wegen verschmähter Liebe noch eine Rechnung offen hat. Soll es ja geben. Auch unter Frauen. Dir hat einer hinterhergepfiffen, um deine Aufmerksamkeit zu erreichen? Übelste Form des »Catcalling[250]«! Dir hat jemand ein Kompliment gemacht, das du gar nicht hören wolltest? Systematische Degradierung der Frau auf Äußerlichkeiten! Reicht das Gefühl, die Behauptung oder die Tageslaune einer Frau aus, um einen Mann schuldigzusprechen? Eine Staatssekretärin exerziert vor, wie weiblicher Opferkult funktioniert: Sie sei »unter Schock«[251], weil ein Herr sie auf einer Veranstaltung jung und schön nannte. Jung und schön – klarer Fall: Hängt ihn! Das ist ja mindestens genauso schlimm wie ein Harvey Weinstein, der Schauspielerinnen zum Oralverkehr gezwungen haben soll. Mindestens.

Für jedes männliche Fehlverhalten existiert inzwischen ein feministischer Fachbegriff. Die Schönheit einer Frau wahrgenommen, anstatt ihren zweifellos brillanten Verstand zu würdigen: Hashtag #Lookism[252]. Einer Frau sagen, sie soll mal runterkommen, weil gar nichts passiert ist: Hashtag #Victimblaming[253]. Ein Mann, der einer Frau etwas erklärt, was sie doch auch allein wissen könnte: Hashtag #Mansplaining[254]. Und selbst für das breitbeinige männliche Sitzen in U-Bahnen besitzt die weibliche Empörungsindustrie einen Fachausdruck: Hashtag #Manspreading[255]. Statt eines beherzten »Rutsch mal rüber, du Idiot« lieber eine weinerliche Internetkampagne. Wann haben Frauen eigentlich das Sprechen verlernt?

DIE DOPPELSTANDARDS

Die Doppelstandards des hysterischen Hashtag-Feminismus zeigen sich am deutlichsten in der Gegenüberstellung mit jenen Kampagnen, die es nie gab, weil sie sich in der Dimension jenes Schweigens befinden, wo Opfer, die niemand sehen will, und Täter, die nicht ins erwartete Bild passen, im Darknet des Feminismus abgelegt werden. Wo ist der Hashtag #Zwangsehe, wo der Hashtag #VerweigerterHandschlag, wo der Hashtag #DeineEhreKotztMichAn für all die Rächer ihrer vermeintlichen Familienehre? Wo die Hashtags gegen #Kinderehen, gegen den Sexismus gegenüber Müttern und Hausfrauen, die sich aus Politikermund als »Heimchen am Herd« bezeichnen lassen müssen? Wer blöde Komplimente bereits zum Sexismus hochstilisiert, muss sich auch die Frage gefallen lassen, wo die Solidarität mit denjenigen Frauen ist, die täglich Sexismus, Beleidigungen, Nötigungen oder gar körperlichen Übergriffen ausgesetzt sind, die nicht aus der hetero-weißen Klischee-Ecke stammen, während man doch gleichzeitig vorn dabei ist, um jeden falschen Blick und jedes falsche Wort eines weißen alten Sacks aus Übersee öffentlich lauthals zu beweinen? Das Einzige, was man dann als Antwort bekommt, ist aber der Vorwurf des Hashtag #Antifeminismus, des Hashtag #Rassismus oder auch des #Whataboutismus[256], denn man versammelt nur die echten intersektionalen Opfer im Topf, aber nicht diese doofen »rechten Frauen«.

OFFENE GEHEIMNISTRÄGER

Es sind diese Skandalisierungen eines großen Nichts, diese Überempfindlichkeiten der Geschlechtsgenossinnen, die es so schwer machen, sich mit sicher auch gut gemeinten Kampagnen zu solidarisieren, die dann jedes Mal vom Weg abkommen. Es sind auch die nicht zugelassenen Einwände, die ein ernsthaftes Vorankommen der Debatte behindern. Fragen, die auch Frauen sich stellen lassen müssen. In der Causa Weinstein wiederholte sich beispielsweise in der Kommentierung durch Weggefährten, Schauspielerinnen und Mitarbeiter der Branche die Formulierung, es sei seit vielen Jahren ein »offenes Geheimnis« in Hollywood gewesen, dass der Filmproduzent sich Filmrollen gerne in Naturalien auf der Besetzungscouch bezahlen lässt. Ein Widerling, der seine Position ausnutzt. Kollegen, die es wissen. Mitarbeiter, Regisseure, Politikerinnen, Schauspielkolleginnen, Bosse, die es wussten. Sekretärinnen, die Hotelzimmer buchen. Helfershelfer, offene Geheimnisträger und auch Kollaborateurinnen, die ihn getragen und beschützt haben. Die seinen Einfluss und sein Geld gern genutzt haben, mit ihm gemeinsam in die Kameras gestrahlt haben und dafür beide Augen zumachten. Damenopfer für einen guten Deal, eine Filmrolle, für Kontakte und Netzwerke. Alles für die Karriere. Es waren Frauen und Männer. Mich persönlich widern jene genauso sehr an, die jahrzehntelang tatenlos zugesehen haben, jetzt aber medienwirksam wie Unfallgaffer auf der langen Bank der Ankläger drängeln und »Ich habe es die ganze Zeit gewusst!« rufen. Warum haben sie nie etwas getan? War der eigene Vorteil auch wichtiger als die Würde einer fremden Frau?

TOXISCHE MÄNNLICHKEIT

Wenn die unterstellte Böswilligkeit männlichen Verhaltens sich als legitime Grundannahme im Diskurs erst einmal festgesetzt hat, ist es schwer, überhaupt noch eine Fairness aufrechtzuerhalten. Allen Ortes wird von »toxischer Männlichkeit[257]« geredet – auch hier scheint es eine Art Erbschuld, die unsere Väter, Brüder, Ehemänner, Gefährten und Söhne offenbar in die Wiege gelegt bekommen haben, so wie man als Frau den Opferstatus als Geburtsrecht erhält. Während einerseits ständig die Differenzierung des Diskurses eingefordert wird, neigt man auf anderer Seite hemmungslos zum Pauschalieren.

Zum Internationalen Frauentag 2020 veröffentlichte der Deutsche Frauenrat, die politische Interessenvertretung von rund 60 bundesweit aktiven Frauenorganisationen, der sich rühmt, damit die größte Frauenlobby Deutschlands zu sein, eine Presserklärung mit der zentralen Forderung nach einem neuen Bündnis gegen die drohende »Übermannung«[258] der Welt. In einwandfrei gendersensibler Formulierung werden »patriarchale Rückfälle« beklagt und ein »Pushback« von Frauen- und Menschenrechten. Wörtlich heißt es: »Gewaltorientierte, mit zerstörerischer Selbstüberschätzung infizierte Männlichkeit formiert sich neu. Ihre Zerstörungslust speist sich aus national-chauvinistischen, rassistischen Ressentiments – und immer aus Frauenfeindlichkeit. Denn sie ist vom Wahn männlicher Überlegenheit beherrscht.« Solche »Übermannungen im Machtrausch« gäbe es immer häufiger, »Akteur*innen« würden zurückgedrängt, und deswegen brauche es jetzt ein neues Bündnis gegen diese »Demokratiezerstörer*innen«, wobei nicht klar ist, warum das geschlechtsneutral formuliert wurde, denn der Frauenrat weiß auch, Frauen seien »generell weniger anfällig für extremistische Positionen«. Da ist sie wieder, die angeborene, weibliche Sanftmut. Ich weiß nicht, in welchem »Rausch« sich die »Schreiber*in« dieses Textes befunden hat, aber sie redet vom Deutschland im Jahr 2020 und nicht vom Mittelalter. Einem Land, in dem so ein Rat von Steuergeldern finanziert seine Lobbyarbeit machen darf und zum Dank in zig Gremien und Räten herumgereicht wird. Das Framing der angeblich toxischen Männlichkeit und der Bedrohung durch den Mann wird dabei unhinterfragt als Fakt verbreitet.

Auch in genderakademischen Kreisen ist die Grundannahme des männlichen Problemstatus keine Frage mehr, sondern Grundwissen. So lernen wir bei Frau Prof. Dr. Paula-Irene Villa Braslavsky, seit 2008 Lehrstuhlinhaberin für Allgemeine Soziologie und Gender Studies an der Ludwig-Maximilians-Universität München: »Männlichkeit ist erklärungsbedürftig geworden«[259]. Sie weiß auch zu berichten, dass sich die hegemoniale Männlichkeit dadurch definiere, dass sie sich von vorherrschenden Vorstellungen von Weiblichkeit abgrenze. »Also Männlichkeit ist wesentlich Nichtweiblichkeit. Das mag komisch anmuten, ist aber im Alltag wie auch im Empirischen ganz wichtig«, so Villa. Ich fürchte, dass das nur für eine Genderprofessorin »komisch anmutet«, für den Großteil der Weltbevölkerung ist die Tatsache, dass Männlichkeit vor allem nicht Weiblichkeit ist und umgekehrt ein ganz normales, bipolares Weltbild, um nicht zu sagen, eine Ying-und-Yang-Binsenweisheit. Aber gut, wenn Frau Professorin das jetzt auch verstanden hat.

Der amerikanische Psychologenverband American Psychological Association (APA) rückt typisch männliches Verhalten inzwischen ganz offen in die Nähe von behandlungsbedürftigen, psychischen Krankheiten. »Traditionelle Männlichkeit« ist demnach »psychisch schädlich«, wobei man die »Männlichkeitsideologie« an Eigenschaften wie beispielsweise Dominanz, Aggression und Konkurrenzdenken festmacht, aber auch die Freude an Abenteuer, das Streben nach Erfolg, die erhöhte Risikobereitschaft und das Verleugnen von Schwäche auf die Vokabel einer »traditionell männlichen Ideologie« herunterbricht. Das normale Mannsein ist damit pathologisch behandlungsbedürftig geworden. Mit dieser Definition ist jeder Kindergartenjunge, der ein Wettrennen gewinnen will und dabei einen Freund schubst, bereits auf dem Weg in die nächste Therapiestunde.

Kein Wunder, dass man immer mehr und vor allem Jungs bereits in jungen Jahren mit Ritalin ruhigstellt.

Man erinnere sich an dieser Stelle auch noch einmal an das »Wording« in der Istanbul-Konvention. Sprach man dort nicht auch von »traditionellen Rollenvorstellungen« und Geschlechterstereotypen, die es als falsche Geschlechternorm mit staatlichen Maßnahmen zu bekämpfen gilt? Sicher kann der Psychologieverband bei der Behandlung dieser traditionellen Männlichkeitsvorstellungen noch sehr nützlich werden.

Diese Zitate sind einem Ratgeber der APA für die psychologische Arbeit mit Jungen und Männern[260] entnommen. Zuverlässig treibt der Ratgeber selbst übelste Klischees voran. In brav intersektional-antirassistischer Manier wird der weiße, christliche, heterosexuelle Mann auf der Seite der privilegierten und problematischen Täter eingeordnet, während sich die Unterdrückungserfahrung dort ansammelt, wo unter Rassismus, Klassenfeindschaft und Heterosexismus gelitten wird. Psychologen hätten zudem die ethische Pflicht (!), Gendervorurteile zu erkennen und den Patienten damit zu konfrontieren.

Den kernentmännlichten Mann oder am besten gleich den männlichen »Schlappschwanz« als erstrebenswertes Vorbild zukünftiger neuer Männlichkeitsnormen zeigte uns dann wörtlich das Modelabel Gucci im Jahr 2020 auf der Mailänder Modewoche mit dem feministischen Statement-T-Shirt, auf dem in großen Buchstaben das Wort »Impotent« prangte. Welcher Mann will nicht so ein T-Shirt mit stolzgeschwellter Brust tragen? Gucci-Chefdesigner Alessandro Michele erklärte dazu: »Toxische Männlichkeit fördert Missbrauch, Gewalt und Sexismus. Und nicht nur das. Sie verurteilt Männer dazu, sich einer phallischen Virilität anzupassen, um in der Gesellschaft akzeptiert zu werden.« Ja, endlich muss Mann nicht mehr der »schwanzgesteuerte« Macho sein, sondern darf den impotenten Softie geben. Es wäre spannend zu wissen, wie viele Exemplare dieses aussagekräftigen Kleidungsstückes Gucci »an den Mann« oder ein ähnliches

Geschlecht bringen konnte und wie viele dieser Shirts unter der Ladentheke als Putzlappen endeten.

VOGELFREI AM TWITTER-PRANGER

Man muss sich gar nicht auf die Seite eines angegriffenen Mannes schlagen und eine unumstößliche, endgültige Antwort auf die Frage kennen, ob er nun ein Täter ist oder nicht, um gleichzeitig beunruhigt festzustellen, dass sämtliche Prinzipien, die wir sonst einfordern, bei Männern innerhalb von Sekunden über Bord geworfen werden, sobald der Vorwurf aus der Bandbreite zwischen Sexismus, sexueller Nötigung bis hin zu Vergewaltigung im Raum steht. Der rechtliche Grundsatz, dass jemand erst schuldig ist, wenn er vor einem ordentlichen Gericht verurteilt wurde, ist längst außer Kraft. Wenn der Mob im Twitter-Gericht getagt hat, sind Karrieren ruiniert, noch bevor eine Staatsanwaltschaft auch nur die Ermittlungen aufgenommen hat. Wen interessiert noch die Wahrheit, wenn der Grad angeblicher Diskriminierung bei den gendersensiblen Schneeflöckchen in der Maßeinheit des persönlichen Beleidigtseins statt mit Fakten gemessen wird? Wen interessiert noch die Wahrheit, wenn medial und politisch der Grundsatz eingefordert wird, einer Frau müsse in Fällen sexueller Übergriffe vor Gericht immer geglaubt werden, einem Mann aber offenbar nicht?

Es ist für Männer nahezu unmöglich geworden, nach dem Vorwurf sexueller Übergriffigkeit noch Fairness zu bekommen. Das gesellschaftliche Fallbeil wird im vorjuristischen Raum aktiviert, lange bevor überhaupt eine gerichtliche Anklage im Raum steht. Nahezu alle prominenten Fälle der vergangenen Jahre prangerten Geschehnisse an, die teilweise Jahrzehnte zurücklagen und die Beweislage sich im »Wort gegen Wort« erschöpfte. Eine Behauptung und ein Vorwurf reichen dabei aus, um das zu vollziehen, was man früher den *Bürgerlichen Tod* nannte, wenn Menschen nach Verfehlungen als vogelfrei bezeichnet wurden. Heute reicht der Schuldspruch am Twitter-Pranger, um fortan als »toxisch« zu gelten. Freunde gehen auf Abstand, Kollegen distanzieren sich, Verträge werden aufgekündigt, neue nie gemacht. Es ist das Auslöschen von Existenzen, der finanzielle und soziale Tod, selbst dann, wenn Gerichtsverhandlungen zu Freisprüchen führen, Ermittlungen eingestellt werden oder gar Anzeigen zurückgezogen werden.

Der Makel des Vorwurfs bleibt ewig kleben. Da muss ja was dran gewesen sein. War das nicht der, der diese Frau angefasst haben soll? Rehabilitationen sind nicht vorgesehen. Es geht hier nicht um die Verteidigung von möglicherweise schuldigen Männern, sondern um die Frage, wieso der Grundsatz »in dubio pro reo« – im Zweifel für den Angeklagten – ausgerechnet bei diesem Thema, und das auch noch mit Leichtigkeit, über Bord geworfen wird. Gerne wird in den Sexismusdebatten die Behauptung wiederholt, Sexismus sei eine Machtdemonstration des Mannes gegenüber einer wehrlosen Frau. Man muss doch nüchtern feststellen, dass Frauen derzeit mit nichts mehr Macht in der Hand halten als mit dem gezielt gestreuten Verdacht, der nicht einmal bewiesen werden muss, ein Mann habe sich ihr unsittlich genähert. Wer hat hier gerade die Macht?

Der Schauspieler Kevin Spacey befand sich auf einem absoluten Höhepunkt seiner Karriere, als ihn die Vorwürfe eines jungen Mannes zu Fall brachten[261], der sich nach 30 Jahren an seine Traumatisierung erinnerte, als Spacey auf einer Party versuchte (!) ihn anzumachen. Bis heute gibt es keine Beweise, keine Anklage und keine Verurteilung von Spacey, seine Karriere wurde aber beerdigt. Netflix kündigte ihm die Rolle des Frank Underwood in der Serie *House of Cards,* und der Regisseur Ridley Scott ließ ihn gar nachträglich aus einem bereits fertig produzieren Film wieder löschen und drehte die Filmszenen mit einem Kollegen nach. Fast schien es, als wolle die Filmbranche ihn aus dem kollektiven Gedächtnis tilgen – oder eher feige Abstand gewinnen, denn die Unterstützung von Vogelfreien macht verdächtig und angreifbar, man lässt sie lieber präventiv fallen, um die Aufmerksamkeit des medialen Mobs nicht unnötig auf sich selbst zu lenken. Kontaktschuld nennt sich der Vorwurf, wenn man zu lange und zu nahe bei den Beschuldigten gesichtet wird und sich nicht sofort und deutlich hörbar distanziert.

Diese Erfahrung macht auch Woody Allen gerade, seine Biografie fand in den USA keinen Verlag mit genug Mut zur Veröffentlichung. Das Verlagshaus Hachette zog sich nach medialem Druck trotz unterschriebener Verträge wieder zurück[262] und schlug sich damit öffentlich auf die Seite von Allens Ex-Frau Mia Farrow und den Kindern Dylan und Ronan, die ihm seit Jahrzehnten vorwerfen, er habe eine Tochter als Kind vergewaltigt. Es gab nie eine Gerichtsverhandlung, aber Allen wird aktuell zum Verhängnis, dass sein Sohn Ronan Farrow ebenfalls bei Hachette unter Vertrag ist und zudem jener Journalist, der den Fall Harvey Weinstein publik machte. Der Komiker und Regisseur steckt also mitten in der #MeToo-Falle, sein Verlag knickte ein, Amazon kündigte ihm eine geplante Produktion, Kollegen kündigen ihm öffentlich die Freundschaft und sein letzter Film fand in den USA keinen Verleiher mehr und konnte nur noch in Europa gezeigt werden. Auch in Deutschland protestierten Autoren des Rowohlt Verlages, als die Biografie hier erscheinen sollte. Der Verlag blieb erstaunlich standhaft. Das Publikum dankte mit Bestsellerrang. Nur zwei Beispiele von vielen, die alle demselben Schema folgen: Gehängt ohne Urteil.

Auch beim #MeToo-Sexismus wird gerne mit zweierlei Maß gemessen, wenn es die »falschen Täter« sind, die am Pranger stehen, oder gar eine Täterin. Nahezu rührend stellte sich die feministische Szene schützend vor Avital Ronell[263], Professorin an der New York University, spezialisiert auf feministische und »queere« Geisteswissenschaften, als einer ihrer Doktoranden an der Universität Klage gegen sie einreichte, weil er sich von der exzentrischen Dame sexuell bedrängt, verfolgt und belästigt fühlte, und das über einen Zeitraum von drei Jahren hinweg. Das pikante Schauspiel von New York ließ nichts an Dramaturgie aus, war für die #MeToo-Bewegung allerdings ein Supergau, weil hier nicht das klassische Stück: »Alter weißer Professor gegen junge Studentin«, sondern »Alte lesbische Dekonstruktions-Ikone der feministischen Bewegung gegen jungen schwulen Doktoranden« aufgeführt wurde, unter Einbeziehung lüsterner Details über sexuelle Fantasien der Beschuldigten. Keine geringere als Judith Butler selbst eilte pflichtbewusst mit einer Armada weltweiter akademischer Unterstützer heran, um die Universitätsleitung in einem Brief[264] von der Unschuld der Mitschwester zu überzeugen. Darin entblödeten sich die rund 50 Professoren und auch die -innen nicht, ohne Kenntnis der Sachlage dem Doktoranden einen »niederträchtigen Feldzug« vorzuwerfen, weswegen seine »Anschuldigungen gegen Professor Ronell nicht im eigentlichen Sinne als Beweise angesehen« werden sollten. Man müsse schließlich berücksichtigen, dass hier »böse Absichten« im Spiel seien, die diesen »rechtlichen Albtraum inspiriert und am Leben gehalten« hätten. Das war »Victim Blaming« in Reinkultur, aber eben okay, weil es ja gegen einen Mann angewandt wurde, um eine Frau zu schützen. Merke: Auch der Schwule ist am Ende des Tages eben doch nur ein Mann. Manchmal ist es erschreckend einfach.

Vor allem beeilte man sich, in dem Brief zu betonen, es handele sich bei Ronell um »die wichtigste Literaturwissenschaftlerin« der Universität, deren »Anstand«, »Scharfsinn« und »intellektuelles Engagement« man hiermit bezeuge und darum bitte, dass die Frau Professorin doch mit der »Würde« behandelt wird, die jemandem mit ihrem internationalen Ruf und Renommee gebührt. Auch aus Deutschland gab es damals akademische Unterstützung. Barbara Vinken, Professorin an der Ludwig-Maximilians-Universität gab als Mitunterzeichnerin zu Protokoll, sie schätze »eine gewisse Frivolität[265]« an der Kollegin Ronell und diese Frivolität solle doch nicht »durch enterotisierten Puritanismus flächendeckend zubetoniert werden«. Die »fröhliche Wissenschaft« sei durch das Verfahren an der New Yorker Universität gefährdet.

Man stelle sich im Gegenzug einmal vor, es hätten 50 weltweit berühmte Regisseure und Schauspieler in einem Unterstützerbrief Absolution für Harvey Weinstein gefordert, indem sie auf dessen Verdienste für die Filmbranche hingewiesen, den anklagenden Frauen böse Absichten unterstellt und den frivolen Umgang auf der Besetzungscouch als »Fröhliche Drehkultur« verteidigt hätten. Ronell wurde durch die Universitätsleitung nach elf Monaten Untersuchung für schuldig befunden, sie durfte ein Jahr ohne Lohnausfall nicht lehren und hat jetzt strenge Auflagen erhalten im Umgang mit ihren Studenten. Was bleibt, ist der Beigeschmack der Doppelmoral.

DER FRAUENVERSTEHER-FEMINISMUS

Der #MeToo-Feminismus duldet keine Zwischentöne, Männer sind nur dann Freunde, wenn sie sich bedingungslos auf die Seite der Frau schlagen, dann ist nicht einmal relevant, ob es tatsächlich glaubwürdig ist. Hauptsache, die verbale Zustimmung zu den Forderungen des Feminismus werden anstandslos abgenickt und öffentlich wiederholt. Denn natürlich, es gibt ihn, den guten feministisch einwandfreien Mann. Ich hatte mehrfach das Vergnügen, im medialen Raum auf ihn zu treffen. In Zeiten, in denen die Frage, ob jemand für einen Posten geeignet ist, nicht mehr mit Kompetenz, sondern lieber mit der Frage nach dem richtigen Geschlecht, Benehmen oder dem höheren Opferstatus beantwortet wird, rückt der feministisch geschulte Mann allein schon aus Selbsterhaltungstrieb als gutes Beispiel in den Mittelpunkt des Geschlechterdiskurses, vor allem, wenn er weiß ist. Und so finden wir ihn wirklich, den Mann, der selbstlos begriffen hat, dass seine Frau uneingeschränkt Recht hat. Der sich seiner durch Erbsünde erworbenen, weiß-männlich-heterosexuellen Privilegien bewusst ist und schämt und der bereit ist, durch geschlechtssensibles Handeln nun öffentlichkeitswirksam Abbitte zu leisten, um all das wiedergutzumachen, was seine veränderungsunwilligen Geschlechtsgenossen uns Frauen tagtäglich antun.

MÄNNLICHE FEMINISTEN

Mehrfach bin ich in den Debatten um die Gleichberechtigung von Mann und Frau solchen Prachtexemplaren begegnet, die sich derart tief in die Materie der weiblichen Unterdrückung eingearbeitet, um nicht zu sagen, hineingefühlt hatten, dass sie in der Regel sogar noch besser als ich selbst wussten, wie ich mich als Frau so fühle. Ihre Belehrungen waren also kein »Mansplaining«, sondern angemessen. Wie soll denn der Mann als anständiger Feminist voranschreiten, wenn ich darauf beharre, ich könnte mein Leben auch ohne seine Hilfe meistern, meine Kinder ohne Anleitung großziehen oder gar die Karriereleiter ohne männliche Sauerstoffmaske erklimmen? Jetzt weiß ich es endlich besser, weil ich so vielen guten Männern begegnet bin, die selbst stolz von sich behaupten, Feministen zu sein.

Eine echte Koryphäe auf dem Gebiet des Frauenverstehens begegnete mir in einer TV-Diskussionsrunde beim Sender Phoenix, wo mir ein Professor engagiert erklärte, warum ein Mann, der mich »süße Maus« nennt, mir kein Kompliment macht oder mir einfach nur an die Wäsche will, sondern damit nur seine Macht über mich demonstriere und mir damit meine Würde raube. Er wusste es eben einfach besser als ich. Schließlich war sein Fachgebiet das Drama der Männlichkeit, und sollten wir Frauen nicht einfach mal still und leise dankbar sein, dass es Männer gibt, die uns das Problem unserer Weiblichkeit so gut erklären können?

Fantastisch und auf einem exzellenten Weg Richtung Adaption weiblicher Gefühlswelten inklusive Ambition zum Rollentausch war auch der schauspielernde Jungvater in der Debatte um die Vereinbarkeit von Familie und Beruf beim WDR. Vorbildlich war er in Elternzeit gegangen, als das Kind kam, um selbstverständlich die Mutter bei der Pflege der Brut gleichberechtigt zu unterstützen. Ein wahres Meisterstück gelebter Partnerschaftlichkeit, das Familienministerium wäre stolz auf ihn gewesen. Gäbe es noch das Mutterkreuz, er hätte eines verdient. Während ich nun selbst nach der Geburt von Kind eins nicht selten erst nachmittags realisierte, dass ich weder geduscht noch vernünftig gekleidet war, das Kind dafür aber schon dreimal umgezogen und gefüttert war, demonstrierte der feministische Jungschauspielervater eindrucksvoll, wie man das alles schafft und gleichzeitig die Elternzeit mit einem fertig geschriebenen Erfahrungsbericht in Romanform krönt. Das Studiopublikum war tief gerührt. Die kinder- und männerlose Moderatorin war so begeistert von diesem Mann, der die Geschlechterstereotype aufgebrochen und seiner Frau so tatkräftig unter die Arme gegriffen hatte, dass sie ganz vergaß zu fragen, wer eigentlich genau in seiner Elternzeit das Kind geschaukelt hatte, während er an seinem backsteingroßen Erfahrungsbericht schrieb. *Schatz, nimm du mal die Kleine, ich schreibe über weibliche Emanzipation.*

Am allerhilfreichsten für uns Frauen sind aber sicher die Männer reiferen Typs, die Silberrücken der Emanzipationsbewegung, die uns in Frauenquotendebatten väterlich-jovial erklären, warum wir eine Quote brauchen, um das zu erreichen, was sie selbstredend ohne Quote geschafft haben. *Ich helf dir doch gerne, Schätzchen, und außerdem siehst du so niedlich aus in deinem Kleid, dass ich dir gerne auch nebenbei vor laufender Kamera den Arm tätschele, und hast du nachher noch was vor?* Gesteigert wurde dieser Typus nur noch durch seinen Kollegen gleichen reifen Alters. Gesegnet mit beeindruckender Zeugungskraft und junger, erfolgreicher Frau verheiratet, wusste er gut zu kontern auf die Frage, warum seine eigene Frau eigentlich ohne Quote Karriere machen konnte, er aber dennoch für alle anderen Frauen weltweit, mich inklusive, dieselbe für dringend nötig hielt: Seine Frau brauche das nicht, die kann das auch ohne. Ist er nicht ein großartiger Ehemann? Man kann da als Frau nur noch seufzend im Sessel tiefer rutschen und sich brav am Quotenschalter hinten anstellen.

BIST DU MIT UNS, BRUDER?

Frauenversteher, die immer das Richtige sagen, egal was sie tatsächlich tun, reicht den Nachwuchsfeministinnen offenbar völlig aus. Keiner dieser Männer hat jemals auf etwas verzichtet oder seinen Stuhl für eine Frau hergegeben, um der Frauenquote selbstlos zum Sieg zu verhelfen. Solange sie ihre Sätze brav aufsagen, ist das aber egal. Und dann verzeiht man eben auch einem österreichischen Präsidenten, dass er die freien Frauen seines Landes auffordert, sich solidarisch unter islamischen Kopftüchern zu verbergen, denn schließlich hat er doch am Frauentag 2019 erst bekanntgegeben: »Ich betrachte mich als männlichen Feministen«[266]. Solange das Label »feministisch« offen am Revers vorgezeigt wird, ist die Einlasskontrolle in den feministischen Girls-Club überstanden. Es ist das Pendant zum weiblichen Bekenntniskult: Bist du mit uns, Bruder? Und wer brav nickt, dem wird Schutz gewährt und ein unausgesprochener Nichtangriffspakt zugesichert.

Justin Trudeau, der kanadische Premierminister, nennt sich ebenfalls Feminist, was ihn nicht daran hinderte, vor laufender Kamera eine junge Studentin mitten im Satz zu unterbrechen und vor aller Welt zu belehren, wie sie ihre Frage an ihn gendergerecht formulieren sollte[267]. Natürlich geschieht sowas nur im Namen der Geschlechtergerechtigkeit, deswegen war das auch kein klassisches »Mansplaining«, sondern gut und richtig. Auch als Trudeau zwei seiner Ex-Ministerinnen aus der Partei werfen ließ[268], weil sie sich bei den Ermittlungen in einer Korruptionsaffäre gegen ihn gestellt hatten, war das verzeihbar, schließlich kämpft er doch für Abtreibung und LGBT-Rechte, er muss ein wirklich guter Mann sein. Die Frauen hatten das sicher verdient, wir reden schließlich von Trudeau und nicht von Trump.

Ganz oben im Ranking des männlichen Feministen ist aber sicher U2-Sänger Bono, die Inkarnation des globalen Gutmenschen schlechthin. Das Frauenmagazin *Glamour*[269] verlieh ihm im Jahr 2016 gar den Titel »Frau des Jahres«, weil er sich mit seiner Kampagne »Armut ist sexistisch« gegen die besondere Not der Frauen in aller Welt einsetze. Nun könnte man einwenden, dass jetzt die Männer den Frauen die wenigen Preise, die überhaupt an Frauen zu vergeben sind, auch noch wegschnappen, aber es ist ja Bono, der Frauenversteher. Er hat den Preis nicht abgelehnt, da müssen die Frauen sich eben hinten anstellen und klatschen.

Alles gute Männer, die bösen sind die anderen, die die Privilegien und das Patriarchat bewachen. Schließlich wissen wir alle: Die wahre kapitalistisch-weiße-hetero-cis-Katastrophe lauert auf der anderen Seite des Atlantiks in Form einer blonden Föhnfrisur, die es trotz Enthüllung seiner Erlebnisberichte, wie er willigen Damen gerne auch überraschend in den Schritt greift, dennoch zum Präsidentenamt geschafft hat. Der gute Frauenversteher weiß eben zielsicher zu unterscheiden, wo das böse Patriarchat bekämpft werden muss und wo Frau es sich nur einbildet. Die Trump-Typen, die uns nur mit ihrem Geld, ihrer Macht oder ihrem Porsche böswillig beindrucken und entwürdigen wollen, müssen selbstredend aus dem Weg geräumt werden, bevor wir als Frauen unwissend auf dem Rücksitz ihrer Limousinen landen. Oder gar Gefallen an ihnen finden. Und das alles tun die männlichen Feministen natürlich nur zu unserem Besten.

KAPITEL 12: VON MEINUNGSFREIHEIT ZU MEINUNGSFREI

Der verstorbene amerikanische Präsident Ronald Reagan gab seinen Landsleuten in einer Rede zum Unabhängigkeitstag[270] der USA die Mahnung mit auf den Weg, die Freiheit sei nie mehr als eine Generation von ihrer Auslöschung entfernt. Unsere Kinder hätten sie nicht von uns im Blut. »Sie muss erkämpft, geschützt und an sie weitergegeben werden, damit auch sie dasselbe tun können. Sonst werden wir eines Tages unseren Lebensabend damit verbringen, unseren Kindern und Enkeln zu erzählen, wie es einmal in den Vereinigten Staaten war, wo die Menschen frei waren.« Er sprach diese Worte, als es noch den Kalten Krieg gab, der kommunistische Feind im Ostblock saß und das Weltbild damit klar einteilbar war in Gut und Böse.

Den Eisernen Vorhang der Russen hat man zu Fall gebracht, versagt hat der Westen aber offensichtlich darin, das Erbe der Freiheit zuverlässig an die nächsten Generationen weiterzureichen. Stattdessen erleben wir hypersensible Wohlstandskinder, die noch aus der warmen Stube des »Hotel Mama« heraus die Generation ihrer Eltern als Kapitalisten, Rassisten, Patriarchen und Klimasünder beschimpfen dürfen, ohne dafür wenigstens das Taschengeld gekürzt zu bekommen. Freiheit, Wohlstand, Frieden und Sicherheit, aber auch universale Menschenrechte kennen die Kinder des neuen Millenniums in der Regel nur als garantierte Selbstverständlichkeit, aber nicht mehr aus der Perspektive der Entbehrung oder des Verlustes.

»Wann beginnt die Erziehung eines Kindes?«, wurde der jüdische Philosoph Martin Buber einst gefragt, seine Antwort war: »60 Jahre vor seiner Geburt.« Er wollte ausdrücken, dass die Frage, was uns in die DNA geschrieben wird, mindestens zwei Generationen vorher schon begann. Abstammung lässt sich nicht einfach abschütteln. Es sitzt uns in den Knochen, was unsere Großeltern an unsere Eltern an familiärem Erfahrungsschatz weiterreichen, und das sind dann die Menschen, die uns großziehen. Aus dieser Perspektive stirbt die Erfahrung einer Kriegsgeneration gerade aus. Ich bin Jahrgang 1975, meine Großeltern haben noch den Zweiten Weltkrieg, Gefangenschaft, Hunger und danach ein Leben hinter dem Eisernen Vorhang der Geschichte erlebt. Dass sie keine Lebensmittel verschwendeten und bis zuletzt kein Essen wegwerfen konnten, resultierte nicht aus der politischen Ambition, die Erde durch nachhaltiges Verhalten retten zu wollen, sondern aus den gesammelten Erfahrungen durch Gefangenschaft in russischen Straflagern. »Essen wirft man nicht weg« ist als Glaubenssatz auch bei mir noch präsent, ob meine Kinder das noch verinnerlicht haben, wird sich zeigen. Dem Kommunismus konnten meine Großeltern deswegen nichts Romantisches abgewinnen, weil man die Mängel der Planwirtschaft täglich am eigenen Leib zu spüren bekam und auch nicht ausreisen durfte.

Als man meine Familie in den 1980ern endlich in den freien Westen gehen ließ, durften wir die Enteignung des Familienbesitzes zum Wohl des Kollektivs noch live erleben. Dass meine Großeltern Gemüse und Obst auch in Deutschland immer noch selbst anbauten, war kein großstädtisches Hipster-Hobby zur Begrünung der Dachterrasse mit Rucola-Hochbeeten, sondern Gewohnheit, geprägt durch die frühere Notwendigkeit im kommunistischen Staat angesichts traditionell leerer Regale selbst vorzusorgen. Wären sie noch am Leben, meine Großeltern hätten in der Corona-Krise nicht erst »hamstern«

gehen müssen, sie hatten gelernt, dass man Vorräte immer anlegt, weil man sich nicht auf die Versorgung durch andere oder gar den Staat verlässt.

Dass mein Großvater erst im hohen Alter begann, atemberaubende Erlebnisse aus dem Krieg zu erzählen, war dem systemimmanenten Misstrauen geschuldet, das in diktatorischen Ländern wie ein Schatten über der Gesellschaft liegt. Auch jene, die in der ehemaligen DDR wohnten, kennen das verinnerlichte Verhalten, wenn man beginnt zu überlegen, was man wo sagen kann, wer wohl gerade zuhört und das vielleicht melden könnte. Wenn ein falsches Wort den Arbeitsplatz, die Freiheit oder die Gesundheit kosten kann, dann überlegt man besser zweimal. Der Kommunismus brauchte irgendwann bei vielen keine gewaltsame Zensur mehr, sie war längst als Schere im Kopf verankert. »Man wusste nicht, wem man trauen kann«, sagte mein Großvater einmal, und das angstvolle Misstrauen konnten manche seiner Generation selbst im Kreis der Familie nicht ablegen.

Je mehr Generationen vergehen, umso mehr verblasst das Erkennen, wenn Geschichte droht sich zu wiederholen. Die Gnade der späten Geburt trägt in der jungen Generation leider auch dazu bei, totalitären Mechanismen mit Naivität zu begegnen, während jene, die es noch leidvoll selbst erfahren haben, wie etwa die Bürgerrechtler aus der ehemaligen DDR, sich neuerdings von unheilvollen Déjà-vu-Erlebnissen umringt sehen, wenn sie von ihrem Bürgerrecht auf Meinungsfreiheit Gebrauch machen. Wenn Freiheit, Wohlstand und Frieden zur Selbstverständlichkeit werden, verkümmern die Sensoren für die Vorboten des Freiheitsverlustes. Der Staatsmann Ronald Reagan wusste das noch.

Ähnlich wie die Nachwuchsislamisten mitten in Wohlstand und Demokratie einen Scharia-Staat herbeisehnen, unter dessen Bedingungen sie noch nie leben mussten und somit noch nie desillusioniert wurden, genießen nun die Nachwuchseliten der Freiheit ein Leben ohne Schranken, realisieren aber nicht die Konsequenzen, wenn Freiheitsrechte verloren gehen und das demokratisch legitimierte Gewaltmonopol des Staates aufgegeben wird, um es in die Hände von romantisch verklärten »Revolutionären« zu geben. Oder wenn man es einem entfesselten Straßenmob, alternativ dem Pranger vor dem »Twitter-Gericht« überreicht. Es ist in manchen Kreisen immer noch cool, T-Shirts mit dem Konterfei des blutigen »Rebellen« Che Guevara zu tragen und die Morde der Roten Armee Fraktion RAF als ehrenwerten, antifaschistischen Aktivismus zu verniedlichen. Das Palästinensertuch der Terrororganisation PLO gibt es jetzt auch mit Glitzerfäden und in modischen Farben als Accessoire, und wenn Genosse Lenin Geburtstag hat, erinnern Politiker der Partei Die Linke öffentlich mit pathetischen Worten, dass sein Kampf um »Demokratie von unten« noch lange nicht beendet sei. Manche haben einfach ein Herz für Massenmörder. »Kein Gott, kein Staat, kein Patriarchat«, brüllt das links-grüne Lager bei jeder Gelegenheit, fordert aber gleichzeitig vom selben Staat täglich ein neues Verbot zur Eindämmung von unliebsamen Meinungen, Lebensfreude, Konsum und Freizeitaktivitäten zur Rettung des Planeten, jedenfalls solange es sie nicht selbst betrifft. Allein den Drogenmissbrauch will man endlich legalisieren – das erklärt möglicherweise ganz unfreiwillig große Teile dieses schizophrenen Denkens.

Gemeinsam haben alle eine neue Lust am Totalitären entdeckt, um all jene Gedanken, Worte und Taten zu verbieten, die nicht ins eigene Weltbild passen. Natürlich würde man das selbst nie so sagen. In der Eigenwahrnehmung ist man im Auftrag des Guten unterwegs, kämpft gegen Ungerechtigkeit, für bunte Toleranz und neuerdings sehr wichtig: gegen »rechts«, Hass, Hetze und Fake News.

SPRICH MICH NICHT AN!

Als Folge erleben wir eine Diskursverengung, wie es sie unter den Bedingungen der Freiheit so noch nicht gegeben hat. In zahlreichen geschichtlichen Epochen wurden Meinungen von den Herrschenden zensiert, um politische Macht für Staat oder Kirche zu bewahren und zu festigen. Heute findet eine Art vorparlamentarische, vorjuristische, gesellschaftliche und vorbeugende Selbstzensur der Bürger statt, um Menschen auf allen Ebenen vor unerwünschter »Mikroaggression« und der Gefahr der Empörung durch ihre Mitbürger zu bewahren. Die Konfrontation mit anderen Meinungen als der eigenen ist zu einem Akt der Aggression erklärt worden, der verhindert werden darf, wenn nicht sogar muss! Die Meinungsmimosen schützen sich selbst vor dem Wagnis des freien Denkens. Wenn bereits die Anwesenheit mehrheitlich weißer Menschen im Raum mich als Mensch unterdrückt und verletzt, wenn Werbeplakate mit Bikinifrauen sexistische Aggression ausstrahlen und das Lesen eines Buches in ungegenderter Sprache mir wehtut, weil ich mich sprachlich ausgegrenzt fühle, wenn allein das Aussprechen einer anderen Meinung in der Debatte einen emotionalen Affront darstellt, läuft jeder Gefahr, ständig und sogar unbewusst zum »Täter« an seinen Mitmenschen zu werden.

Bei einer Transgender-Konferenz[271] im September 2019 an der Universität Roehampton in London wurden den akademischen Teilnehmern am Eingang drei verschiedenfarbige Namensschilder ausgehändigt, mit denen sie nach einer Art Ampelsystem wortlos signalisieren konnten, ob sie emotional bereit sind, mit ihrem Gegenüber in ein Gespräch einzutreten. Man wollte einen »Safe Space« des Nicht-Angesprochen-Werdens für alle organisieren, damit verhindert wird, dass jemand sich durch ein unerwünschtes Wort gerade emotional überfordert sieht. Das war nicht die Montagssitzung einer Selbsthilfegruppe, sondern eine akademische Konferenz auf dem Boden einer freien Universität. Grünes Namensschild signalisierte: »Ich wünsche mit anderen Delegierten zu sprechen und freue mich, wenn Sie mich ansprechen«, gelb sollte aussagen: »Wenn ich den Wunsch habe zu sprechen, werde ich auf Sie zukommen« und rot: »Ich wünsche nicht mit anderen Delegierten zu sprechen.« Dass an Universitäten bereits mit den sogenannten *»Safe Spaces«* gedankensichere Räume errichtet werden, ist in den USA und England bereits an der

Tagesordnung. Niemand soll durch unsensible Meinungen oder Fakten verletzt werden. Es gibt Vorlesungen, die garantiert trans-queergerecht und unbedingt rassismus- und sexismusfrei sind. Da werden auch schon mal Literaturklassiker von Lernlisten gestrichen oder mit Trigger-Warnungen versehen. Da werden Dozenten niedergebrüllt, Zeitungen und Musik verboten und Studentengruppen vom Campus verbannt, wenn sie etwa nicht für, sondern gegen Abtreibung aktiv werden. Alles geschieht natürlich nur im Namen von Fortschritt und Toleranz. Belästigt mich nicht auf meiner rosaroten Wolke.

DIE DIMENSIONEN DER SCHULD

Während der noch andauernden Rassismusdebatten und der steigenden Proteste, Demonstrationen und auch gewalttätigen Unruhen in den USA, ausgelöst durch den Tod des Afroamerikaners George Floyd, der bei einem brutalen Polizeieinsatz in Minneapolis im Bundesstaat Minnesota am 25. Mai ums Leben kam, trat Anfang Juni 2020 James Bennet, der Meinungschef der *New York Times* zurück[272]. Das »Verbrechen«, dass ihm über 800 Kollegen im eigenen Haus in einer Unterschriftensammlung vorgeworfen hatten, lag nicht einmal in Gedanken, die er selbst gedacht und zu Papier gebracht hatte, sondern darin, dem konservativen Senator Tom Cotton erlaubt zu haben, in dem Ressort, dem er vorstand, einen Meinungsbeitrag zu veröffentlichen. Cotton verteidigte und forderte darin auch den Einsatz von Militär in den Städten, um dem zunehmenden Vandalismus und den Plünderungen ein Ende zu bereiten. Das Verbrechen, das ihn zum Rücktritt zwang, bestand für Bennet also darin, dass er einem gewählten Politiker zur freien Meinungsäußerung verholfen hatte, was gelinde gesagt als Meinungschef der *New York Times* zu seiner Arbeitsplatzbeschreibung gehört. Dass im Ressort »Debatte« also debattiert wird und unterschiedliche Meinungen zu Wort kommen, die sich weder die Redaktionsmitglieder noch der Ressortchef deswegen zu eigen machen müssen, ist eine Selbstverständlichkeit, weil man die Debattenseiten eines Mediums sonst auch schließen könnte. Das Auslassen ist beim Minimalismus eine Kunstform, im Journalismus ist es ein Versagen.

Nur wenige Wochen später kündigte im Juli 2020 mit Bari Weiss auch eine bekannte Kolumnistin aus dem Meinungsressort bei der *New York Times*. In einem offenen Rücktrittsschreiben[273] an den Herausgeber Arthur Gregg Sulzberger beklagt sie, »Twitter ist ihr eigentlicher Chefredakteur geworden« und ein redaktionelles Meinungsklima, das sich an Stimmungen in sozialen Netzwerken orientiert, aber nicht an der Leserschaft oder journalistischen Standards. Ihre eigenen Streifzüge in die Welt des »Falschen Denkens« hätten sie »zum Ziel ständiger Schikanen von Kollegen« gemacht, die mit ihren Ansichten nicht einverstanden seien: »Sie haben mich Nazi und Rassistin genannt.« Meinungsbeiträge, die noch vor zwei Jahren problemlos veröffentlicht worden wären, brächten heute einen Redakteur oder Autor in ernste Schwierigkeiten, wenn nicht sogar um den Job. Nun kann man darüber sinnieren, ob es wirklich eine feine Art ist, sich derart von einem Arbeitgeber öffentlich zu verabschieden. Aber es wirft ein Schlaglicht auf bisherige Bastionen der Meinungsfreiheit, die es nicht mehr schaffen, in den eigenen Reihen jene Meinungsvielfalt anzubieten, die eine unabhängige Berichterstattung zwingend notwendig braucht.

Der ehemalige Polizist Harry Miller hatte gegen gar kein Gesetz verstoßen, dennoch besuchte ihn die örtliche Polizei in der britischen Grafschaft Humberside an seinem Arbeitsplatz, um ihn vor der Wiederholung seines Verhaltens zu warnen. Anlass waren mehrere Tweets im Internet, in denen er die echte Weiblichkeit von »Transfrauen« angezweifelt hatte. Der Fall hat nahezu absurde Züge, denn das »Gedankenverbrechen« von Harry Miller steht in keinem Paragrafen der britischen Insel, sondern nur im imaginären Twitter-Gesetz. Der Rechtsstaat setzte sich dennoch in Bewegung. Man erklärte ihm gar, er habe zwar kein Verbrechen begangen, aber sein Verhalten würde dennoch als »nicht-krimineller Hass-Vorfall« bei der Polizei aktenkundig gemacht[274]. Man wollte also eine Akte seiner »Nicht-Verbrechen« anlegen. Was sich anhört wie der rote Faden durch einen absurden Franz-Kafka-Roman fand auf Grund und Boden einer freien Demokratie statt. Miller klagte vor Gericht gegen diesen offensichtlichen Einschüchterungsversuch der Polizei und bekam Recht. Der Richter betonte in seinem Urteil, man dürfte den Effekt nicht unterschätzen, wenn man wegen einer politischen Meinung Besuch von der Polizei am Arbeitsplatz bekommt, da es grundlegende demokratische Freiheiten untergrabe.

Und manchmal muss man nicht einmal etwas sagen, da reicht schon ein Mittagessen mit dem falschen Politiker, um seinen Arbeitsplatz zu verlieren. Wie etwa bei dem Leiter der hessischen Filmförderung, Hans Joachim Mendig[275], der sich auf einem Foto in den sozialen Netzwerken bei guter Laune mit Jörg Meuthen zeigte, Bundessprecher der Partei Alternative für Deutschland (AfD) und Abgeordneter des EU-Parlamentes. Das muss einem nicht gefallen, genauso wenig wie die politischen Ansichten der Partei. Allerdings ist »Mittagessen mit AfD-Politikern« noch kein Straftatbestand. Offensichtlich aber ein Kardinalverbrechen vor dem öffentlichen Moralgericht: 300 »Filmschaffende«, wie es genderneutral heutzutage heißt, als auch Jurymitglieder und sicher auch ein paar *innen« des Filmpreises drohten damit, die weitere Kooperation mit der Hessischen Filmförderung einzustellen, das zuständige Kulturministerium knickte daraufhin ein, um einen weiteren Imageschaden zu vermeiden.

In Spanien wurde der katholische Bischof von Alcalá de Henares, Juan Antonio Reig Plà, bereits mehrfach von Aktivisten der LGBT-Netzwerke Spaniens angezeigt und vor Gericht gebracht[276]. Die Vorwürfe reichten von Volksverhetzung bis zu Homophobie. Anlass waren sein Widerstand zur Liberalisierung der Abtreibung in Spanien als auch eine Predigt, die live im Fernsehen übertragen wurde, bei der er »homosexuelle Lebensweisen« als nicht kompatibel mit der katholischen Lehre bezeichnet hatte. Die Forderung nach seiner Absetzung als Bischof wurde auch nach Rom an Papst Franziskus herangetragen. Reig Plà ist bisher nie verurteilt worden, aber offensichtlich ein Wiederholungstäter, der sich weigert zu widerrufen und gendersensibel zu predigen. Das Verbrechen des Bischofs ist der falsche Glaube an die falschen Werte und die falschen Moralvorstellungen.

LIZENZ ZU SPRECHEN

Symptomatisch zeigen diese Beispiele, wie die modernen Mechanismen der Meinungsdiktatur funktionieren und völlig ohne Zensurgesetze auskommen, weil die Entscheidung über das Sagbare nicht von staatlichen Stellen, und auch nicht immer vor Gerichten, sondern schon im vorjuristischen Raum angeklagt und auch sofort vollstreckt wird. James Bennet war durch das Verbrechen der vermeintlichen Kollaboration in Sippenhaft geraten. Wer sich nicht rechtzeitig und deutlich distanziert oder gar, wie in diesem Fall, der falschen Person mit der falschen Meinung ein Podium bietet, gerät mit in eine Anklage ohne Gesetz oder Gericht, aber mit harter Konsequenz. Wie frei sind Journalisten noch in der Ausübung ihres Berufes, wenn sie befürchten müssen, nicht nur wegen ihrer eigenen Meinung, sondern auch wegen beruflicher Kooperation mit den falschen Experten, falschen Politikern oder falschen Meinungsvertretern ihre berufliche Existenz zu verlieren? Die Freiheit zu sprechen wird dann zur einzeln vergebenen »Lizenz zu sprechen«. In der Eingangshalle des politischen Magazins *Der Spiegel* in Hamburg hängt ein Zitat des Spiegel-Gründers Rudolf Augstein, das bis heute den journalistischen Ethos des Blattes[277] widerspiegeln soll: »Sagen, was ist.« Es stellt sich die Frage, ob dieser Anspruch nicht nur in diesem Haus, sondern im Kopf jedes Journalisten noch eine Daseinsberechtigung behält, angesichts einer Gesellschaft, die das, was ist, zunehmend nicht mehr ausspricht, um nicht anzuecken, oder sich angreifbar zu machen und in der dann auch die Medienberichterstattung eher zu einem »Sagen, was sein sollte« verkommt.

Harry Miller wurde polizeilich ermahnt, die Ausübung seiner Rechte nicht zu ausgiebig zu betreiben, er sollte verzichten, weil andere sich empörten. Der brave Inhaber von Meinungsfreiheit ist besser meinungsfrei, möchte er nicht unnötig auffallen und aufgesucht werden. Hitzige Debatten weichen der Rücksicht vor möglichen Mikroaggressionen, so als gäbe es ein Verfassungsrecht darauf, dass einem nie widersprochen und man immer freundlich behandelt wird. Sollte das erwogen werden, würde ich es jedenfalls eher zur Einführung im deutschen Einzelhandel anempfehlen, aber nicht zur Anwendung im politischen Diskurs. Der spanische Bischof wiederum steht stellvertretend für eine Weltreligion am Pranger. Wie viele seiner Kollegen werden zur Vermeidung öffentlichen Ärgernisses zu manchen Inhalten des Glaubens ab sofort lieber schweigen?

Hans Joachim Mending hatte weder etwas Falsches gesagt noch etwas Falsches getan, um seinen Job zu verlieren. Er hatte sich einfach nur mit dem Falschen zum Mittagessen getroffen. »Guilty by association« übersetzt die englische Sprache das Verbrechen, in falscher Gesellschaft auch nur am Buffet gesichtet zu werden. Mending wurde durch den Vorwurf der Kontaktschuld zu Fall gebracht. Spiel nicht mit dem Schmuddelkind, sonst bist du mit am Pranger, ruft die Jury des Twitter-Gerichtes. Wie bereits bei den Sexismusdebatten zu beobachten ist, bringt fehlender Abstand eine Sippenhaft mit den Vergehen anderer. Wer sich nicht explizit distanziert, gerät in den Verdacht zu sympathisieren. Gleichzeitig soll es ein Exempel für andere statuieren und jene isolieren, die man öffentlich fortan besser im Regen stehen lässt.

SPRACHGEWALTEN

Wer noch mit wem spricht und wo noch was mit welchem Wort zu hören ist, ist Gradmesser der Freiheit in einer Gesellschaft. Die Herrschaft über den Diskurs ist das erste und entscheidende Machtinstrument, wenn man eine Gesellschaft verändern will.

Worte haben Macht, deswegen wurden sie schon so oft verboten. Weswegen hat man in der Geschichte der Menschheit immer wieder Reden zu verhindern gesucht, Menschen getötet oder Bücher verbrannt, wenn nicht wegen der gefährlichen Wirkung von Worten? Warum lassen totalitäre Regime Journalisten verhaften, vom Bus überfahren oder vergiften? Worte haben Kraft. Sie können trösten, verletzen, ermuntern, aufwiegeln. Demokraten, Heilige und Despoten haben die Macht des Wortes erkannt. Ein einziger Satz kann manchmal ein Land in Bewegung setzen. Hoffnung verbreiten. Regierungen stürzen. »Ich brauche nichts als ein Stück Papier und ein Schreibwerkzeug und ich werde die Welt aus den Angeln heben«, so lässt sich Nietzsche zitieren.

Die Macht des Wortes ist ungebrochen. Ob Martin Luther King und sein »I have a dream«, ob John F. Kennedys »Ich bin ein Berliner« oder auch die grandiose Verteidigungsrede von Sokrates, die gar keine war, sondern eher ein rhetorisch brillantes »Ihr könnt mich mal bis in den Tod«. Sie alle bleiben bis heute unvergessen. Auch die Schöpfungsgeschichte der Bibel beginnt mit dem Satz: »Im Anfang war das Wort.« Worte haben Schöpferkraft. Die Montagsdemonstrationen in der DDR, die die Mauer zu Fall brachten, begannen in den Kirchen beim Gebet. Es ist unzweifelhaft, dass Papst Johannes Paul II. mit seinem konsequenten Auftreten für Glaube und Freiheit, mit der Verbreitung von Hoffnung zum Umsturz in Polen beigetragen hat. Zweifellos können Menschen, die Worte verbreiten, Wahrheiten aussprechen und Kritik an bestehenden Verhältnissen wagen, viel bewegen. Sprache ist politisch, sie kann Umerziehungsinstrument, Unterdrückungsgehilfe und politischer Gesinnungshelfer sein. Umso wichtiger ist es, dass sie frei bleibt, denn sie ist auch die Sprache unserer kühnsten Träume.

Jene, die unsere Sprache durch gendersensible Schreibweisen ruinieren, mit allerlei Sternchen und Strichen bis zur Unkenntlichkeit verderben, Worte verbieten und selbst die Grammatik missachten, unter dem Vorwand »Gerechtigkeit« zu schaffen, wissen jedenfalls ganz genau, was sie tun. Wer lyrische Gedichte von Hausfassaden kratzt, weil ihm die Botschaft dieser Worte nicht gefällt, wird auch Autoren aus dem Weg räumen, deren Schriften ihm gefährlich erscheinen. Wenn in der ehemaligen DDR das Wort »Engel« durch den Begriff der »Jahresendzeitfigur« ersetzt wurde, stand dahinter nicht Sprachakrobatik, sondern der Wunsch nach Auslöschung von Religion.

FREIWILLIGE UNTERWERFUNG

Und so weiß man nicht recht, soll man sie auslachen oder beweinen, all die nützlichen Idioten, die mit ihrer vermeintlichen »Gendergerechtigkeit« in der Sprache am Ast ihrer eigenen Freiheit sägen? Wir sehen also neuerdings zwei gegenläufige Bewegungen, wie deutsch-deutsche Parallelwelten aufeinanderprallen. Auf der einen Seite das Volk, das »frei Schnauze« reden will, die schlichten Pragmatiker, aber auch die Sprachliebhaber und die Verteidiger von Tradition und Grammatik. Auf der anderen Seite das mit Steuermitteln angemästete System aus Lehrstühlen, Beauftragten und Nutznießern, aber am allerschlimmsten: das Heer der naiven Gutmeinenden, die sich dem Sprachdiktat freiwillig unterwerfen in dem vermeintlich wohltuenden Gefühl, auf der richtigen Seite der Macht zu stehen, indem sie ihrer eigenen Sprachlosigkeit demütigst Vorschub leisten.

»Wie machen wir Sprache gerechter?«, fragte artig selbst der Deutsche Journalisten-Verband schon einmal auf dem Titel seines Verbandsmagazins[278]. Dem Chefredakteur war das Argument »Prägnanz und Lesbarkeit«, welches die Gegner der Gendersprache ins Feld führen, immerhin noch »nachvollziehbar«, aber es »überzeugt« ihn leider nicht. Auch wenn bisher kein »Königinnenweg« gefunden worden sei, welche Schreibweise zwischen »Journalist_innen« und »Alle, die im Journalismus tätig sind« richtig ist, wichtig sei ja, dass »Redaktionen versuchen und ausprobieren, gleichberechtigter zu formulieren«. Man mag spontan einwenden, möglicherweise wäre es noch wichtiger, die Nutzung des eigenen Denkvermögens ebenfalls ergebnisoffen zu versuchen, statt sich sein wichtigstes Handwerkszeug – die Sprache – in einer Art beruflichem Offenbarungseid selbst mutwillig zu ruinieren.

Kommen wir zum Kern. Gendersprache ist nicht witzig, auch wenn sie so klingt. Es reicht nicht, von Genderunfug, Verhunzung der Sprache oder Gendergaga zu reden, auch wenn ich letzteren Begriff sogar selbst mit gleichnamigem Buchtitel mitkreiert habe. Lachen über den nackten Kaiser im vermeintlichen Genderhemdchen ist das eine. Ihn zu unterschätzen, etwas fatal anderes. Sich nur auf den Unfug, der im Namen von Genderideologen verbreitet wird, zu konzentrieren, ist eine gefährliche Reduktion des Problems auf arme Irre, die statt Selbsthilfegruppen neuerdings Uniseminare organisieren. Eine Verkleinerung und eine Verniedlichung einer nahezu totalitären Bewegung.

Es gibt keinen gerechten Sprachzwang. Es ist ein Paradoxon. Wer einem ganzen Sprachraum neue Worte und Sprechweisen aufdrängt und andere verbietet, führt die Menschen nicht in die Freiheit, sondern in den Zwang. Wenn der Oberbürgermeister von Hannover die »Mitarbeitenden« seiner Stadt zu Tausenden als Verordnung zwingt, in der Korrespondenz der Stadtverwaltung gendersensible Sprache zu verwenden, deren genaue Ausdrucksform ja auch nur der Expertise einer Handvoll selbsternannter Experten entspricht, da es so etwas wie eine universelle Gendersprache gar nicht gibt, der nötigt seinen »Mitarbeitenden« etwas auf, was sie bei Missachtung oder gar offenem Protest den Arbeitsplatz kosten kann. Freiheit? Gerechtigkeit?

Wenn dasselbe an den Universitäten geschieht, indem Professoren ihren »Studierenden« auftragen, unter Androhung von Punktabzug gendergerechte Sprache zu verwenden, dann ist das nicht Freiheit, sondern Nötigung.

Gendersprache ist in Wahrheit keine Sprache, sondern eine Haltung, die manche demonstrativ vor sich hertragen und nun als Bekenntnis von anderen einfordern, unter Androhung gesellschaftlicher Exkommunikation, wenn man sich sträubt. Das »Bist du mit uns, Schwester?« soll durch sprachlichen Ausdruck täglich neu bekräftigt werden.

UNSICHTBARKEITEN

»Wenn Wörter ihre Bedeutung verlieren, verlieren die Menschen ihre Freiheit.« Konfuzius formulierte bereits vor 2.500 Jahren diese Bedienungsanleitung für totalitäre Regime. Wer einen Stuhl plötzlich Tisch nennen muss, wird nicht von sprachlichen Zuschreibungen befreit, dem wird stattdessen eine verlogene Realität aufgezwungen. Wer eine Frau nicht mehr Frau nennen soll, gibt ihr nicht die Freiheit, sich von ihrem Geschlecht zu emanzipieren und es selbst zu schaffen, sondern raubt ihr die Weiblichkeit. Und in letzter Konsequenz ihre Identität. »Visibility«, also Sichtbarkeit, zu schaffen, gilt offen als strategisches Ziel des intersektionalen Genderfeminismus. Man müsse die Frauen und die Vielfalt der Geschlechter sichtbar machen in der Sprache, in den Schulbüchern, in den Medien, in der Wissenschaft, heißt es immer wieder. »Sichtbarkeit« wird als dominantes Ziel eingefordert. Die Umkehrung dieser Strategie ist die Unsichtbarkeit, das Zurückdrängen der tatsächlichen Normalität. Wer Mütter nicht mehr Mütter nennt, sondern »gebärende Person«, macht Mütter unsichtbar. Wer Hausfrauen aus der Werbung verbannt, leugnet Realität. Wenn Frauen nicht mehr Frauen genannt werden sollen, macht man die normale Frau unsichtbar. Sie wird gelöscht, so wie im

Gegenzug stattdessen jene mit Scheinwerfern ausgeleuchtet werden, die sich als Frau inszenieren. Die Medaille hat immer zwei Seiten.

Genderideologie ist Schrittmacher in einer Zeit der totalen Entgrenzung und Entkernung von Gewissheiten, Normalitäten und Ereignissen. Multikulturell, multinational, geschlechtslos und jetzt auch noch sprachlos soll er sein, der neue Mensch. Nicht mehr verwurzelt in Nation, Kultur, Sprachraum und Geschlecht, sondern aufgelöst in globalisierten, grenzenlosen, gesichtslosen und geschlechtslosen Zweckbündnissen auf Zeit. Seelenlose Modernisierungsnomaden auf der Suche nach innerer und äußerer Heimat. Verordneter Identitätsverlust im Namen der Freiheit. Gendersprache ist der erste Schritt und zugleich der scheinheilige Wegweiser in diesen Abgrund.

DEBATTENLOSIGKEIT

In der Folge wird die Debatte nicht gerechter, sondern gar nicht mehr geführt. Der Diskurs also nicht gefördert, sondern mit allen Bandagen verhindert. Der Verlust der Sprachfähigkeit führt direkt zum Verlust der Debatte. Es wird nicht mehr widersprochen, man verhindert lieber, dass manche Menschen noch sprechen. Bücher werden nicht kritisiert oder diskutiert, man verhindert, dass sie erscheinen. Es ist sowohl intellektuell als auch strategisch einfacher, eine Sache zu beschweigen, statt ihr argumentativ entgegenzutreten.

Die Mechanismen der Umsetzung sind perfide, aggressiv und vielfältig. Oberstes Ziel ist es, Menschen, deren Meinung nicht genehm ist, aus dem Diskurs zu entfernen. Wurde man früher in der politischen Auseinandersetzung argumentativ vor Publikum zerlegt, wird man heute als Person sozial geächtet, werden Vorlesungen gesprengt, Veranstaltungen verhindert, Menschen niedergebrüllt und eingeschüchtert

Abweichende Meinungen werden nicht diskutiert, sondern kriminalisiert. »Hass ist keine Meinung« wird als Slogan und Hashtag genutzt, was noch legitime Meinung und was bereits als Hassdelikt zu werten sei, ist hingegen der Willkür politischer Aktivisten übergeben:

- Genderkritik ist Hass, und was Hass ist, definieren wir.
- Genderkritik ist rechts, und wer rechts ist, definieren wir.
- Genderkritik ist krank, und was krank ist, definieren wir.

Nach diesem Schema ist Genderkritik vieles, nur eines soll sie niemals sein: berechtigt.

Wer nicht weiß, gegen welches Gesetz er verstoßen hat, kann sich nur schlecht wehren. Die Kriterien Hass, rechts und krank teilen den Aspekt, dass keiner dieser Begriffe klar umrissen oder gar juristisch aufbereitet werden kann und nach Belieben erweitert oder mit Ausnahmen versehen wird, je nachdem, wie es gerade passt. Alle drei Aspekte verfolgen aber dieselbe Strategie: eine Stigmatisierung der Person, die es ausspricht, um sie damit auch gesellschaftlich zu isolieren und an den Pranger zu stellen. Die Sexismusdebatte hat bereits exemplarisch gezeigt, wie diese Systematik angewandt wird. Wie willkürlich und auch widersprüchlich Delikte definiert sind, Akteure verurteilt und andere entschuldigt werden, je nachdem, auf welcher Seite sie politisch verortet sind. Alles kann Sexismus sein und auch nichts. Analog lässt sich das im intersektionalen Verbund der Opfergruppen in der Themenpalette erweitern.

DAS RECHT AUF HASS

Es werden sogar Gesetze gegen verbalen »Hass im Netz« gemacht, ohne dass auch nur ein einziger Jurist definiert hätte, was darunter zu verstehen sei. Nirgendwo auf der Welt gibt es juristisch eine konkrete eindeutige Definition von Hassverbrechen. Zudem ist das Hassen gesetzlich nicht einmal verboten. Jeder Mensch darf ausgiebig hassen, wen oder was er will. Viele Kinder hassen die Schule, ihre

Eltern und Gemüse. Andere hassen ihren Job, ihren Chef und ihren Nachbarn. Man darf es sogar aussprechen, es ist ein Gefühl. Jeder hasst persönlich und oft etwas anderes. Hass und Hetze sind perfide, nichtssagende Kampfbegriffe, die mit austauschbarem Inhalt gefüllt werden, je nachdem, wen man bekämpft oder selbst hasst.

Als die Kritik an der Flüchtlingspolitik der Regierung 2015 das Netz überschwemmte, verdoppelte der damalige Justizminister rasch das Budget im »Kampf gegen rechts«. Kritik an der damaligen Regierungspolitik stand unter dem Generalverdacht, »Hass gegen Fremde« und »Hass gegen Flüchtlinge« zu schüren. Niemand hat je geklärt, welche Kritik denn nun legitim sei und ob die Bitte, die Regierung möge einfach nur geltendes Recht wieder durchsetzen und die Grenze vor illegaler Einwanderung schützen, bereits Rassismus, Hass und Hetze sei. Klar war nur, wer widersprach, geriet 2015 innerhalb von Sekunden zum Fremdenfeind und Rassisten. Der Justizminister berief gar eine »Task Force« gegen Hate Speech mit allerlei Experten ein, um Hasskommentare in sozialen Netzwerken einzudämmen. Unter ihnen zum Beispiel die altbekannte Amadeu Antonio Stiftung, die, wie bereits erwähnt, nicht nur im Internet, sondern auch in Kindergärten ebenfalls nach rechten Genderkritikern sucht. Man könnte zynisch einwerfen: Mit einer ehemaligen Stasimitarbeiterin im Team trat die Fahndung nach staatsfeindlichen Äußerungen damit in eine Art deutsche Tradition.

Sie haben es hier übrigens mit mir als Autorin mit einer vielfach beschuldigten »Homo-Hasserin« zu tun. Den Titel erhielt ich vor Jahren, als noch um die Einführung der »Homo-Ehe« in deutschen Talksendungen debattiert wurde. Ich verteidigte dabei die Position der Verfassung der Bundesrepublik Deutschland, das reichte als Begründung aus, um mir Hetze gegen Schwule und gar Rassismus vorzuwerfen. Von der Homo-Ehe zum Rassismus ist es eine gewagte Argumentationskette, die aber intersektional betrachtet wieder logisch wird und die ich bei einem Bundestagsabgeordneten der Grünen gelernt habe, bei einer seiner Beschimpfungen in Richtung meiner

Person: Rassismus ist demnach juristisch definiert als »gruppenbezogene Menschenfeindlichkeit«, Homosexuelle seien so eine Gruppe mit bestimmten Merkmalen. Wer die Rechte dieser Gruppe missachtet und die Gruppe diskriminiert, zeige eine gruppenbezogene Menschenfeindlichkeit und ist ergo ein Rassist. Kinderleicht wird damit jeder, der eine Gruppe aus dem identitären Opfertopf nicht genug respektiert und huldigt, zum Rassisten. Dass die Amadeu Antonio Stiftung[279] ihre entsprechende Fachstelle »Gender, gruppenbezogene Menschenfeindlichkeit und Rechtsextremismus« nennt, ist in sich rund, Genderkritik ist also immer rechts.

Rassismus toppt im Zweifel übrigens auch Feminismus, dann nämlich, wenn schwarze Frauen sich von weißen Frauen benachteiligt sehen innerhalb der feministischen Szene. Vorgeführt wurde dies Ränkespiel bei der international agierenden Frauenrechtsorganisation »Women Deliver«. Die Vorsitzende ist bereits zurückgetreten, nachdem ehemalige Mitarbeiterinnen, wie etwa Chelsea Williams-Diggs »traumatisiert« gekündigt haben[280], weil sie »lupenreinen Rassismus« in der internen »Hackordnung« erlebt hätte. Der Vorwurf des »weißen Faux-Feminismus« wurde laut. Es muss sich dabei um eine imperialistische, verlogen-weiße Form von Feminismus handeln, und klar ist: Die schwarze Frau hat im Vergleich zur weißen im Sinne der intersektionalen Opferpyramide einen Doppelopferstatus, sie hat also mehr Recht. Es dauerte nicht lange, bis ein ganzer Protestbrief unterdrückter Feministinnen sich von Women Deliver abgrenzten, denn die Arbeit dort sei geprägt von »weißem Überlegenheitsanspruch, unternehmensstruktureller Machtausübung und rassischer Unterdrückung«.

Auch die Adidas-Personalchefin Karen Parkin musste im Juni 2020 nach 23 Jahren im Unternehmen kurzfristig ihren Stuhl räumen, weil man ihr nicht genug Engagement gegen Rassismus im Unternehmen vorwarf[281]. Während man sie sonst gerne als die einzige Frau im Vorstand von Adidas als Vorzeigefrau herumreichte, wurde ihr zum Verhängnis, dass sie sich weigerte, im eigenen Unternehmen gegen Rassismus vorzugehen, da sie schlicht keinen Anlass sah. »Rassismusleugner« ist offenbar der modernste neue Straftatbestand im ungeschriebenen Identitätengesetz.

Und nicht einmal Ikonen der weiblichen Emanzipation wie Alice Schwarzer sind heute noch davor gefeit, an den rechten Pranger gestellt zu werden. Da nutzt es auch nichts zur Verteidigung, jahrzehntelang die Frauenrechtsbewegung einer ganzen Nation angeführt zu haben. Der Vorwurf ihrer angeblich »rechten« Position wird aus ihrer konsequenten Ablehnung des Frauenbildes im Islam hergeleitet. Islamkritik ist natürlich rechts, weil »antimuslimischer Rassismus«! Sie hat sich zudem nach früheren Huldigungen inzwischen auch mit Judith Butler massiv überworfen, man kommt an vielen Punkten nicht mehr zusammen, nicht nur beim Islam, auch bei den Gendertheorien, was im Jahr 2017 zu einem öffentlichen Schlagabtausch führte, um nicht zu sagen: zu einem Zickenalarm auf höchster feministischer Stufe.

Butler tat sich mit der deutschen Genderprofessorin Sabine Hark zusammen und warf in einem offenen Schreiben[282] Schwarzer und ihrem Magazin *EMMA* »Rassismus« vor, diese konterte mit einem Beitrag[283] unter dem Titel: »Der Rufmord«. Konkret hatte man sich über den Text[284] des Historikers Vojin Saša Vukadinović in die Haare bekommen, der in *EMMA* zu einer Generalabrechnung mit Butlers Genderfeminismus geschritten war, und vor allem die Haltung zahlreicher Genderexpertinnen inklusive Butler und Hark zur Frau im Islam massiv kritisierte. Dazu muss man wissen, dass der Autor einst selbst zu den ersten Gender-Studies-Studenten in Deutschland gehörte, inzwischen aber offenbar die Seiten gewechselt hat und die Queer-Szene und die Genderstudies als »Sargnägel des Feminismus« bezeichnet.

Nicht zuletzt belehrte schließlich auch die Antidiskriminierungsstelle des Bundes[285] am offenbar neu geschaffenen »Tag gegen antimuslimischen Rassismus«, dessen Feierlichkeiten wohl am 1. Juli des Jahres begangen werden, dass auch Religion offenbar neuerdings eine Rasse sei, und fordert alle Menschen mit einem neuen Hashtag auf: #BewegDeinDenken. Vielleicht wäre der Hashtag #BeginnZuDenken auch eine Alternative, jedenfalls für die Mitarbeiter dieser staatlichen Stelle, denn es stellt sich nicht nur die Frage, wie man dann eigentlich aus einer »Religionsrasse« in die andere konvertiert oder gar austritt. Nach diesem Schema müsste man zudem auch offiziell all jene Muslime in den Ländern mit Christenverfolgungen »antichristliche Rassisten« nennen statt einfach nur normale Mörder. Der erhellende Tweet der Antidiskriminierungsstelle des Bundes, wie mit der weltweit am meisten verfolgte Religion, dem Christentum, sprachlich verfahren werden soll, steht noch aus.

KRANKE KRITIKER

Ist Kritik nicht Hass oder rechts, existiert noch die Steigerungsform der Phobie. Homophobie, Transphobie, Islamophobie: Widerspruch also nicht mehr als Verbrechen, sondern als Krankheit. Man muss als Übeltäter entsprechend nicht nur bestraft, sondern auch von einer intoleranten Krankheit geheilt werden. Seinen politischen Gegnern Geisteskrankheiten zu unterstellen ist nicht nur armselig und empörend. Es ist auch unter dem Aspekt befremdlich, dass dieser Vorstoß ausgerechnet von jenen ausgeht, die sich selbst immer als Verfechter eines sensiblen Diskurses betrachten, als Vertreter von Respekt und Toleranz, die einen »diskriminierungsfreien Diskurs« und eine »achtsame Sprache« einfordern und nicht zuletzt selbst dafür kämpfen, dass die sexuelle Orientierung eines Menschen nicht länger als Krankheit klassifiziert wird. Als krank bezeichnet zu werden empfindet man selbst als entwürdigend und diskriminierend, doch gleichzeitig benutzen Politiker aller Couleur, Medienvertreter, aber auch Schulmaterialien für Kinder inzwischen »Transphobie« oder »Homophobie« als Standardbegriffe, um jene zu stigmatisieren, die an der Heteronormativität festhalten. Wäre man bösartig, müsste zumindest gefragt werden, ob das nicht eigentlich »Heterophobie« darstellt?

CANCEL CULTURE

Der Olymp der derzeit angesagten, *woken*[286] Haltung ist aber sicher mit dem erreicht, was sich derzeit unter dem Oberbegriff der »Cancel Culture« weltweit ereignet. Eine neue Kultur der Auslöschung unliebsamer Meinungen, aber auch Menschen und Ereignisse, indem man sie im wahrsten Sinne des Wortes von der Bildfläche verschwinden lässt. In einem wahren Bildersturm konnte im Zuge der »Black Lives Matter«-Bewegung beobachtet werden, wie von einem aufgebrachten Straßenmob Denkmäler vernichtet wurden, weil sie als angeblich rassistisch gebrandmarkt wurden. In Boston schlugen Aktivisten der Statue von Christoph Kolumbus den Kopf ab. Das Winston-Churchill-Denkmal in London wurde mit dem Wort »Rassist« besudelt. In Deutschland kippten Aktivisten rote Farbe über die Statue von Otto von Bismarck in Hamburg und in England wurden gar über 5.000 Unterschriften gesammelt, um eine Statue von Mahatma Gandhi in Leicester zu entfernen[287], weil er angeblich »Rassist, Faschist und ein sexuelles Raubtier« gewesen sei. Nahezu antizyklisch wurde parallel am 20. Juni 2020 mitten im deutschen Gelsenkirchen in aller Seelenruhe vor der Parteizentral der linksextremistischen Marxistisch-Leninistischen Partei Deutschlands (MLPD) mit einem Festakt eine Lenin-Statue aufgestellt. Manche Mörder der Geschichte müssen einfach nur richtig »reclaimed« werden.

Doch nicht nur die Geschichte, auch die Religion scheint rassistisch aufgeladen. Der Black-Lives-Matter-Aktivist Shaun King forderte entsprechend, Statuen, Bilder und Kirchenfenster mit weißen Jesus-Darstellungen zu vernichten, weil das eine weitere Ausdrucksform der weißen Übermacht und rassistischen Propaganda sei[288]. Selbst Filme wie der Klassiker *Vom Winde verweht* standen kurz auf der Kippe, für immer im Orkus der rassistischen Filmgeschichte entsorgt zu werden, weil der Vorwurf aufkam, die Geschichte der Sklaverei käme dabei zu gut weg. Jene, die gerade die Filmwelt auf rassistisches Material durchforschten, war wohl entgangen, dass mit Hattie McDaniel das erste Mal überhaupt eine schwarze Frau 19040 einen Oscar für die Rolle der Mammy in diesem Film, erhielt. Nun war man dabei, sie mit zu verbannen, anstatt sie zu ehren. Als Ironie der Geschichte war der Film bei Amazon innerhalb kürzester Zeit ein Bestseller, weil Fans versuchten, sich noch schnell mit einem Exemplar des Films einzudecken.[289]

Damnatio Memoriae, die Vernichtung von Erinnerung, oder auch *Abolitio Nominis* nannte man im Römischen Reich und der Antike die Praxis der Verdammung und demonstrativen Tilgung Andersdenkender aus Schriften, Bildnissen und somit aus der Erinnerung und dem kollektiven Gedächtnis der Gesellschaft. Die Parallelen zum unheilvollen Zeitalter der Sowjetherrschaft, als Menschen von Bildern retuschiert wurden, ist nicht zu übersehen. In seinem dystopischen Roman *1984* lässt George Orwell ein Ministerium für Wahrheit systematisch die Geschichte löschen und neuschreiben. In der Neuzeit erledigen die Bürger das alleine. Denn was genau ist anders in der neuen Denkweise, wenn man Autoren und Bücher aus Leselisten tilgt, Denkmäler stürzt, Straßennamen umbenennt oder Schauspieler nachträglich aus Filmen herausschneidet, um sie unsichtbar werden zu lassen?

In einem offenen »Brief über Gerechtigkeit und offene Debatte« warnten 150 Prominente Wissenschaftler, Autoren und Aktivisten im amerikanischen *Harper's Magazine*[290] vor genau dieser »Cancel Culture« die in ihren Augen moralisch aufgeladen, ideologisch und selbstgerecht sei, Menschen an den Pranger stelle und Gegenstimmen verstummen lasse. Unter den Unterzeichnern sind Schriftsteller wie J. K. Rowling, Salman Rushdie, Autoren wie Noam Chomsky oder die Feministin Gloria Steinem. Man kritisiert ein Klima der Intoleranz auf allen Seiten der Debatte, was statt zur Meinungsvielfalt zu einer Einheitsmoral führe. Alle Unterzeichner sind bisher eher dem linken politischen Spektrum zuzuordnen gewesen. Vielleicht ist das das Neue und auch der Grund, warum der Brief sofort kontroverse Reaktionen und auch Kritik auf sich zog. Denn genau genommen beschreiben sie nur das, was konservative und bürgerliche Stimmen bereits seit Jahren im Diskurs erleben.

WER DARF MITSPIELEN?

Auch auf EU-Ebene versenkt ein umfangreiches Bündnis Millionenbudgets im Kampf gegen Hate Speech[291]. Das »No Hate Speech Movement« wurde 2013 durch den Europarat ins Leben gerufen, inzwischen sind 40 Länder vernetzt und unzählige Akteure, Organisationen und Lobbyisten. Unnötig zu erwähnen, dass diese Arbeit mit Steuergeldern möglich gemacht wird. Man ist wahlweise gegen rechts, feministisch und natürlich antirassistisch aufgestellt mit Forderungen nach neuen Sprachregeln und einem ganzen Leitfaden für sensible Schreibweisen, die auch für Meinungsmimosen medial erträglich erscheinen.

In Deutschland wird die Arbeit mit Geldern aus dem Familienministerium und den Budgets des Programms »Demokratie leben« finanziert. Man findet in der Allianz eine intersektionale Ansammlung von Aktivisten und Organisationen, die mit staatlichem Geld gegen Hass im Netz arbeiten. Man braucht fast nicht zu erwähnen, dass selbstverständlich auch hier die Amadeu Antonio Fachstiftung für rechten Hass mit an Bord ist. Koordiniert wird das Deutsche Komitee von »No Hate Speech« von den sogenannten »Neuen Deutschen Medienmacher*innen«. Hauptqualifikation, um in dieser staatlich alimentierten Truppe mitmachen zu dürfen, ist offenbar der Migrationshintergrund und/oder eine nichtweiße Hautfarbe. Man arbeitet an intersektionaler Berichterstattung inklusive Sprachführer für die »Kolleg*innen« der Branche, damit diese ebenfalls lernen, wie man antirassistisch und gendersensibel berichtet und wen man zu welchem Thema in den deutschen Medien am besten zu Wort kommen lässt oder auch gefälligst einzuladen habe. Sie sind damit so etwas wie die intersektionale Wachpatrouille in den Medien.

Anfang März ereilte die Talksendung *Maischberger* ein exemplarischer »Shitstorm« auf Twitter, weil man bei der Zusammensetzung der Talkrunde keinen farbigen Menschen eingeladen hatte, obwohl man unter anderem auch (!) über die Rassenunruhen in den USA diskutieren wollte. »Es gibt sie, Expert*innen, die BPoC sind oder Einwanderungsgeschichte haben«, schallte es von den neuen »Medienmacher*innen« als Ermahnung[292] zum öffentlich-rechtlichen Fernsehen, man habe eine Datenbank erstellt, in der sich »zu jedem Thema Expert*innen finden können. Bitte keine Ausreden mehr!« Auch ich musste die »BPoC« erst noch nachrecherchieren, es handelt sich dabei um den abgekürzten Fachbegriff »Black People of Color« – schwarze farbige Menschen. Bekanntlich ist ja alles farbig, außer weiß. Nichtweiße sind also aus der Genderperspektive grundsätzlich PoCs, also People of Color. Damit die Bunten im Topf nicht durcheinanderkommen, müssen sie wieder in Untergruppen von Latinos, Asiaten oder eben die schwarzen Bunten unterschieden werden.

Es scheint für manche Lobbyisten aber nicht zu verstehen und ein nahezu reaktionärer Gedanke zu sein, dass sich TV-Sendungen selbst aussuchen, wen sie einladen, und zwar nach Qualifikationsrastern, die sie ebenfalls selbst definieren, während die neuen Medienmacher ein Opferstatusraster erstellt haben, das traditionell im intersektionalen Quotenschema hängen bleibt: Geschlecht darf keine Rolle spielen! – Wieso habt ihr keine Frau eingeladen? Hautfarbe darf keine Rolle spielen! – Wieso sitzen da keine People of Color? Herkunft darf keine Rolle spielen! – Wieso habt ihr keinen Migranten eingeladen? Alter darf keine Rolle spielen! – Wieso sitzen da nur Alte? Religion darf keine Rolle spielen – Warum ist keine Muslima da? Sexualität darf keine Rolle spielen! – Wieso habt ihr keine Lesbe eingeladen!

UNERLAUBTER IDENTITÄTSKLAU

Während wir uns also bis vor kurzem noch hauptsächlich in der systemimmanenten »Rape Culture« des alltäglichen Sexismus befanden, hat sich das Aufmerksamkeitskarussell aus aktuellem Anlass in den USA gerade dem täglichen systemimmanenten Rassismus zugewandt. Seither schämt man sich weltweit noch mehr als sonst seiner weißen Hautfarbe, bittet um Vergebung für diese weiße Erbschuld und betreibt Wiedergutmachung für die »weißen Privilegien«, die man diskriminierenderweise mit in die Wiege gelegt bekommen hat und andere nicht. Wer seinen Privilegiencheck einmal selbst durchführen will, findet ein Raster beim Trendmagazin *NOIZZ*[293], wo bereits aus Anlass der Corona-Krise angemahnt wurde, sich seiner weißen Privilegien bewusst zu werden.

In einem Punktesystem kann man Plus- und Minuspunkte sammeln und schauen, in welchem Stockwerk der Täterpyramide man steht. Wie auch beim Sexismus ist der Vorwurf von Rassismus nicht davon abhängig, ob man wirklich etwas getan hat oder überhaupt absichtlich handelt. Entscheidend ist das Gefühl, das Betroffene mit »Rassismuserfahrung« empfinden. Dadurch kann man auch unbewusst Rassist sein, zum Beispiel, wenn man als Mann nur mit weißen Frauen schläft, anstatt auch mit schwarzen oder wenigstens einer andersfarbigen Angehörigen der »People of Color«. Alltagsrassimus nennen sich solche unbedachten Handlungen, nahezu vorbildlich hat das ein Autor bei der *Zeit* erforscht[294], dem auffiel, dass er bei Tinder nur weiße Frauen kontaktiert. Ist das nicht auch eine Form von Rassismus? Die Überlegung müsste intersektional ehrlicherweise erweitert werden, es erscheint nahezu unanständig, wenn Männer nur mit hübschen schlanken Frauen schlafen, anstatt sich tolerant auch den hässlichen, dicken und alten hinzugeben.

Als Alltagsrassismus wird inzwischen auch bewertet, wenn sich ein weißer Mensch kulturelle Merkmale der »People of Color« unerlaubterweise aneignet, ohne bei der entsprechenden Volksgruppe um

Erlaubnis gebeten zu haben. Das wurde selbst dem kanadischen Premierminister Justin Trudeau im Wahlkampf nahezu zum Verhängnis, nachdem ein Foto aus dem Jahr 2001 auftauchte, bei dem er sich als Prinz Aladdin verkleidet das Gesicht dunkel geschminkt hatte[295]. Der Fachbegriff dieser moralischen Straftat lautet »Cultural Appropriation«, also kulturelle Aneignung. Das Wort suggeriert bereits, dass man jemandem etwas unberechtigt stielt, in diesem Fall seine Identität als arabischer Prinz. Nur Araber dürfen arabisch aussehen. Der gesamte Kölner Karneval steht auf dem Spiel, denn als rassistisch gelten inzwischen auch Verkleidungen als Indianer, Zigeuner, Chinesen, die Nonne mit Strapsen ist aber weiterhin in Ordnung. Erste Kindergärten in Deutschland haben bereits reagiert und halten die Eltern dazu an, den Kindern keine solchen Kostüme mehr anzuziehen, um nicht dem Rassismus Vorschub zu leisten und »Stereotype« voranzutreiben, wie es eine Kita in Hamburg[296] etwa formulierte. Man achte im Alltag sehr auf eine »kultursensible, diskriminierungsfreie und vorurteilsfreie Erziehung«. Imperiale Cowboy- und-Indianerspiele sind seither tabu.

Justin Trudeau hatte sich brav entschuldigt für das Vergehen der Kostümierung. »Es war etwas, von dem ich damals nicht dachte, dass es rassistisch wäre, aber jetzt erkenne ich, dass es etwas Rassistisches war.« Das *mea culpa* der eigenen Privilegierung muss versichert werden und wird brav abgeliefert. Und damit auch die Verpflichtung, eine »Schuld« abzutragen, die man vorher nicht einmal kannte. Anständiges Verhalten reicht nicht, man muss sich selbst erniedrigen, um den anderen zu erhöhen.

Mehrere Paradoxien finden sich auch in diesem Themenkomplex, denn während man sich kulturelle Merkmale nicht aneignen darf, darf man sich Weiblichkeit im Zuge der Transidentität weiterhin angeeignet werden, mehr noch, Frauen werden angeprangert, wenn sie der Enteignung nicht zustimmen. Jeder darf Frau sein, aber nicht jeder Prinz Aladdin.

In den USA haben sich die Debatten längst erweitert über das Thema Verkleidung hinaus. Darf man überhaupt noch das Essen anderer Kulturen nachkochen, als weiße Menschen, und sich damit die Mahlzeiten fremder Kulturen einverleiben? Darf man auch als Nichtschwarzer Rastalocken als Frisur tragen oder einen Kimono als Kleidung, obwohl man gar nicht Asiate ist? Die Luxusprobleme der Millenniumkinder scheinen grenzenlos diskutierbar. Erstaunlich, dass noch niemand auf den Gedanken gekommen ist, dass das Erlernen einer fremden Sprache doch auch eine massive kulturelle Aneignung darstellt. Jede staatlich geprüfte Fremdsprachenkorrespondentin ist nach dieser Logik allein schon beruflich rassistische Kolonialistin. Aber möglicherweise erreichen wir noch die glorreiche Regenbogenzukunft, in der sich alle Menschen der Erde und auch die extraterrestrischen non-binären Wesen in einem gendersensiblen Neusprech unterhalten.

Rassismus findet außerdem immer nur durch Weiße gegen Nichtweiße statt, selbst dann, wenn der Weiße, unterprivilegiert, bildungsfern, arm und obdachlos ist und der Schwarze ein Millionär oder Präsident. Dass also Barack Obama als schwarzer Präsident im Jahr 2015 völlig zu Recht die Nationalgarde auf die Straßen schickte, um in Baltimore nach ähnlichen Rassenunruhen wie 2020 Plünderungen und Gewalt unter Kontrolle zu bekommen, konnte nicht Rassismus sein, weil er ja selbst schwarz war. Wenn der weiße Präsident Trump dasselbe tut, ist der Rassismusvorwurf aber gerechtfertigt, schließlich steht er als weißer, reicher, heterosexueller Präsident ganz oben auf der Täterpyramide mit der Waffe im Anschlag.

Allein der Kampfbegriff »Alter weißer Mann« ist nach den Kriterien der Bewegung eigentlich eine Form von Alltagsrassismus und sogar sehr sicher eine »gruppenbezogene Menschenfeindlichkeit« gegenüber alten weißen Männern, aber erlaubt, weil es »die Richtigen« trifft. Bei Twitter werden Deutsche inzwischen offen von selbsternannten Antirassisten verächtlich als »Kartoffeln« oder auch als »Almans« bezeichnet. Das ist aber in Ordnung, denn der weiße Deutsche steht auf der Täterseite. Jeder der eine Gruppe angreift, ist also Rassist, außer, es handelt sich um Weiße, dann ist das nicht möglich. Es sei ein einfacher Merksatz: »Es gibt keinen Rassismus gegen Weiße – es gibt keinen Sexismus gegen Männer«[297], da es etwas mit Macht- und Unterdrückungsverhältnissen zu tun habe, erklärt es Martina Renner, sie ist stellvertretende Parteivorsitzende der Partei Die Linke und Bundestagsabgeordnete. Im klar geordneten linken Weltbild ohne Platz links und rechts des eigenen Denkkorridors ist die Welt fast genauso schön wie bei Pippi Langstrumpf: Was man nicht wahrhaben will, existiert eben nicht.

Ferda Ataman, eine der beiden Leiterinnen jener Neuen Deutschen Medienmacher, die also offiziell im Auftrag des Europarates gegen Hassrede agieren, streute offen während der Corona-Krise ohne jeglichen Beweis oder auch Anlass das Gerücht, in Krankenhäusern würden Menschen mit Migrationshintergrund möglicherweise nachranging medizinisch behandelt, sollten die Beatmungsgeräte knapp werden. »Antirassismus als Geschäftsmodell«[298] nennt die Zeitung *Die Welt* die Arbeit des Vereins Atamans, die Menschen ohne Migrationshintergrund auch gerne selbst »Kartoffeln« nennt, sich aber von den staatlichen Institutionen und Ministerien der deutschen Kartoffeln gerne ihre Arbeit in Millionenhöhe für diverse Projekte finanzieren lässt, wie *Die Welt* nachrecherchiert hat. »2019 haben wir an elf Projekten für 1.550.000 Euro gearbeitet«, gab man freiwillig an, zusätzlich gab es aber laut Bericht auch 70.000 Euro von der Bundeszentrale für politische Bildung für Videos zum Grundgesetz, fast 90.000 Euro vom Innenministerium für Medientraining, zuvor waren aus demselben Ministerium in den vergangenen Jahren bereits fast 700.000 Euro für andere »Projekte« geflossen. Das Familienministerium steuert 190.000 Euro für ein Projekt mit dem hübschen Namen »Die Würde des Menschen ist unhassbar« bei. Drei andere Projekte konnten mit rund 800.000 Euro alimentiert werden. Nochmal knapp 900.000 Euro kamen aber auch von der Integrationsbeauftragten der Bundesregierung. Aktuelle fließen dazu über 100.000

Euro für das Programm »Wege in den Journalismus«, schließlich soll die Nachwuchsförderung nicht zu knapp kommen. Keine Frage, den Ablasshandel zum Abtragen der weißen Schuld deutscher Kartoffeln lassen wir uns einiges kosten.

Im Ergebnis erhalten wir eine Debattenkultur, die jeden aus dem Diskurs wirft, der nicht ein Diskriminierungsmerkmal vorzuweisen hat, um damit seine Kompetenz durch Betroffenheit nachzuweisen. Nur Frauen sind kompetent in Frauenthemen, nur Migranten kompetent in Migrantenthemen, nur die richtige Hautfarbe darf etwas zu Rassismus beisteuern. Freilich hat auch dieser Mechanismus eine Ausnahme: Männer dürfen nie über Männerinteressen reden, denn dass sie Männer sind, schließt sie aus dieser Debatte sogar aus. Frauen erklären, wie Männer zu sein haben. Und breitwillig erniedrigt sich die politisch korrekte Generation jungen Männer auch in diesem neuen *mea culpa*, die Unterwerfung ist auch hier bereits in vollem Gange.

Eine ganze Generation lebt also neuerdings mit der Schande, weiß zu sein. Und dann ist es noch wahrscheinlich, dass sie einer intoleranten und sexuell wenig vielfältigen, heterosexuellen Beziehung ihrer eigenen, biologischen Eltern entstammen. Es wird noch ganze Kohorten von Psychologen auf Lebenszeit ein gutes Einkommen bescheren, um das Trauma einer weißen, privilegierten, heterosexuellen Herkunft bei ganzen Generationen aufzulösen. Da wird es nahezu zur Bürgerpflicht, sich als weiße Frau nur noch mit homosexuellen schwarzen Transfrauen fortzupflanzen, um mit gutem Beispiel voranzugehen und auch ein Zeichen gegen Rassismus und Transphobie zu setzen. Sex ist politisch – wo kommen wir dahin, wenn jeder selbst entscheidet, mit wem er ins Bett geht? Der Quotensex mit freundlichen Muslimen für brave katholische Mädchen sollte genauso zur toleranten Pflicht werden, wie der Beischlaf des heterosexuellen weißen jungen Mitteleuropäers mit einem schwulen Japaner. Für echte Toleranz müssen wir uns eben alle ein bisschen mehr anstrengen als bisher.

EPILOG: WIR MÜSSEN GAR NICHTS

Ist man als Mensch also intolerant, rechts, hasserfüllt, Hetzer, Rassist, islamophob, transphob, homophob und Diskriminierer ganzer Bevölkerungsgruppen, wenn man bei all dem nicht mitmachen will? Ist es als anständiger Mensch, gar als Christ, nicht sogar ernsthaft Auftrag, sich den Nöten von Menschen zu widmen, die benachteiligt sind, die Probleme haben, unterdrückt werden und sich durch Handlungen oder Worte der Mehrheit verletzt fühlen? Die Frage beschäftigt durchaus viele Menschen, man kann dem Themenkomplex des intersektionalen Genderfeminismus ja nicht einfach ausweichen. Es ereilt einen auch ungefragt und ungebeten im Alltag, in der Schule, am Arbeitsplatz, der Politik und den Medien, und selbst sonntags in der Kirche hört man die ständige Ansprache, die auch als Aufforderung verstanden werden will: »Bist du mit uns, oder verweigerst du dich?« Müssen wir also alle im Namen der Menschlichkeit bei Gender mitmachen? Die Antwort ist einfach: Wir müssen gar nichts. Und das aus vielerlei Gründen.

Die Errungenschaft der universalen Menschenrechte steht bereits. Sie ist derzeit eher angegriffen durch die Forderungen identitärer Gruppen, die den Anspruch aller auf alle Rechte neuerdings durch die Verteilung von Sonderrechten für Einzelne ersetzen möchten. Die jüdisch-christlichen Glaubensgemeinschaften haben die Barmherzigkeit, die Gleichwertigkeit aller Menschen vor Gott und den Auftrag zum richtigen Handelnd durch die Zehn Gebote sowieso als Anspruch und Auftrag bereits in ihr Stammbuch geschrieben bekommen. Tausende von Jahren, bevor die erste Gendertheologin das Licht der Welt erblickt hat, um heute nachträglich darüber zu forschen, ob Jesus nicht auch irgendwie divers war. Toleranz, Respekt und Rücksichtnahme hat die westliche Wertegemeinschaft schon lange als richtig erkannt. Geprägt ist diese Denkweise massiv durch christliche Werte. Die Politik betont das gar andauernd, selbst Ungläubige bemühen in Krisenzeiten die christliche Ethik zur Untermauerung der Aufforderung, Hilfe für Fremde zu leisten. Hat nicht gar Gregor Gysi als bekennender Atheist und langjähriger Linken-Fraktionschef zu Protokoll gegeben: »Jesus wäre heute ein kritischer Linker«?[299] Es braucht keine neue intersektionale Genderagenda-Belehrung, die darübergestülpt wird, um die Maßstäbe neu auszurechnen. Sie waren schon vorher gut, genau genommen sogar besser.

Wir müssen gar nichts in einer Gesellschaft, die sich den Regeln der Demokratie bereits erfolgreich verschrieben hat, weil bislang noch kein besseres politisches Ordnungssystem gefunden werden konnte. Alle anderen historischen Versuche der Neuzeit, Entscheidungen in die Hände Einzelner oder auch nur einzelner Gruppen zu legen, endeten in Chaos, Krieg, Genoziden, Unterdrückung, Unfreiheiten und Gewalt. Dass auch unter den Bedingungen von Demokratie und Freiheit nicht jeder bekommt, was er will, und Grenzen gesetzt werden, die nötig sind, um die Ordnung für alle aufrechtzuerhalten, liegt in der Natur der Sache. Der Gegensatz zur Demokratie der Mehrheit ist die Diktatur der Minderheit. Was sollte auch nur ansatzweise daran richtig oder gar besser sein? Wer sollte dazu verpflichtet sein, sich den Anweisungen von Minderheiten zu unterwerfen?

Und so kann um die berechtigten Anliegen von Minderheiten, die im Spiel der Mehrheit immer im Nachteil sind, nur nach sinnvollen Lösungen gerungen werden, mit denen alle leben können. Man kann die Mehrheit in diesem Prozess aber nicht außen vor lassen, überstimmen oder an den Pranger stellen. Bis heute fehlt eine demokratische Legitimation für die Maßnahmen, die im Namen eines sich ständig wandelnden Genderbegriffs ergriffen werden. In keinem Parlament dieser Welt wurde je um die Frage gerungen, wie gendergerechte Sprache konkret aussehen sollte. Und selbst wenn man sich auf eine einheitliche Form einigen könnte, was bereits angezweifelt werden darf, bleibt danach immer noch die Frage offen, ob man sie dann auch wirklich durch den Mehrheitsbeschluss eines Parlamentes einem Sprachraum aufzwingen darf.

Sprache ist, genau wie die natürliche Familie, in Wahrheit ein vorstaatliches Gebilde, das der Staat zwar schützen und fördern kann, das aber älter ist als er selbst. Die Menschen hatten schon vor der Verfassung eine Sprache. Es braucht keine Erlaubnis, kein Gesetz und keine Verordnung, damit die Mitglieder einer sozialen Gemeinschaft miteinander kommunizieren. Sprache ist menschliches Kulturgut und damit Teil dessen, was der Rechtsphilosoph Böckenförde meinte, als er davon sprach, dass der Staat von Voraussetzungen lebt, die er selbst gar nicht schafft. Hier einzugreifen würde allen bisher als richtig erkannten Maßstäben widersprechen. Der Staat kann Sprache nicht schaffen, sondern nur abschaffen. Er kann Familie nicht schaffen, nur abschaffen. Die Ambition, einzugreifen und zu regulieren, hat also in diesen Bereichen eine destruktive Natur.

Den Weg weiter zu beschreiten, wie er derzeit gegangen wird, würde Grundsätze der Rechtsstaatlichkeit und der Verfassung infrage stellen. Wenn, dann muss man es auch klar so benennen. Wenn sich eine Mehrheit findet, die lieber wieder von einer intersektionalen Ständevertretung regiert werden möchte, in der jede Bevölkerungsgruppe je nach Bevölkerungsanteil ihre Mandate über eine Quote zugewiesen bekommt, anstatt von einem demokratisch gewählten Parlament, dann sollten wir das aber offen diskutieren und in einem Volksentscheid abstimmen. Solange das nicht der Fall ist, gelten weiter die Regeln der Demokratie.

Man kann doch heute bereits beobachten, dass allein der Versuch, neue Maßstäbe zu erzwingen, nicht zu weniger, sondern zu mehr Aggression führt. Die Debatten werden eher verunmöglicht als geschlichtet. Die Aggressionen der Sexismus- oder Rassismusdebatten vertiefen gerade die Gräben, anstatt sie zuzuschütten. Es ist nicht nur der Mehrheit, sondern auch der Minderheit zuzumuten, dass sie sich anständig benimmt, respektvoll handelt und spricht und den politischen Gegner nicht unnötig beleidigt. Toleranz ist keine Einbahnstraße. Es ist auch ein Versagen der Mehrheitsgesellschaft, wenn sie sich wehrlos schlecht behandeln lässt und dazu nicht mehr äußert als ihr ausdrückliches Bedauern über die eigene Existenz und das Geloben von Besserung. Die Freiheit ist immer nur eine Generation von ihrer Auslöschung entfernt, um noch einmal Ronald Reagan zu zitieren. Die Mehrheit kann deswegen nicht aus der Verantwortung entlassen werden, endlich Stellung zu nehmen. Nur wer für nichts einsteht, wird von anderen überrannt.

Das ist eine Erkenntnis, die auch jene nicht immer begreifen, die sich über eine »Islamisierung« des Abendlandes sorgen. Wenn Religionen oder Ideologen mit Machtanspruch auf ein Vakuum treffen statt auf Standpunkte, Prinzipien, Wertvorstellung oder festen Glauben, dann ist es wenig verwunderlich, wenn sie Raum gewinnen. Wer auf Widerstand stößt, Ansprechpartner findet, Haltung gegenübersteht und hinter Schranken gewiesen wird, breitet sich nicht ungestört aus. Man kann dem Islam doch nicht den Vorwurf machen, dass er in Europa derzeit einen höheren Zugewinn an Gläubigen zu verzeichnen hat, während das Christentum bereits ausgerechnet hat, wann bei der aktuellen Austrittsstatistik der letzte Christ die Kirchentüre abschließen wird. Den Vorwurf könnte man eher den großen christlichen Kirchen zurufen: Wo seid ihr?

In Fragen der Genderpolitik lässt sich diese Frage deutlich leichter beantworten als bei der Ambition der Mission. Vor allem die Evangelische Amtskirche in Deutschland (EKD) hat da ihren Standpunkt bereits klar eingenommen. Man hat ein eigenes Genderzentrum[300], um gendertheologisch zu forschen, das sexuell vielfältige Regenbogenzelt wird auf den Kirchentagen aufgebaut. Man segnet auch die homosexuelle Ehe, Lesben-Pfarrer*innen machen Videoblogs[301] für »mehr Glitzer« in der Kirche und lassen uns teilhaben an ihren Erlebnissen bei der künstlichen Befruchtung zur Gründung der Regenbogenfamilie. Und für die künstlerisch Interessierten bietet man auf dem Kirchentag gar an, sich im Workshop dem Malen der eigenen Vagina zu widmen[302], alternativ findet man das Frauen-Sex-Podium »Schöner kommen«. Man liest aus der *Bibel in gerechter Sprache*, geht gemeinsam auf die Unisextoilette und versucht sich an einer Neuinterpretation des Galaterbriefes in der Bibel, um aus Jesus irgendwann doch noch den Vorsteher der ersten 13-köpfigen Homo-WG zu machen, der von zwei Vätern großgezogen wurde. Im Juni 2020 beschloss die EKD nun final, sich ganz der gendergerechten Sprache zu verschreiben[303]. Ein unverbindlicher Leitfaden, der kirchenintern bereits seit Jahren kursierte, hatten wohl immer noch zu viel Ungerechtigkeit zurückgelassen. Der Heilige Geist kann also ab sofort einen Bogen um die Evangelische Amtskirche machen, der Zeitgeist hat dieses Territorium bereits voll belegt.

Bei den Katholiken schraubt sich das Thema in der Deutschen Bischofskonferenz hoch, obwohl es aus Rom von Papst Franziskus eine sehr klare Ablehnung gibt gegenüber der Genderideologie[304]. Die deutsche Katholische Kirche hatte da aber schon immer ihre Sondermeinung. Als »wir« in Deutschland mit Benedikt XVI. noch Papst waren, hatte er in seiner Rede im Bundestag versucht deutlich zu machen, dass die »Ökologie des Menschen« geschützt werden muss. Manche haben offenbar bis heute nicht begriffen, dass er damals nicht über Klimarettung, gesprochen hat. Der leise Mann aus dem Vatikan redete von der Natur des Menschen, die es als Schöpfung genauso unberührt zu bewahren gilt wie die jedes Baumes und jeder Wühlmaus. Man fühlt sich in Deutschland nicht immer gebunden an den »Pfaffen in Rom«. Da werden Broschüren entwickelt, um Gender in der Katholischen Kirche salonfähig zu machen, die angeblich die

»katholische« Position zu Gender widerspiegeln, aber nicht einmal mit den Mitgliedern der Deutschen Bischofskonferenz vorher auch nur abgesprochen wurden[305]. Die katholische Damenwelt ist ebenfalls vor allem mit der Machtfrage beschäftigt.

Zuletzt erfreute man die Öffentlichkeit mit einer Neuinszenierung des Letzten Abendmahls als lebendes Schaubild vor dem Bamberger Dom[306]. Das »Freie Kunigunden-Kommando«, kurz FKK, was Gott sei Dank nichts mit Freikörperkultur zu tun hatte, dafür aber gänzlich Jesus-frei war und nur aus Frauen bestand, hatte sich fotogen in Szene gesetzt, um die Forderung nach allen Ämtern in der Kirche auch für Frauen zu unterstreichen. Die subtile Botschaft war klar: Wenn Frau bloß am Herd statt auf der Kanzel stehen dürfe, dann hat der Herr am Abendmahl auch nichts verloren. Und gerade versucht man sich auch beim innerkirchlichen deutschen Reformversuch des sogenannten Sydonalen Weg[307] an einer Neuinterpretation der Sexualmoral, den Machtstrukturen und der Beteiligung von Frauen – es läuft also inhaltlich auf den hundertsten Anlauf zum Frauenpriestertum und der Abschaffung des Zölibates hinaus. Es soll nicht nur Geschlechtergerechtigkeit bringen, sondern auch die Missbrauchsskandale beenden, wenn Priester endlich heiraten können und damit nicht mehr in sexuelle Not geraten. Unbeantwortet bleibt bei dieser immer wiederkehrenden Debatte nach wie vor die Frage, wieso eigentlich die Unmöglichkeit der Ehe mit einer Frau bei einem Priester zum Missbrauch an mehrheitlich jungen Männern führen sollte und ob nicht andere Nöte sich hier artikulieren.

Als moralische Instanz haben beide christlichen Kirchen als Institution längst aufgehört, ihren gesellschaftlichen Anspruch lautstark anzumelden. Man möchte auch niemandem auf die Füße treten und mit den eigenen Glaubensüberzeugungen belästigen. Es sind einzelne Bischöfe, Priester, Pfarrer, Gemeinden und Christen, die das sehr überzeugend nach wie vor tun, aber der einstige Machtapparat Kirche ist auf dem Weg zum Immobilienverwalter mit historischem Inventar.

PERSÖNLICHE VERANTWORTUNG

Immer wieder wird die eher frustrierte Frage an mich herangetragen, ob angesichts der Entwicklungen, die auch in diesem Buch geschildert sind, der Kampf nicht längst verloren sei? Ich frage dann gerne zurück: »Welcher Kampf?« Hatten wir bereits damit begonnen?

Wer gesellschaftliche Vielfalt will, der kann sie bekommen. Wer sexuelle Vielfalt will, der soll sie bekommen. Wann wurde aber entschieden, dass die Mehrheit nicht mehr Teil der Vielfalt ist? Absurderweise wird in den Debatten um die gendergerechte Zukunft des Landes von beiden Seiten eine Art Gegenüberstellung akzeptiert, die sich in heterosexuelle, weiße Mehrheit auf der einen Seite und bunter, sexuell vielfältiger Minderheitenhaufen auf der Gegenseite aufstellen lässt, obwohl es zutiefst den eigenen Ansprüchen der Demokratie und auch der Vielfaltsverfechter widerspricht: Wir alle sind die Vielfalt dieses Landes, aber auch innerhalb dieser bunten Vielfalt gibt es unterschiedliche Mehrheiten. Heterosexuelle Menschen sind Teil dieser Vielfalt und nicht außen vor. Weiße Menschen sind Teil dieser Vielfalt und nicht außen vor. Männer sind Teil dieser Vielfalt und nicht außen vor. Mütter und Hausfrauen sind Teil dieser Vielfalt und nicht außen vor. Die Mehrheit hat sich ausgrenzen lassen und nimmt diese willkürliche, neue Spielregel einfach hin. Sie muss es aber nicht.

Vor einigen Jahren war ich als Sachverständige im Landtag von Sachsen berufen bei einer Anhörung zur Frage, ob Sachsen, so wie einige andere Bundesländer auch, einen »Aktionsplan« für die Akzeptanz vielfältiger Lebensweisen und gegen Diskriminierung einführen sollte. Linke und Grüne hatten das beantragt, ich habe es dann befürwortet mit dem Hinweis, dass ich es großartig finde, dass sich Die Grünen und Die Linken endlich für die Benachteiligung der Lebensform »Hausfrau« und gegen ihre ständige sexistische Degradierung als »Heimchen am Herd« einsetzen möchten. Und dass ich es wunderbar finde, wenn man gemeinsam für ein Betreuungsgeld kämpfen würde, damit die Erziehungsleistung selbsterziehender Eltern nicht mehr länger benachteiligt wird. Es gab kurz Tumulte. So hatte man es ja nicht gemeint. Es sollte natürlich nur um die Belange sexueller Minderheiten gehen und neuer Familienmodelle abseits der traditionellen Familie. Aber mit welchem Recht? Wer Vielfalt will, kann die Mehrheit nicht davon ausgrenzen oder Ungerechtigkeiten, die einen nicht interessieren, ignorieren. Man muss die Forderungen der intersektionalen Bewegung einfach nur ernst nehmen und das Thema nach allgemeingültigen anerkannten Regeln im demokratischen Diskurs lösen. Was gerade geschieht, ist, dass wir zulassen, dass die Regeln einseitig diktiert werden.

Immerhin ist die Debatte eröffnet. Es ist ein erster Schritt. Ein Schlichtungsversuch zwischen unterschiedlichen Interessen kann aber nur funktionieren, wenn die ständig geforderte Differenzierung auch stattfindet und von allen Protagonisten nicht nur eingefordert, sondern auch geliefert wird. Es ist ja nicht falsch, einen hassfreien Diskurs zu fordern, aber dann müssen alle sich daran halten, denn es kann nicht zweierlei Maß geben.

Es ist auch nicht falsch, über die Frage zu forschen, ob und inwieweit die kulturelle Prägung sich auf unsere spätere geschlechtliche Entwicklung auswirkt. Wenn unsere Erziehung also »60 Jahre vor unserer Geburt« beginnt, ist die Frage, wie unsere Mütter und Väter, aber auch unsere Großeltern ihre Beziehungen gelebt haben, nicht irrelevant. Auch Genderforschung muss aber ergebnisoffen sein und sich an wissenschaftlichen Standards messen lassen, so wie jede andere Wissenschaft auch. Und wenn Theorien der Genderhypothese mit den Theorien anderer Wissenschaftsbereiche kollidieren, muss das im wissenschaftlichen Diskurs untersucht werden, um zu sehen, wer denn nun Recht hat. Professoren niederbrüllen, Vorlesungen streichen, Literaturlisten zensieren und Budgetkürzungen für nicht genehme Forschungszweige sind kein wissenschaftlicher Diskurs, sondern eine Schande für den freien Wissenschaftsbetrieb.

Wenn religiöse Vorstellungen zum Problem erklärt werden, kann das einzelne Religionen nicht ausklammern. Wir können nicht von einer Glaubensgemeinschaft erwarten, dass sie ihre Ansichten überdenkt und diskutiert, bei anderen aber schweigen oder es gar unterstützen.

Fairness bedeutet auch, dass wir nicht junge Menschen für die Verfehlungen ihrer Eltern- oder Großelterngenerationen bestrafen. Universelle Menschenrechte bedeuten, dass jeder subjektiv Träger aller Rechte ist und wir nicht im Zuge der Erbschuld oder Sippenhaft manche ausklammern. Konkret tragen meine beiden Söhne keine Schuld an der Unterdrückung der Frau in den letzten Jahrhunderten. Ich bin als Mutter genauso Vertreterin ihrer Interessen, wie ich auch die Rechte meiner beiden Töchter bis aufs Messer verteidigen würde. Die Mädchen sind aber nicht geborene Opfer, die ich besonders schonen müsste, und ihre Brüder keine Täter. Alle vier haben das gleiche Recht auf denselben Job, dasselbe Mandat, Reichtum, Ruhm und Ehre. Keiner muss für die Verfehlungen früherer Generationen haften.

Wir reden in diesem Land sehr viel über Bürgerrechte, aber sehr wenig über Bürgerpflichten. Immerhin gibt das Grundgesetz den Eltern des Landes die Verpflichtung auf den Weg, ihre Kinder zu erziehen und zu versorgen. Die einzige Bürgerpflicht, die erkennbar ist, ist die Unterordnung unter bestehende Gesetze. Was leider nirgendwo verankert ist, ist die Pflicht, sich am gesellschaftlichen Diskurs zu beteiligen. Nicht einmal zur Wahl alle vier oder fünf Jahre werden wir als Bürger verpflichtet. Alles kann, nichts muss. Es gibt gute rechtsphilosophische Begründungen für einen Verzicht auf eine »Mitmachpflicht« im Staat. Die Kehrseite der Medaille ist, dass viele sich nicht mehr zuständig fühlen, Verantwortung längst abgegeben haben und der Gesellschaft nur noch mit einer Erwartungshaltung gegenüberstehen.

Kein Mensch kann von der Verpflichtung entbunden werden, selbst im Rahmen seiner Möglichkeiten für das einzustehen, was ihm wichtig oder erhaltenswert erscheint. Demokratie ist anstrengend. Aber wenn ich als Mutter nicht möchte, dass meine Kinder gendergerechte Sprache sprechen oder schreiben sollen, dann muss ich aktiv werden, wenn der Elternbrief kommt, in dem mit Gender*sternchen über die »LuL[308]« und die »SuS« informiert wird. Wo sind denn jene »Studierenden«, die sich zwar haufenweise über die Aufforderung zur Verwendung gendersensibler Schreibweisen aufregen, aber dennoch brav in genau dieser Schreibweise ihre Hausarbeiten abgeben, um nicht eine Note zu riskieren und auch sonst nicht aufzufallen? Wie viele Eltern sind empört über den Sexualkundeunterricht, sind deswegen aber noch nie vorstellig geworden bei der Schulleitung, beim Schulamt oder bei ihrem örtlichen Bundestagsabgeordneten? Hat es denn allen die Sprache verschlagen?

Wo sind jene Politiker und auch Politikerinnen, die zwar vorgeben, gendergerechte Sprachsternchen auch nicht zu wollen, die dann aber auch konsequent alle Drucksachen im Landtag oder Bundestag zurückweisen, die in gegenderter Sprache von Grünen und Linken derzeit eingebracht werden. Ich kenne nur eine einzige Abgeordnete der CDU, die das konsequent tut und auf das Amtsdeutsch besteht.

Wer nickt Bildungspläne und Budgets für Lobbygruppen durch in Ministerien, ohne dass sich jemand darum schert, was damit passiert? Man kann diesen Lobbygruppen nicht vorwerfen, dass sie Gelder nehmen, die man ihnen breitwillig gibt, um ihre Arbeit zu machen, das ist absolut legitim. Man kann aber die Frage an die zuständigen Behörden aufwerfen, nach welchen Kriterien manche Interessen alimentiert werden und andere nicht.

Ich kenne Menschen, die mit Begleitschreiben ein Zeitungsabo oder eine Vereinsmitgliedschaft gekündigt haben, weil sie mit der Berichterstattung über manche Themen oder über die Verwendung von Genderschreibweisen erbost waren. Es ist das Mindeste, was von jedem erwartet werden kann, der die bestehenden Verhältnisse verändern will und seine Überzeugungen, Wertvorstellungen, seinen Glauben und seine Normalität behalten möchte. Niemand kann sich aus seiner persönlichen Verantwortung stehlen und sich anschließend beschweren, dass andere für ihre Überzeugungen mehr Einsatz und Energie aufbringen.

Es beginnt alles mit dem Wort. Auch mit jenem, welches wir selbst ergreifen, vor allem dann, wenn es nicht einfach ist, man sich allein wähnt oder mit dem Rücken zur Wand steht. Das Prinzip der Schweigespirale funktioniert leider gut, hat aber auch den Umkehreffekt: Es braucht oft nur einen, der sein Schweigen bricht, und es folgen Mehrheiten. Manchmal fallen dadurch Mauern, auch in den Köpfen. Viel wurde geschrieben über die berühmte »German Angst« in allen Lebenslagen – was wir brauchen, ist den deutschen Mut. Es steht so viel auf dem Spiel für die Zukunft unserer Kinder.

In einer auf ständigen Wandel ausgelegten Welt ist das Beharren auf dem Status quo die größtmögliche Provokation. Es gibt viele Wege, die Auseinandersetzung um die Bewahrung der Normalität zu führen. Die Hände in den Schoß zu legen ist keiner davon. Sollte es also doch etwas geben, was wir alle gesellschaftlich *müssen,* dann wäre es einzig und allein: anfangen. Wir haben keinen Kampf verloren, wir haben noch gar nicht damit begonnen. Es fängt gerade erst an, Spaß zu machen.

ANMERKUNGEN

1 »cis«-geschlechtlich wird bei Verfechtern der Gendersprache als Definition verwendet, um biologische Geschlechtlichkeit auszudrücken in Abspaltung von der selbst definierten Geschlechtlichkeit, die nach dieser Theorie abweichend sein kann. Cis-Weiblichkeit ist also biologische Weiblichkeit, auch im Gegensatz zu »trans«-Weiblichkeit zu verstehen, die vom Cis-Geschlecht abweicht.

2 Zwangsheteronormativität kritisiert als Schlagwort der Gendersprache den gesellschaftlichen Ist-Status, in dem Heterosexualität als Normalzustand gelebt wird, als einen Zwangszustand, der aufgebrochen werden muss, da er nicht natürlich, sondern nur durch gesellschaftliche Zwänge und Kultivierung zustande gekommen sei. »Sexuelle Vielfalt« entspricht in diesem Denkmodell dem Urzustand der menschlichen Gesellschaft vor der Herrschaft der Zwangsheteronormativität.

3 Genderfeminismus erweitert inzwischen seinen Anspruch auf Vertretung weiterer identitärer, diskriminierter Gruppen, und zwar nicht nur von Frauen oder sexuellen Minderheiten. So kämpft man auch für jene, die sich aufgrund von Rasse und/ oder Migrationshintergrund benachteiligt fühlen. »Intersektional« meint dabei die Anhäufung mehrerer Diskriminierungspotenziale, sodass eine Opferhierarchie entsteht. Siehe auch Kapitel 3 »Der intersektionale Opfertopf«.

4 Rape Culture – Die Vergewaltigungskultur. Glaubt man deutschen Feministinnen, beschreibt dieser Zustand auch die deutsche Gesellschaft und nicht etwa die Zustände in Ländern wie Indien oder islamische Gesellschaften, in denen Vergewaltigungen von Frauen an der Tagesordnung sind. Die Rape Culture des weißen Patriarchats in westlichen Wohlstandgesellschaften manifestiert sich in der ständigen Degradierung der Frau, wo sie dauernd mit Worten und Taten sexistisch belästigt wird und die Übergriffe auf sie nicht geahndet sondern geduldet werden. All das soll sich täglich in Deutschland und auch weltweit abspielen.

5 PoC – Abkürzung für People of Color oder auch Person of Color und damit ein Sammelbegriff für alle Menschen, die selbst nicht weiß sind, sondern farbenfroh. Da aber auch die Buntheit nach Unterscheidung ruft, existiert der Begriff auch in Varianten wie BPoC, womit etwa Black People of Color gemeint sind, in dem Fall die Schwarzen unter den Bunten. Schwieriger ist die Unterscheidung von Asiaten, weil man sich im Lager der PoC nicht einig ist, ob Asiaten zu den Weißen oder zu den benachteiligten PoC gehören, da sie meist privilegiert leben. Hautfarbe ist im Sinne der PoC also nicht zwingend eine Farbe, sondern kann auch einen farbigen Status beschreiben. Siehe auch: »Are Asian Americans White? Or People of Color?«, *Yes Magazine*, 15.01.2020; Link: https://www.yesmagazine.org/social-justice/2020/01/15/asian-americans-people-of-color/

6 Dyke – Ein englisches Wort zur Beschreibung einer lesbischen Frau, das im Sinne von Kampflesbe gerne auch als Schimpfwort verwendet wird. Gleichzeitig wird der Begriff aber auch von Lesben als positive Selbstbezeichnung genutzt. Es wird also Vorsicht angeraten bei der laienhaften Verwendung des Begriffs, weil man nie ahnen kann, ob man eine entrüstete oder eine stolze Dyke vor sich hat.

7 Girlfag – Zu Deutsch Schwules Mädchen. Hierbei handelt es sich um eine Selbstbezeichnung von Frauen, mit einem wenig erfolgversprechenden Beuteschema in Bezug auf Männer, da sie sich zu Schwulen hingezogen fühlen oder auch zu bisexuellen Männern. Manche dieser Frauen bezeichnen sich aber auch selbst als schwul oder als schwuler Mann im Körper einer Frau. In der Umkehrung des Phänomens existieren auch sogenannte Guydykes, das wären Männer, die sich lesbisch fühlen und sich selbst als männliche Lesben bezeichnen.

8 Gender Fluidity – Das fließende Geschlecht. Beschreibt die Theorie, dass Geschlecht gar nicht klar in ein klares Mann-Frau-Schema aufgeteilt, sondern ein fließendes Spektrum sei, in dem sich der Mensch bewegt, sodass es ganz unterschiedliche Ausdrucksweisen von Geschlecht und Sexualität gibt. Gender fließt aber offensichtlich immer nur aus dem heterosexuellen Spektrum in das nicht heterosexuelle Vakuum ab und niemals zurück. Deswegen kann es nach dieser Theorie auch nur eine Bewegung aus der Heterosexualität, aber niemals in sie hinein geben. Siehe auch Kapitel 7.

9 Binarität – Zweigeschlechtlichkeit. Glaubt man den Erkenntnissen der Genderexpertise, dann handelt es sich dabei nur um einen Mythos, der durch die Vielgeschlechtlichkeit widerlegt wurde. Menschen, die sich selbst als non-binär bezeichnen, glauben das wirklich. Wissenschaftlich betrachtet wäre ein non-binäres Wesen jedoch exterrestrischer Natur. Ganz ausschließen lässt sich deren Existenz also nicht.

10 Biologist – Ein Schimpfwort im Gendersprachgebrauch zur Titulierung jener, die die wissenschaftliche Faktenlage der Biologie anerkennen, statt sie zu hinterfragen. Gemeinhin wird dem Biologisten und sicher auch den »Biologist*innen« vorgeworfen, die Natürlichkeit biologischer Geschlechtsmerkmale nicht dekonstruieren zu wollen und sich ihnen damit zu unterwerfen. Biologisten sind aus Genderperspektive also jene, die Geschlecht als natürliche und nicht als soziologische Kategorie betrachten.

11 Safe Space – Ein sicherer Ort. Benennt faktische, manchmal auch nur gedankliche sichere Räume, in denen man vor Meinungen, Behauptungen und Aussagen sicher ist, die nicht die eigenen sind und durch die man sich diskriminiert oder verletzt fühlen könnte. Fakten, Bücher, Menschen oder ganze Gruppen können aus diesen sicheren Orten ausgeschlossen werden, um die Insassen nicht zu belästigen. An Universitäten existieren inzwischen weltweit Safe Spaces für Frauen oder diverse Geschlechter, um sie vor befürchteten männlichen Übergriffen zu schützen. Dieses Buch ist beispielsweise kein sicherer Ort für Gedankenkonformisten.

12 »Achtung, grausame Literatur!«, Lorenz Jäger in *FAZ*, 20.09.2015; Link: https://www.faz.net/aktuell/feuilleton/trigger-warnungen-vor-literatur-an-universitaeten-13813959.html

13 »Schlechtere Note ohne Binnen-I«, *Kleine Zeitung* Österreich online; 31. Oktober 2014; Link: www.kleinezeitung.at/k/politik/innenpolitik/4574205/Schlechtere-Note-ohne-BinnenI

14 Siehe Beispiel Woody Allen in Kapitel 11 »Gute Männer – Böse Männer«.

15 LGBT – Englisch ausgesprochene, gängigste Abkürzung zur Beschreibung der Interessenvertretung im weitesten Sinne nicht heterosexueller Interessengruppen. LGBT steht in dem Fall exemplarisch für Lesbian Gay Bisexual Transgender. Die Buchstabenreihen sind willkürlich erweiterbar, oft gesehen ist auch LSBTTIQ (Lesbisch Schwul Bisexuell Transsexuell Transgender Intersexuell Queer), genau genommen kann in der bunten Vielfalt der Geschlechter aber das gesamte Alphabet aufgenommen werden.

16 Siehe Kapitel 8 »Gender macht Schule«.

17 »Es gibt auch eine Ökologie des Menschen. Auch der Mensch hat eine Natur, die er achten muss und die er nicht beliebig manipulieren kann. Der Mensch ist nicht nur sich selbst machende Freiheit. Der Mensch macht sich nicht selbst. Er ist Geist und Wille, aber er ist auch Natur, und sein Wille ist dann recht, wenn er auf die Natur hört, sie achtet und sich annimmt als der, der er ist und der sich nicht selbst gemacht hat. Gerade so und nur so vollzieht sich wahre menschliche Freiheit.« Papst Benedikt XVI. in seiner Rede im Deutschen Bundestag am 22.09.2011; Link: https://www.bundestag.de/parlament/geschichte/gastredner/benedict/rede-250244

18 *Unverfügbarkeit*, Hartmut Rosa, Residenz Verlag 2018.

19 Hanna Lindholm interviewt Studenten über Identität und Diversity an der Södertörn Universität. Link in Originalsprache: https://www.youtube.com/watch?v=Qd1SVUXFgr8. Mit deutschen Untertiteln: https://www.youtube.com/watch?v=4MbMv-pqDZo

20 Joseph Backholm, Family Policy Institute of Washington, Umfrage zu Identität und Diversity, Link: https://www.youtube.com/watch?v=xfO1veFs6Ho

21 Paul Witt, PragerU, Umfrage auf dem Campus der Universität Berkley. Kein einziger der Befragten antwortete auf die Frage, wie viele Geschlechter es gebe, mit zwei. Link: https://www.youtube.com/watch?v=iqqaZQI1kI4

22 »Transgender father Stefonknee Wolscht who left family to be a six-year-old girl ›uses child's play to escape adult life‹«, The *Independent*, 16.12.2015; Link: https://www.independent.co.uk/news/world/americas/transgender-father-stefonknee-wolscht-who-left-family-to-be-a-six-year-old-girl-uses-childs-play-to-a6775051.html

23 »Dutch man, 69, who ›identifies as 20 years younger' launches legal battle to change age«, *The Telegraph*, 07.11.2018; Link: https://www.telegraph.co.uk/news/2018/11/07/dutch-man-69-identifies-20-years-younger-launches-legal-battle/

24 »Die weiße Schwarze«, *Der Spiegel*, 17.06.2015; Link: http://www.spiegel.de/panorama/gesellschaft/rachel-dolezal-die-weisse-schwarze-us-buergerrechtlerin-a-1039176.html

25 »Speciesism Again: the original leaflet«, Richard D. Ryder, in *Critical Society* 1, Nr. 2, 2010 S. 1; Link: https://web.archive.org/web/20121114004403/http://www.criticalsocietyjournal.org.uk/Archives_files/1.%20Speciesism%20Again.pdf

26 Neue Struktur bei künftigen »Leitperspektiven« für Bildungsplan, Pressemitteilung Landesregierung Baden-Württemberg; Link: https://www.baden-wuerttemberg.de/de/service/presse/pressemitteilung/pid/neue-struktur-bei-kuenftigen-leitperspektiven-fuer-bildungsplan/

27 »Feminismus ist für mich ein Etikett«, die Österreichische Frauenministerin Susanne Raab im Interview bei *Zeit im Bild (ZIB)*,TV-Sender Ö1, Sendung vom 9. März 2020; Link: https://www.facebook.com/ZeitimBild/videos/290168015295692

28 Schwedens »feministische Regierung« kontert Trump mit Foto, *Die Welt*, 04.02.2017; Link: https://www.welt.de/politik/ausland/article161803951/Schwedens-feministische-Regierung-kontert-Trump-mit-Foto.html

29 W20-Frauenkonferenz: Bei dieser Frage sucht Merkel nach den Worten; *Die Welt*, 25.04.2017; Link: https://www.welt.de/politik/deutschland/article163999676/Bei-dieser-Frage-sucht-Merkel-nach-den-Worten.html

30 »Rückschlag für Frauenquote in Deutschland: Das Verfassungsgericht von Thüringen stoppt eine paritätische Verteilung der Listenplätze«; *NZZ*, 15.07.2020; Link: https://www.nzz.ch/international/deutschland/rueckschlag-fuer-frauenquoten-in-deutschland-das-verfassungsgericht-von-thueringen-stoppt-eine-paritaetische-verteilung-der-listenplaetze-ld.1566421

31 Annegret Kramp-Karrenbauer im ARD-Sommerinterview vom 03.07.2020; Link: https://www.tagesschau.de/multimedia/sendung/bab/bab-vorschau-469.html

32 »Iran: Haftstrafe für Frau ohne Kopftuch«, *Deutsche Welle*, 14.04.2019; Link: https://www.dw.com/de/iran-haftstrafe-f%C3%BCr-frau-ohne-kopftuch/a-48322939

33 *Menschen bei Maischberger*, ARD, Sendung vom 16.04.2013.

34 »Tradwives: Unsere lieben Hausfrauen«, Catherine Newmark auf *Zeit Online;* Link https://www.zeit.de/kultur/2020-02/tradwives-feminismus-1950er-social-media-10nach8/komplettansicht (Stand 10.04.2020)

35 *Muttertier – Eine Ansage*, Birgit Kelle, 2017, Fontis Verlag.

36 »No woman should be authorized to stay at home and raise her children. Society should be totally different. *Women should not have that choice*, precisely because if there is such a choice, too many women will make that one.« – Simone de Beauvoir in »Sex, Society, and the Female Dilemma«, *Saturday Review*, 14. Juni 1975, S. 18.

37 Nikolai Iwanowitsch Bucharin/Jewgeni Alexejewitsch Preobraschenski in *ABC des Kommunismus, Populäre Erläuterungen des Programms der kommunistischen Partei Russlands (Bolschewiki), 1920:* »Der Gesellschaft gehört auch das ursprünglichste und fundamentalste Recht der Kindererziehung. Von diesem Standpunkt aus müssen die Ansprüche der Eltern, durch die Hauserziehung in die Seele ihrer Kinder ihre eigene Beschränktheit zu legen, nicht nur abgelehnt, sondern auch ohne Erbarmen ausgelacht werden.« Link: https://www.marxists.org/deutsch/archiv/bucharin/1920/abc/index.htm

38 Die Woll-Vaginas – Im Englischen auch Pussy Hat genannt, sind in der Regel selbstgestrickte oder gehäkelte, meist pinkfarbene Mützchen, die eine weibliche Vagina darstellen sollen und als Zeichen der Emanzipation von ihren Inhaberinnen getragen werden. Bei den Frauenmärschen in Washington nahm diese Sitte

vor einigen Jahren ihren Lauf und hat sich seither auch in weiteren Ländern als feministisches »Erkennungszeichen« etabliert.

39 Slutwalks – Zu Deutsch Schlampen-Märsche, sind feministische Demonstrationen von Frauen, bei denen sie sich absichtlich »wie Schlampen« freizügig gekleidet zeigen, um ihr Recht zu demonstrieren, wie eine Schlampe herumlaufen zu dürfen, wenngleich sie gleichzeitig trotz ihres Aufzuges nicht als solche bezeichnet werden wollen. Es handelt sich also um eine leicht schizophrene Argumentationslinie.

40 *Gendergaga – Wie eine absurde Ideologie unseren Alltag erobern will*, Birgit Kelle, 2015, Adeo Verlag.

41 Vagina Voting – eine Bezeichnung aus dem Amerikanischen für einen Wahlvorgang von Frauen, die sich bei der Auswahl von Kandidaten nicht von rationalen Erwägungen, sondern von Geschlechtsmerkmalen leiten lassen. Klassisches Vagina Voting ist demnach, wenn eine Vagina-Inhaberin aus weiblicher Solidarität strategisch eine andere Vagina-Inhaberin wählt, um explizit nicht einen Penis-Besitzer zu wählen. In den USA herrscht ob der Frage, ob Vagina Voting positiv oder negativ zu werten sei, eine rege Debatte, ausgelöst einst durch den innerparteilichen Wettstreit von Hillary Clinton um die Nominierung als erste weibliche Präsidentschaftskandidatin.

42 »Bei Facebook kann man jetzt ›genderqueer‹ sein«, *Spiegel Online*, 04.09.2014; Link: https://www.spiegel.de/netzwelt/apps/facebook-erweitert-geschlechter-um-60-neue-optionen-a-989819.html

43 Genderqueer oder auch nur queer – Querbeet sexuell, gemeint ist ohne Festlegung der eigenen Geschlechtlichkeit und sexuellen Begehrlichkeit, da wechselhaft empfunden oder praktiziert. Queere bezeichnen sich auch oft eher non-binär oder genderfluid

44 AStA – Allgemeiner Studierendenausschuss an staatlichen Universitäten.

45 Artikel 3, Absatz 1 und 2 Grundgesetz im Wortlaut: (1) Alle Menschen sind vor dem Gesetz gleich. (2) Männer und Frauen sind gleichberechtigt. Der Staat fördert die tatsächliche Durchsetzung der Gleichberechtigung von Frauen und Männern und wirkt auf die Beseitigung bestehender Nachteile hin.

46 »Rechte der Frau und Gleichstellung der Geschlechter«, Informationen des Ausschusses für die Rechte der Frau und die Gleichstellung der Geschlechter des EU-Parlamentes, 28.07.2009.

47 Arbeitshilfe »Gender Mainstreaming bei der Vorbereitung von Rechtsvorschriften« des Bundesministeriums für Familie, Senioren, Frauen und Jugend, 2005.

48 Beispielhaft etwa die Drucksache 19/19145 Partei Die Linke vom 12.05.2020; dort ist die Rede von »Ministerpräsident*innen« und »Fachminister*innen«; Link: https://dip21.bundestag.de/dip21/btd/19/191/1919145.pdf

49 »… the sustainable Developement Goal 5 on gender equality and eliminating violence against all women and girls, including lesbians, bisexual, transsexual and gender non-conformists, must be achieved.« Link: https://www.unwomen.org/en/news/stories/2018/11/from-where-i-stand-helen-tavares

50 UN Women Statement zum Internationalen Tag gegen Homophobie, Transphobie und Biphobie, 17.05.2019; Link: https://www.unwomen.org/en/news/sto-

ries/2019/5/statement-un-women-day-against-homophobia-transphobia-and-biphobia

51 Istanbul-Konvention im Wortlaut unter Link: https://www.unwomen.de/fileadmin/user_upload/schwerpunktthemen/internationale_konventionen

52 Istanbul-Konvention, englische Übersetzung: https://www.coe.int/en/web/conventions/full-list/-/conventions/rms/090000168008482e

53 Beschlussvorlage Nummer 12267 des Komitees für Chancengleichheit von Frauen und Männern am Europarat zur »Bekämpfung sexistischer Stereotype in den Medien« vom 26.05.2010. Berichterstatterin: Abgeordnete Doris Stump, Schweiz. Link: https://www.medrum.de/files/EDOC12267.pdf

54 »Gendergerechtigkeit als Beitrag zu einer erfolgreicher Klimapolitik: Forschungsreview, Analyse internationaler Vereinbarungen, Portfolioanalyse«, Umweltbundesamt Texte 23/2018; Link: https://www.umweltbundesamt.de/sites/default/files/medien/1410/publikationen/2018-03-15_texte_23-2018_gender-klima.pdf

55 Klima-Allianz Deutschland; Link: https://www.klima-allianz.de/ueber-uns/unsere-mitglieder

56 »BirthStrikers: meet the women who refuse to have children until climate change ends«, *The Guardian*, 12.03.2019; Link: https://www.theguardian.com/lifeandstyle/2019/mar/12/birthstrikers-meet-the-women-who-refuse-to-have-children-until-climate-change-ends

57 »Female chess players forced to wear hijab as governing body awards world championship to Iran«, *The Telegraph*, 29.09.2016; Link: https://www.telegraph.co.uk/news/2016/09/29/female-chess-players-accuse-governing-body-of-sex-discrimination/

58 »Die Vergabe der WM in den Iran stürzt Spielerinnen in ein Dilemma«, *Süddeutsche Zeitung online*, 30.09.2016; Link: https://www.sueddeutsche.de/sport/schach-schach-spielerinnen-wollen-wm-in-iran-wegen-kopftuchzwang-boykottieren-1.3186411-2

59 »Schach unterm Hidschab«, Stefan Löffler in FAZ online vom 17.02.2017; Link: https://blogs.faz.net/schachblog/2017/02/17/schach-unterm-hidschab-801/

60 »Sie starb, dabei wollte sie doch nur zum Fußball«, Nicole Horn in *ZEIT Online* vom 11.09.2019; Link: https://www.zeit.de/sport/2019-09/sahar-khodayari-iran-frauen-fussballfan-stadionbesuch-suizid-opferung

61 »›Ruinöser Auftritt‹: Eklat um Kopftücher schwedischer Politikerinnen im Iran«, *Focus Online*, Link: https://www.focus.de/politik/videos/legitim-hijab-zu-tragen-ruinieren-feminismus-eklat-um-kopftuecher-schwedischer-politikerinnen-im-iran_id_6640790.html

62 »Protest gegen Roths Kopftuch«, *EMMA online*, 27.01.2015, Link: https://www.emma.de/artikel/iranerinnen-protestieren-gegen-roths-kopftuch-318367

63 Offener Brief von CLAIM Allianz gegen Islam- und Muslimfeindlichkeit, 19. Juni 2019; Link: https://claudia-roth.de/wp-content/uploads/2019/06/20190619_OffenerBrief_Antimuslimischer_Rassismus.pdf

64 »Franziska Giffey verteidigt Burkini-Äußerungen«, *ZEIT Online*, 25.06.2018; Link: https://www.zeit.de/gesellschaft/zeitgeschehen/2018-06/bundesfamilienministerium-franziska-giffey-schule-schwimmunterricht-burkini

65 »Integrationsbeauftragte warnt vor generellem Verbot von Kinderehen«, *ZEIT Online*, 03.11.2016; Link: https://www.zeit.de/politik/deutschland/2016-11/aydan-oezoguz-integrationsbeauftragte-kinderehen

66 »Was wir nicht sehen«, Khola Maryam Hübsch in *Fluter*, Magazin der Bundeszentrale für politische Bildung, Ausgabe Nr. 57, Winter 2015/2016; Link: https://www.fluter.de/sites/default/files/was_wir_nicht_sehen.pdf

67 *Krieg und Affekt*, Judith Butler, 2009, Diaphanes Verlag, S. 86.

68 Ebenda, S. 96.

69 Lady Bitch Ray: »Das Kopftuch kann Punk und Rebellion sein«; *BR24*, 25.11.2019; Link: https://www.br.de/nachrichten/kultur/kopftuch-lady-bitch-ray,Ripgjdc

70 Melania verzichtet aufs Kopftuch, *n-tv*; 20.05.2017; Link: https://www.n-tv.de/politik/Melania-verzichtet-aufs-Kopftuch-article19851475.html

71 »Van der Bellens Kopftuch-Vorschlag wird zum Eigentor«, *Welt Online*, 27.04.2017; Link: https://www.welt.de/politik/ausland/article164058881/Van-der-Bellens-Kopftuch-Vorschlag-wird-zum-Eigentor.html

72 »Selins Lüge«, *Der Spiegel*, 03.07.2016; Link: https://www.spiegel.de/spiegel/selin-goeren-a-1100990.html

73 Dokumentiert von Markus Vahlefeld, »Entschuldige bitte, lieber Vergewaltiger!«, auf *achgut.com*; Link: https://www.achgut.com/artikel/entschuldige_bitte_lieber_vergewaltiger

74 »Sexuelle Gewalt gegen Frauen: Warum der Aufschrei gegen die Täter nicht ausbleiben darf«, Birgit Kelle auf *Focus Online* vom 05.01.2016; Link: https://www.focus.de/politik/experten/bkelle/schreckliche-taten-in-koeln-sexuelle-gewalt-gegen-frauen-warum-der-aufschrei-gegen-die-taeter-nicht-ausblieben-darf_id_5189307.html

75 »Die Rape Culture wurde nicht importiert – sie war schon immer da«, Stefanie Lohaus und Anne Wizorek in *Vice Magazin* vom 07.01.2016, Link: https://www.vice.com/de/article/xdk9dw/die-rape-culture-wurde-nicht-nach-deutschland-importiert-sie-war-schon-immer-da-aufschrei-118

76 Antje Schrupp, https://www.facebook.com/antjeschrupp/posts/10205704490195631 und als Beitrag bei *Stern*, »Die Gewalt von Köln und was jetzt zu tun ist«, 06.01.2016; Link: https://www.stern.de/familie/leben/koeln---was-jetzt-zu-tun-ist--ein-gastbeitrag-von-antje-schrupp-6632962.html

77 »Willkommen in der Hölle, Ladys«, Hengameh Yaghoobifarah in der taz vom 06.01.2016; Link: https://taz.de/Gewalt-gegen-Frauen/!5263311/

78 Initiative »Ausnahmslos«; Link: http://ausnahmslos.org/

79 Tweet von Cem Özdemir vom 11.01.2016: »Ihr rechten Hetzer: Euch geht's nicht um Frauen! Diese Verlogenheit lassen wir Euch nicht durchgehen!«, Link: https://twitter.com/cem_oezdemir/status/686611541895045121

80 Tweet von Heiko Maas vom 11.01.2016: »Gemeinsam gg #Sexismus und #Rassismus. Nicht nur Frauen u erst recht nicht erst seit #koelnbhf, sondern #ausnahmslos«, Link: https://twitter.com/HeikoMaas/status/686538404348166144

81 »Warum habt ihr keinen Respekt?«, Dagmar Dehmer und Andrea Dernbach in *Der Tagesspiegel*, 10.01.2016; Link: https://www.tagesspiegel.de/politik/nach-den-uebergriffen-in-koeln-warum-habt-ihr-keinen-respekt/12810330.html

82 »Alle Männer sind potenzielle Vergewaltiger«, *Die Welt*, 10.01.2016, Link: https://www.welt.de/regionales/hamburg/article150824060/Alle-Maenner-sind-potenzielle-Vergewaltiger.html

83 »Die Vergewaltigungen am Tahrir Platz«, Anna Osius in *Deutschlandfunk* vom 20.09.2013; Link: https://www.deutschlandfunk.de/die-vergewaltigungen-am-tahrir-platz.724.de.html?dram:article_id=262358

84 Tweet von Jakob Augstein vom 07.01.2016: »Ein paar grapschende Ausländer und schon reisst bei uns Firnis der Zivilisation«, Link: https://twitter.com/augstein/status/685142273324134400

85 »Müssen Männer ihre Frauen mit der Faust verteidigen?«, Uwe Schmitt in *Die Welt* vom 19.05.2016, Link: https://www.welt.de/debatte/kolumnen/made-in-germany/article155489510/Muessen-Maenner-ihre-Frauen-mit-der-Faust-verteidigen.html

86 »Eine Armlänge Abstand, Bürgermeisterin floppt mit Verhaltenstipps für Frauen«, *BILD*, 06.01.2016, Link: https://www.bild.de/politik/inland/sexuelle-belaestigung/an-silvester-eine-armlaenge-abstand-lautet-henriette-rekers-tipp-fuer-frauen-44037568.bild.html

87 »Miniröcke könnten zu Missverständnissen führen«, *Die Welt*, 26.06.2015, Link: https://www.welt.de/vermischtes/article143128131/Miniroecke-koennten-zu-Missverstaendnissen-fuehren.html

88 ZANZU – Mein Körper in Wort und Bild, Homepage der Bundeszentrale für gesundheitliche Aufklärung (BZgA), Link: https://www.zanzu.de/de/

89 »Klöckner fordert ein Gesetz zur Integrationspflicht für Flüchtlinge«, Martina Fietz in *Focus Online* vom 22.09.2015; Link: https://www.focus.de/politik/deutschland/imam-verweigerte-handschlag-kloeckner-fordert-gesetz-zur-integrationspflicht-fuer-fluechtlinge_id_4965163.html

90 »Muslimischer Polizist verweigert Kollegin Handschlag«, *Die Welt*, 16.03.2018, Link: https://www.welt.de/politik/deutschland/article174627704/Muslimischer-Polizist-verweigert-Kollegin-Handschlag-1000-Euro-Strafe.html

91 »Ehepaar verweigert Handschlag mit dem anderen Geschlecht«, *Die Welt*, 19.08.2018, Link: https://www.welt.de/politik/ausland/article181231844/Schweiz-lehnt-Einbuergerung-ab-Ehepaar-verweigert-Handschlag-mit-anderem-Geschlecht.html

92 In Berlin bildete die Polizei gar offiziell die Sonderkommission »Antänzer«, siehe auch: »Nach Silvester in Köln und Hamburg: »Antänzer« bleiben ein Problem: Das sind die Tipps der Polizei, *SHZ Online*, 06.06.2016; Link: https://www.shz.de/regionales/schleswig-holstein/politik/antaenzer-bleiben-ein-problem-das-sind-die-tipps-der-polizei-id13906037.html

93 »Maya Forstater: Woman loses tribunal over transgender tweets«, *BBC News*, 19.12.2020; Link: https://www.bbc.com/news/uk-50858919

94 Urteilsbegründung des Richters J. Tayler in der Klage Maya Forstater vor dem Arbeitsgericht London Central vom 21.11.2019; Link: https://drive.google.com/file/d/12P9zf82TicPs2cCxlTnmoTrNFDD8Gaz5/edit

95 Gender Recognition Act 2004, in Kraft seit April 2005, Link: http://www.legislation.gov.uk/ukpga/2004/7/contents

96 »Momentous night: Victorian birth certificate reform passed«, *The Age*, 28.08.2019; Link: https://www.theage.com.au/national/victoria/momentous-night-victorian-birth-certificate-reform-passed-20190828-p52leu.html

97 »Gender Recognition Reform in Belgium: Lessons For Scotland«; Murray Blackburn Mackenzie; 05.02.2020; Link: https://murrayblackburnmackenzie.org/2020/02/05/gender-recognition-reform-in-belgium-lessons-for-scotland/

98 Tweet von J. K. Rowling vom 19.12.2019; Link: https://twitter.com/jk_rowling/status/1207646162813100033

99 Tweet von Sadiq Khan vom 12.02.2020; Link: https://twitter.com/MayorofLondon/status/1229074066369327107

100 Tweet von Clare B. Dimyon vom 16.02.2020; Link: https://twitter.com/BDimyon/status/1229098380623781894

101 »Seahorse: The Dad Who Gave Birth«, *BBC*, 05.10.2019; Link: https://www.bbc.co.uk/programmes/m0008bxb

102 Urteil des High Court of Justice, London vom 25.09.2019, Aktenzeichen FD18F00035; Link: https://www.judiciary.uk/wp-content/uploads/2019/09/TT-and-YY-APPROVED-Substantive-Judgment-McF-23.9.19.pdf

103 »Transgender lobby forces sanitary towel-maker Always to ditch Venus logo from its products«, *Daily Mail*, 20.10.2019; Link: https://www.dailymail.co.uk/news/article-7592413/Transgender-lobby-forces-ditch-female-logo-sanitary-towels.html

104 »Während Hormontherapie: Transgender-Mann wird schwanger und bringt Kind zur Welt«; *Focus Online*, 08.03.2019; Link: https://www.focus.de/gesundheit/news/in-den-usa-waehrend-hormontherapie-transgender-mann-wird-schwanger-und-bringt-kind-zur-welt_id_10419388.html

105 *Wie Lotta geboren wurde*, Ka Schmitz, Cai Schmitz-Weicht, Darmstadt 2013, Verlag Atelier 9 ¾.

106 »Transgender prisoner who sexually assaulted inmates jailed for life«, *The Guardian*, 11.10.2018; Link: https://www.theguardian.com/uk-news/2018/oct/11/transgender-prisoner-who-sexually-assaulted-inmates-jailed-for-life

107 Fair Play For Women, Link: https://fairplayforwomen.com/

108 »Police will allow convicted rapists to be recorded as females if they no longer identify with their male birth sex«, *Mail Online News*, 20.10.2019; Link: https://www.dailymail.co.uk/news/article-7593625/Police-allow-male-rapists-recorded-females.html

109 Black Trans Travel Fund, Tweet vom 10.09.2019

110 »Diana (45) muss U-Haft im Männergefängnis verbringen«, *tz München*, 07.02.2020; Link: https://www.tz.de/muenchen/stadt/obergiesing-fasangarten-

ort68446/muenchen-u-haft-maennergefaengnis-mann-frau-transfrau-toleranz-stadelheim-vorwuerfe-13200797.html

111 »Transgender woman denied waxing of male genitals wasn't discriminated against«, *Global News*, 22.10.2019; Link: https://globalnews.ca/news/6068486/transgender-woman-genital-waxing-discrimination-tribunal/

112 »3 Connecticut high school girls are suing over a policy that allows trans athletes to compete in girls' sports«, *CNN*, 15.02.2020; Link: https://edition.cnn.com/2020/02/14/us/transgender-athletes-connecticut-lawsuit/index.html

113 »Guidelines for Connecticut Schools to Comply with Gender Identity and Expression Non-Discrimination Laws«; Link: https://docs.wixstatic.com/ugd/2bc3fc_906b9d9cbfa6c81a4ffd5f11e4eef3ce.pdf

114 »U.S. Department of Justice and Education Release Joint Guidance to Help Schools Ensure the Civil Rights of Transgender Students«, 13.05.2016; Link: https://www.justice.gov/opa/pr/us-departments-justice-and-education-release-joint-guidance-help-schools-ensure-civil-rights

115 »Intersexuelle Kinder sollen eigene Toilette bekommen«, *Merkur Online*, 11.05.2020; Link: https://www.merkur.de/lokales/muenchen-lk/pullach-ort29321/pullach-bayern-toiletten-fuer-drittes-geschlecht-in-grundschulen-11555695.html

116 »New school transgender rules fire debate in Portugal«, *AP News*, 22.08.2019; Link: https://apnews.com/c5713bb68dc9438798f11f8886aa6650

117 »A Connecticut Girl Challenges Male Domination of Female Sports«, Madeleine Kearns in *Wall Street Journal* vom 11.07.2019; Link: https://www.wsj.com/articles/a-connecticut-girl-challenges-male-domination-of-female-sports-11562885421

118 »Samoa 2019 chairman says transgender lifter's involvement at Pacific Games is ›unfair‹«, *Insidethegames.biz*, 16.07.2019; Link: https://www.insidethegames.biz/articles/1082150/hubbard-participation-in-games-unfair

119 »Transgender player vents fury after being dropped from Australia's women's handball team ›because teammates didn't want to get changed and shower with her‹, Charlotte Karp in *Daily Mail Australia* vom 20.12.2019; Link: https://www.dailymail.co.uk/news/article-7811843/Transgender-AFL-player-vents-fury-kicked-Australias-womens-handball-team.html

120 »Martina Navratilova criticised over ›cheating‹ trans women comments, *The Guardian*, 17.02.2019; Link: https://www.theguardian.com/sport/2019/feb/17/martina-navratilova-criticised-over-cheating-trans-women-comments

121 »Transfrau erntet Hass für Sieg bei Bahnrad-WM«, *queer.de*, 16.10.2018; Link: https://www.queer.de/detail.php?article_id=32148

122 »Federal Court Ends Anchorage's Anti-Woman Crusade; *Daily Citizen*«, 12.08.2019; Link: https://dailycitizen.focusonthefamily.com/federal-court-ends-anchorages-anti-woman-crusade/

123 »Australien city pushes to install signs at all public toilets«, *Daily Mail Online*, 22.09.2019; Link: https://www.dailymail.co.uk/news/article-7491533/Hobart-plans-install-signs-public-toilets-giving-transgender-people-mens-womens-bathroom.html

124 »Aufregung um rätselhaften Blob«, *Der Spiegel*, 17.10.2019, Link: https://www.spiegel.de/wissenschaft/natur/blob-im-zoo-von-paris-was-hat-es-mit-dem-raetselhaften-organismus-auf-sich-a-1292042.html

125 Gauß'sche Glocke – umgangssprachlich für die Lehre von der Normal- oder Gauß-Verteilung als Typus der Wahrscheinlichkeitsverteilung innerhalb der Stochastik, benannt nach ihrem Erfinder, dem Mathematiker Carl Friedrich Gauß.

126 Entscheidung des Bundesverfassungsgerichtes (BVerfG), Beschluss des Ersten Senats vom 10. Oktober 2017, Aktenzeichen 1 BvR 2019/16, Rn. 1-69. Geklagt hatte eine intersexuelle Person auf Eintragung der Geschlechtsangabe »inter/divers«, hilfsweise »divers« in das Geburtenregister; Link: http://www.bverfg.de/e/rs20171010_1bvr201916.html

127 Personenstandsgesetz (PStG), § 22 (3) Fehlende Angaben: »Kann das Kind weder dem weiblichen noch dem männlichen Geschlecht zugeordnet werden, so kann der Personenstandsfall auch ohne eine solche Angabe oder mit der Angabe »divers« in das Geburtenregister eingetragen werden.«

128 *L-Mag – Das Magazin für Lesben*, Ausgabe März/April 2017.

129 »There are more than 100 gender identities – tells the BBC to kids«, *S4C News*, 12.09.2019; Link: https://en.s4c.news/2019/09/12/there-are-more-than-100-gender-identities-tells-the-bbc-to-kids/

130 »Ausweis der Niederlande bald ohne Geschlechtsangabe«, *FAZ*, 05.07.2020; Link: https://www.faz.net/aktuell/gesellschaft/menschen/ausweise-der-niederlande-bald-ohne-geschlechtsangabe-16847022.html

131 Entscheidung des Bundesverfassungsgerichtes (BVerfG), Beschluss des Ersten Senats vom 10. Oktober 2017; Aktenzeichen 1 BvR 2019/16, Rn. 1-69, in der Klage zum Schutz der Persönlichkeitsrechte von Menschen, die sich dauerhaft nicht dem männlichen oder dem weiblichen Geschlecht zuordnen lassen. Prozessbevollmächtigte und andere Bevollmächtigte: Prof. Dr. Konstanze Plett, Dr. Friederike Wapler und Katrin Niedenthal. Mitwirkende Richter in der Entscheidung unter anderen: Susanne Baer; Link: http://www.bverfg.de/e/rs20171010_1bvr201916.html

132 Programm der Veranstaltung »Inter*geschlechtlichkeit im Recht – Kämpfe, Reformen, Reformbedarf« am 27.11.2017 an der Humboldt Law Clinik; Link: http://hlcmr.de/thementag-intergeschlechtlichkeit-kaempfe-reformen-reformbedarf/2017-10-26-programm-intertag-2/

133 Vorstandsmitglieder der Gesellschaft für Freiheitsrechte e. V., Stand 29.05.2020; Link: https://freiheitsrechte.org/team/

134 GFF klagt für gleiche Rechte von Eltern mit »divers«-Eintrag, Pressemitteilung vom 13.05.2020; Link: https://freiheitsrechte.org/pm-gleiche-rechte-alle-eltern/

135 GFF unterstützt lesbisches Ehepaar nach Geburt ihres Kindes, Pressemitteilung 12.03.2020; Link: https://freiheitsrechte.org/pm-elternschaft/

136 Entwurf eines Gesetzes zur Anpassung der abstammungsrechtlichen Regelungen an das Gesetz zur Einführung des Rechts auf Eheschließung für Personen gleichen Geschlechts von der Fraktion Die Grünen am 12.06.2018, Drucksache 19/2665; Link: https://dip21.bundestag.de/dip21/btd/19/026/1902665.pdf

137 Antwort der Bundesregierung auf die Kleine Anfrage zu »Genderpolitik und Diversgeschlechtlichkeit in Deutschland« vom 12.05.2020, Drucksache 19/19125; Link: https://dip21.bundestag.de/dip21/btd/19/191/1919125.pdf

138 Kleine Anfrage der Fraktion AfD zu Genderpolitik und Divers-Geschlechtlichkeit in Deutschland vom 30.03.2020, Drucksache 19/18259; Link: https://dip21.bundestag.de/dip21/btd/19/182/1918259.pdf

139 »Kabinett beschließt dritte Geschlechtsoption ›divers‹«, *Legal Tribune Online*, 15.08.2015; Link: https://www.lto.de/recht/nachrichten/n/kabinett-beschliesst-gesetzentwurf-drittes-geschlecht-divers-trans-intersexualitaet/

140 »BVT* begrüßt GRÜNEN Entwurf für ein Selbstbestimmungsgesetz", Pressemitteilung des Bundesverband Trans* (BVT*); Link: https://www.bundesverband-trans.de/transaktiv-fortbildung/

141 »Kabinett beschließt dritte Option für Eintrag im Geburtenregister«, *Handelsblatt*, 15.08.2018; Link: https://www.handelsblatt.com/politik/deutschland/geschlecht-divers-kabinett-beschliesst-dritte-option-fuer-eintrag-im-geburtenregister/22915214.html

142 Entwurf eines Gesetzes zur Anerkennung der selbstbestimmten Geschlechtsidentität und zur Änderung anderer Gesetze (Selbstbestimmungsgesetz – SelbstBestG), Fraktion Bündnis90/Die Grünen vom 10.05.2017, Drucksache 18/121709; Link: http://dipbt.bundestag.de/doc/btd/18/121/1812179.pdf

143 Gesetzentwurf der Fraktionen FDP, DIE LINKE. und BÜNDNIS 90/DIE GRÜNEN zur Änderung des Grundgesetzes (Änderung des Artikels 3, Absatz 3 – Einfügung des Merkmals sexuelle Identität) vom 12.09.2019, Drucksache 19/13123; Link: http://dip21.bundestag.de/dip21/btd/19/131/1913123.pdf

144 »Forderung der Grünen: Kinder sollen bis zu vier Eltern haben können«, *Die Zeit*, 03.09.2016; Link: https://www.sueddeutsche.de/politik/volker-beck-und-katja-doerner-forderung-der-gruenen-kinder-sollen-bis-zu-vier-eltern-haben-koennen-1.3147218

145 Gender Identity Development Service (GIDS) der Tavistock-Klinik in London; Link: https://gids.nhs.uk/about-us

146 »Geschichte eines gescheiterten Geschlechtswechsels«, Heike Vowinkel in *Die Welt* vom 03.06.2019; Link: https://www.welt.de/wissenschaft/plus194562065/Transsexualitaet-Geschichte-eines-gescheiterten-Geschlechtswechsels.html

147 »Transsexualität: Mehr betroffen als bisher angenommen«, *Kurier Österreich*, 20.08.20218; Link: https://kurier.at/wissen/transsexualitaet-mehr-betroffen-als-bisher-angenommen/400094366

148 »Es gibt einen Transgender-Hype«, Interview mit der Ärztin Annette Richter-Unruh, Katrin Hummel in *FAZ* vom 07.09.2019; Link: https://www.faz.net/aktuell/gesellschaft/menschen/interview-mit-aerztin-ueber-den-aktuellen-transgender-hype-16371774.html

149 »The Surge in Referral Rates of Girls to the Tavistock Continues to Rise«, Transgendertrend, 01.07.2019; Link: https://www.transgendertrend.com/surge-referral-rates-girls-tavistock-continues-rise/

150 »The Rapidly Growing Medicalization of Children and Young People«, 17.12.2019; Link: https://www.kelseycoalition.org/pubs/The-Rapidly-Growing-Medicalization-of-Children-and-Young-People

151 »Parent reports of adolescents and young adults perceived to show signs of a rapid onset of gender dysphoria«, Lisa Littmann in PLOS ONE vom 16.08.2018; Link: https://doi.org/10.1371/journal.pone.0202330

152 »Der Junge, der in Frauenkleidern die Welt verändern will«, Silvia Ihring in *Die Welt* vom 19.07.2018; Link: https://www.welt.de/icon/partnerschaft/article179482682/Was-ist-ein-Drag-Kid-Der-Junge-der-in-Frauenkleidern-die-Welt-veraendern-will.html

153 Deutscher Ethikrat, Forum Bioethik am 19.02.2020, »Trans-Identität bei Kindern und Jugendlichen: Therapeutische Kontroversen – Ethische Fragen«; Link: https://www.ethikrat.org/forum-bioethik/trans-identitaet-bei-kindern-und-jugendlichen-therapeutische-kontroversen-ethische-fragen/

154 Vita von Diane Ehrensaft unter dem Link: http://www.dianeehrensaft.com/

155 Videosequenz aus dem Vortrag abrufbar bei YouTube unter dem Link: https://www.youtube.com/watch?v=M7KBZeRC1RI&w=660&h=372

156 »Disput over Texas 7-year-old may prove a legal setback for transgender movement«, *Mercatornet,* 25.10.2019; Link: https://mercatornet.com/dispute-over-texas-7-year-old-may-prove-a-legal-setback-for-transgender-mov/24851/

157 »Hundreds of doctors call for an urgent inquiry into risky treatment of children, who believe they are transgender«, *Daliy Mail,* 26.09.2019; Link: https://www.dailymail.co.uk/news/article-7505617/Professor-John-Whitehall-doctors-want-parliamentary-inquiry-childhood-gender-dysphoria.html

158 Schreiben der Expertengruppe an das Gesundheitsministerium, Stockholm, November 2018; Link: https://genderchallenge.no/onewebmedia/Anm%C3%A4lan%20Socialstyrelsen.pdf

159 Pediatric Endocrine Society (PES), Statement vom 28.10.2019; Link: https://www.pedsendo.org/education_training/healthcare_providers/consensus_statements/assets/PES_2019_Transgender_Statement.pdf

160 »The Pediatric Endocrine Society's Statement on Puberty Blockers Isn't Just Deceptive. It's Dangerous«, Michael K. Laidlaw in *Public Discourse* vom 13.01.2020; Link: https://www.thepublicdiscourse.com/2020/01/59422/

161 Laidlaw, M. K., van Meter, Q. L., Hruz, P. W., van Mol, A., Malone, W. J.: »Letter to the Editor: Endocrine Treatment of Gender Dysphoric/Gender Incongruent Persons: An Endocrine Society Clinical Practice Guideline«. The Journal of Clinical Endocrinology & Metabolism, Volume 104, Issue 3, March 2019, Pages 686–687, Link: https://academic.oup.com/jcem/article/104/3/686/5198654

162 Dhejne, C. et al., Long-Term Follow-Up of Transsexual Persons Undergoing Sex Reassignment Surgery: Cohort Study in Sweden. PLOS ONE, 22.02.2011; Link: www.ncbi.nlm.nih.gov/pmc/articles/PMC3043071

163 Stellungnahme der DGSMTW vom 11.03.2020 anlässlich der Ad-hoc-Stellungnahme des Deutschen Ethikrates »Transidentität bei Kindern und Jugendlichen: Therapeutische Kontroversen – ethische Orientierung«.

164 »NHS gender clinic should have challenged me more over transition«, *BBC News*, 01.03.2020; Link: https://www.bbc.com/news/health-51676020

165 »Von Frau zu Mann zu Frau«, Chantal Louis in *EMMA* vom 27.02.2020; Link: https://www.emma.de/artikel/sam-nele-ellie-geboren-als-frauen-gelebt-als-maenner-heute-wieder-frauen-337551

166 »Ellie and Nele: From she to he – and back to she again«, *BBC World Service*, 10.03.2020, Link: https://www.bbc.com/news/stories-51806011

167 Sex Change Regret, Homepage der Anlaufstelle für Menschen, die erwägen, in ihr Ursprungsgeschlecht wieder zurückzukehren; Link: https://sexchangeregret.com/

168 National Health Service, Hormone therapy in children and young people; Link: https://www.nhs.uk/conditions/gender-dysphoria/treatment/

169 National Health Service, Treatment Gender dysphoria: »The effects of treatment with GnRH analogues are considered to be fully reversible, so treatment can usually be stopped at any time after a discussion between you, your child and your MDT.« Archivauszug der alten Fassung unter Link: https://web.archive.org/web/20200502223746/https:/www.nhs.uk/conditions/gender-dysphoria/treatment/; siehe auch zum Vergleich: Britain changes Course on puberty blockers, now say ›little is known‹ about side effects; Peter Heck in *DISRN*; Link: https://disrn.com/news/britain-changes-course-on-puberty-blockers-now-call-them-risky-and-unproven

170 »Grüne starten neuen Anlauf für Selbstbestimmungsgesetz«, *queer.de*, 03.06.2020; Link: https://www.queer.de/docs/selbstbestimmungsgesetz-entwurf-gruene-2020.pdf

171 »South Dakota lawmakers pass bill blocking transgender minors from receiving surgery«, *ABC News*, 01.02.2020; Link: https://abcnews.go.com/Politics/south-dakota-lawmakers-pass-bill-blocking-transgender-minors/story?id=68648384

172 »My Daughter Identified as Transgender. I Was Powerless to Stop Doctors From Harming Her«, *The Daily Signal*, 31.03.2020; Link: https://www.dailysignal.com/2019/03/31/my-daughter-went-transgender-i-was-powerless-to-stop-doctors-from-harming-her/

173 »Bundestag beschließt Verbot von ›Homo-Heilung‹«, *Der Tagesspiegel*, 07.05.2020; Link: https://www.tagesspiegel.de/gesellschaft/queerspiegel/gesetz-gegen-konversionsmassnahmen-bundestag-beschliesst-verbot-von-homo-heilungen/25805950.html

174 »Trans: ›Das Gesetz ist ein Desaster!‹« Chantal Louis in *EMMA* vom 08.05.2020; Link: https://www.emma.de/artikel/trans-das-gesetz-ist-ein-desaster-337751

175 Stellungnahme der DGSMTW vom 17.02.2020; Link: https://www.dgsmtw.de/news/

176 Zitiert aus dem Gesetzentwurf zur Aufhebung des Transsexuellengesetzes und Einführung des Selbstbestimmungsgesetzes (SelbstBestG) der Fraktion der Grünen im Bundestag: Personenstandsgesetz »§ 45b Erklärung zur Geschlechtsangabe und Vornamensführung, Absatz (5): Eine erneute Erklärung zur Geschlechtsangabe und Vornamensführung kann frühestens ein Jahr ab Rechtskraft der vorangegangenen Erklärung abgegeben werden.«

177 »Schweiz: Ständerat stimmt für einfachere Änderung des Geschlechtseintrages«, *queer.de*, 11.06.2020; Link: https://www.queer.de/detail.php?article_id=36316

178 »Only Adults? Good Practices in Legal Gender Recognition For Youth«, Report, IGLYO, November 2019; Link: https://www.iglyo.com/wp-content/uploads/2019/11/IGLYO_v3-1.pdf

179 Sexuelle und reproduktive Gesundheit und Rechte – Bundesministerium für wirtschaftliche Zusammenarbeit und Entwicklung; Link: https://www.bmz.de/de/themen/reproduktive_gesundheit/index.html

180 »VIDEO: Over 500 Surrogate Babies abandoned in Ukraine«, *REMIX News*, 11.05.2020; Link: https://rmx.news/article/commentary/video-over-500-surrogate-babies-left-in-limbo-in-ukraine-after-parents-barred-from-entering-country-over-coronavirus

181 »Baby nur für Missbrauch gezeugt«, *B.Z. Berlin*, 12.05.2020; Link: https://www.bz-berlin.de/tatort/menschen-vor-gericht/baby-nur-fuer-missbrauch-gezeugt-war-immer-mein-ziel-einen-jungen-haben-zu-koennen

182 Das Böckenförde-Diktum; *Verfassungsblog.de*; Link: https://verfassungsblog.de/das-boeckenfoerde-diktum/

183 Standards für die Sexualaufklärung in Europa, WHO Regionalbüro für Europa und Bundeszentrale für gesundheitliche Aufklärung, Köln 2011; Link: https://www.bzga-whocc.de/fileadmin/user_upload/WHO_BZgA_Standards_deutsch.pdf

184 »Streit um Lehrplan für Sexualerziehung«, *FAZ*, 20.09.2016; Link: https://www.faz.net/aktuell/rhein-main/hessen-streit-um-lehrplan-fuer-sexualerziehung-14443841.html

185 »Lufthoheit über Kinderbetten«, Günter Lachmann in *Welt am Sonntag* vom 10.11.2002; Link: https://www.welt.de/print-wams/article122357/Lufthoheit-ueber-Kinderbetten.html

186 »Schule der Vielfalt« ist in NRW ein Kooperationsprojekt von RUBICON e. V. (Köln), SCHLAU NRW (schwul lesbisch bi trans* Aufklärung in Nordrhein-Westfalen), Rosa Strippe e. V. (Bochum) und dem Ministerium für Schule und Bildung NRW; Link: http://www.schule-der-vielfalt.de/

187 Schule ohne Rassismus, ein Projekt des Aktion Courage e. V.; Link: https://www.schule-ohne-rassismus.org/impressum/

188 Landesnetzwerk SCHLAU NRW; Link: https://www.schlau.nrw/

189 Schwules Netzwerk NRW, gefördert vom Familienministerium NRW, Jahresbericht 2017/2018, Seite 68; Link: https://schwules-netzwerk.de/uber-uns/

190 Landeskoordination Trans*NRW, gefördert vom Familienministerium NRW; Link: https://ngvt.nrw/landeskoordination/

191 Netzwerk Geschlechtliche Vielfalt Trans*NRW, gefördert vom Familienministerium; Link: https://ngvt.nrw/

192 Regenbogenfamilien NRW, gefördert vom Familienministerium; Link: https://regenbogenfamilien-nrw.de/

193 Queere Jugend NRW, gefördert vom Familienministerium; Link: https://queere-jugend-nrw.de/jugendfachstelle/

194 Landesarbeitsgemeinschaft Mädchen*arbeit in NRW e.V.; Link: http://www.maedchenarbeit-nrw.de/

195 Fachstelle »gerne anders!«, gefördert vom Familienministerium NRW; Link: https://gerne-anders.de/

196 *Akzeptanz für Vielfalt von klein auf! Sexuelle und geschlechtliche Vielfalt in Kinderbüchern. Ein Rezensionsband für Pädagogische Fachkräfte in Kindertagesstätten*, Ines Pohlkamp, Kevin Rosenberger (Hg.); 2. Auflage 2018, Edition Waldschlösschen Materialien/Heft 16; Link: http://www.akzeptanz-fuer-vielfalt.de/fileadmin/daten_AfV/PDF/AWS_MAT16_2018_02_Akzeptanz_fuer_Vielfalt_Kinderbuecher.pdf

197 »Unter dem Deckmantel der Vielfalt«, Antje Schmelcher in *FAZ* vom 14.10.2014; Link: https://www.faz.net/aktuell/politik/inland/experten-warnen-vor-zu-frueher-aufklaerung-von-kindern-13203307.html

198 Amadeu Antonio Stiftung, Fachstelle »Gender, gruppenbezogene Menschenfeindlichkeit und Rechtsextremismus«; Link: www.gender-und-rechtsextremismus.de

199 Rechtsextremismus, Rechtspopulismus und Gender, Amadeu Antonio Stiftung; Link: https://www.amadeu-antonio-stiftung.de/fachstelle/analyse-und-hintergrund-informationen/rechtsextremismus-rechtspopulismus-und-gender/

200 Streit um die Stasi-Vergangenheit von Anetta Kahane, *Der Tagesspiegel*, 13.12.2016; Link: https://www.tagesspiegel.de/politik/amadeu-antonio-stiftung-streit-um-die-stasi-vergangenheit-von-anetta-kahane/14966422.html

201 »Ene, meine, muh – und raus bist du! Ungleichwertigkeit und frühkindliche Pädagogik«, Broschüre der Amadeu Antonio Stiftung, Fachstelle »Gender, GMF und Rechtsextremismus«; Link: https://www.amadeu-antonio-stiftung.de/wp-content/uploads/2018/12/kita_internet_2018.pdf

202 »Anders ist normal«, Broschüre für Schüler herausgegeben von pro familia Deutsche Gesellschaft für Familienplanung, Sexualpädagogik und Sexualberatung e. V. Bundesverband 2012; Link: https://demofueralle.blog/wp-content/uploads/2014/06/anders-ist-normal.pdf

203 »Entscheidung im Unterricht – Coming-out im Klassenzimmer«, Arbeitsmappe für die Haupt- und Berufsschulen, herausgegeben von der Bundeszentrale für politische Bildung 2011, Redaktion Wiebke Kohl; Link: www.bpb.de

204 Kinderkanal *KIKA* des öffentlich-rechtlichen Fernsehens; Link: https://www.kika.de/kummerkasten/sexualitaet104.html#

205 Ebenda, Kummerkasten/Wissen to go: »Eine Frage des Alters«; Link: https://www.kika.de/kummerkasten/entdecke/altersgrenzen-sexualitaet100.html

206 Ebenda, Quiz zum Thema Selbstbefriedigung; Link: https://www.kika.de/kummerkasten/entdecke/quiz-selbstbefriedigung102.html

207 »Methodenschatz für Grundschulen zu Lebens- und Liebesweisen« Link: https://demofueralle.files.wordpress.com/2014/11/141110-schulmaterial-ev.pdf

208 *Lesbische und schwule Lebensweisen: Handreichung für den fächerverbindenden und fachübergreifenden Unterricht in der Sekundarstufe I und II der Berliner Schule, für die Fächer Biologie, Deutsch, Englisch, Ethik, Geschichte/Sozialkunde, Latein, Psychologie*, Hrsg. Berliner Landesinstitut für Schule und Medien (LISUM). Autor Martin Fuge. Red. Margot Wichniarz; Link: https://digital.zlb.de/viewer/metadata/15431123/1/

209 *Sexualpädagogik der Vielfalt: Praxismethoden zu Identitäten, Beziehungen, Körper und Prävention für Schule und Jugendarbeit*, Tuider/Müller/Timmermanns/Bruns-Bachmann/Koppermann, Beltz Juventa Verlag 2012.

210 Jugend gegen AIDS e. V.; Link: https://jugend-gegen-aids.de/staatliche-partner

211 »Die Grünen und die Pädophilie«, Alice Schwarzer in *EMMA* vom 01.09.2013; Link: https://www.emma.de/artikel/die-gruenen-und-die-paedophilie-311659

212 »Studie: Kindesmissbrauch unter den Augen der Behörden«, *Deutsche Welle*, 15.06.2020; Link: https://www.dw.com/de/studie-kindesmissbrauch-unter-den-augen-der-beh%C3%B6rden/a-53814540

213 »Der Versuch«, Nina Apin und Astrid Geisler in *taz.de* vom 14.09.2013; Link: www.taz.de/1/archiv/digitaz/artikel/?ressort=hi&dig=2013%2F09%2F14%2Fa0045&cHash=e431505422dca932c87867e053c44fd3

214 Rüdiger Lautmann: Nachruf auf Helmut Kentler, aus: Mitteilungen der Humanistischen Union Nr. 202, Seite 26/27, veröffentlicht auf der Homepage der HU: Link: www.humanistische-union.de/publikationen/mitteilungen/hefte/nummer/nummer_detail/back/mitteilungen-202/article/nachruf-auf-helmut-kentler/; Die Beteiligung von Elisabeth Tuider an dem Text (da auf Homepage nicht genannt) hier von ihr selbst bestätigt im Interview »Jugendliche gucken doch eh Pornos«, Interview mit Prof. Elisabeth Tuider, *Spiegel Online*; 13. November 2014; Link: www.spiegel.de/schulspiegel/sex-aufklaerung-forscherin-tuider-ueber-streit-um-sexuelle-vielfalt-a-1001437.html

215 »Vegan activist seperate hens from roosters so the hens aren't raped«, *Klipland*, 04.03.2020; Link: https://klipland.com/video/vegan-activists-separate-hens-from-roosters-so-the-hens-arent-raped

216 »In der neuen Monopoly-Version werden Frauen bevorzugt«, *Die Welt*, 11.09.2019; Link: https://www.welt.de/vermischtes/article200092560/Gender-Gerechtigkeit-In-der-neuen-Monopoly-Version-werden-Frauen-bevorzugt.html

217 »Mattel präsentiert Barbie mit Hidschab«, *Die Welt*, 14.11.2017, Link: https://www.welt.de/wirtschaft/article170585957/Mattel-praesentiert-Barbie-mit-Hidschab.html

218 »Barbie schwingt jetzt Säbel und trägt Kopftuch«, Ferdinand Otto in *Die Zeit* vom 14.11.2017, Link: http://blog.zeit.de/teilchen/2017/11/14/barbie-kopftuch-fechten-ibtihaj-muhammad/

219 »Ohne Mich«, Barbara Kuchler in *Die Zeit* vom 12.11.2017, Link: https://www.zeit.de/kultur/2017-11/sexismus-metoo-sexuelle-uebergriffe-aussehen

220 »Berliner SPD will feministische Pornos fördern«, Der *Tagesspiegel*, 04.06.2018; Link: https://www.tagesspiegel.de/berlin/landesparteitag-der-spd-berliner-spd-will-feministische-pornos-foerdern/22642192.html

221 »Was feministische Pornos feministisch macht«, *Bayern 2*, 14.08.2019; Link: https://www.br.de/radio/bayern2/sendungen/notizbuch/feministisches-pornos-100.html

222 »SPD will feministische Pornos bei ARD und ZDF«, *Berliner Woche*, 07.06.2018; Link: https://www.berliner-woche.de/friedrichshain/c-kultur/spd-will-feministische-pornos-bei-ard-und-zdf_a166958

223 Broschüre »Sexism shouldn't sell«, Bezirksamt Friedrichshain-Kreuzberg 2017, Link: https://www.berlin.de/ba-friedrichshain-kreuzberg/politik-und-verwaltung/beauftragte/gleichstellung/frauenfeindliche-werbung/

224 Ebenda, S. 3; Grußwort der Bezirksbürgermeisterin Monika Herrmann

225 Ebenda, S. 4

226 Ebenda, S. 5

227 Ebenda, S. 6

228 »Bürgermeister stoppt sexualisierte Werbung im Nahverkehr«, *Der Spiegel*, 13.06.2016, Link: https://www.spiegel.de/panorama/gesellschaft/london-buergermeister-stoppt-sexistische-werbung-im-nahverkehr-a-1097419.html

229 Bodyshaming – Feministischer Fachbegriff zur Verurteilung unerwünschter Kommentare zum Aussehen einer Frau, das impliziert, dieses sei nicht angemessen oder ausreichend. Bodyshaming liegt aber auch vor in der Darstellung und Abbildung von Frauen, die gängigen Schönheitsidealen entsprechen (Modelmaße). Diese »perfekten« Frauen suggerieren nach dieser Theorie allen anderen Frauen ständig, sie seien zu dick, zu dünn, eben nicht gut genug, weswegen gerade Werbeplakate ständig unter Verdacht stehen, ein Affront zu sein.

230 »Angeblich sexistisches Gedicht wird doch übermalt«, *Spiegel Online*, 23.01.2018, Link: https://www.spiegel.de/lebenundlernen/uni/berlin-alice-salomon-hochschule-laesst-gomringer-gedicht-entfernen-a-1189437.html

231 »Seehofer regt gemischte Gruppen an«, *n-tv*, 29.09.2019, Link: https://www.n-tv.de/sport/Seehofer-regt-gemischte-Gruppen-an-article21302220.html

232 »Sorry, das ist Poster-Feminismus«, Johanna Dürrholz in *FAS* vom 01.03.2020.

233 »Bond 25: Phrase ›Bondgirl‹ is banned on set of final Daniel Craig film«, *Daily Mirror*, 18.07.2019; Link: https://www.mirror.co.uk/film/bond-25-phrase-bond-girl-18335801

234 Innovation durch Vielfalt, Pressemitteilung der Universität Paderborn vom 12.03.2018, Link: https://www.uni-paderborn.de/en/nachricht/88515/

235 »Mehr sexuelle Vielfalt bei der Truppe«, *Stuttgarter Zeitung*, 13.01.2017; Link: https://www.stuttgarter-zeitung.de/inhalt.schwule-und-lesben-bei-der-bundeswehr-mehr-sexuelle-vielfalt-bei-der-truppe.f9e0c9da-6e5b-4432-8dc1-51724674b330.html

236 Drucksache 19/10428, Antwort der Bundesregierung auf die Kleine Anfrage der Fraktion BÜNDNIS 90/DIE GRÜNEN (Drucksache 19/9882) zur multikulturellen und multireligiösen Identität der Bundeswehr; Link: https://dipbt.bundestag.de/dip21/btd/19/104/1910428.pdf

237 Fragebogen »Bunt in der Bundeswehr? – Ein Barometer zur Vielfalt«; Dezernat für Militärpsychologische Forschung; Befragung auf Grundlage der Zentralen Dienstvorschrift A-2710/1 »Empirische Untersuchung zur Einstellung-, Meinungs- und Verhaltensforschung in der Bundeswehr« im Auftrag des Bundesministeriums der Verteidigung.

238 »Schwangerenschutz beim Panzerfahren«, Ulrich Friese in *FAZ* vom 06.02.2015; Link: https://www.faz.net/aktuell/wirtschaft/unternehmen/puma-panzer-buerokratie-und-sonderwuensche-verteuern-und-verzoegern-13405087.html

239 »Deutschland ist wieder in Reichweite russischer Raketen«, Interview mit Radosław Sikorski in *Die Welt* vom 16.05.2019, Link: https://www.welt.de/politik/ausland/plus193604827/Bedrohung-im-Osten-Deutschland-ist-wieder-in-Reichweite-russischer-Raketen.html

240 »Transgeschlechtlichkeit, Geschlechtsidentitätsstörungen, Transsexualität in der Bundeswehr – ein Überblick zu Begriffen und wehrmedizinischem Management«, Stefan Siegel in *Wehrmedizinische Monatsschrift* 01/2020, S. 2–8; Link: https://wmm.pic-mediaserver.de/index.php?f=artikel&a=202001_wmm2020-01_S2_Siegel

241 »Feminismus von ganz rechts?«, Stefanie Lohaus in *Die Zeit* vom 14.12.2015; Link: https://www.zeit.de/politik/ausland/2015-12/feminismus-marine-le-pen-frauke-petry-rechtsextremismus

242 »Selbst Frauen haben frauenfeindlich gewählt«, Interview mit Lauren Goff in *Die Welt* vom 09.11.2016; Link: https://www.welt.de/kultur/literarischewelt/article159372346/Selbst-die-Frauen-haben-frauenfeindlich-gewaehlt.html

243 Ebenda.

244 »Kinder und Küche«, Susanne Gaschke in *Die Welt* vom 06.04.2020; Link: https://www.welt.de/print/die_welt/debatte/article207052637/Platz-der-Republik-Kinder-und-Kueche.html

245 Jutta Allmendinger in der Sendung *Anne Will* vom 03.05.2020; Link: https://daserste.ndr.de/annewill/Frauen-werden-entsetzliche-Retraditionalisierung-erfahren,videoimport31586.html

246 »Mein Sohn, der Lockdown-Gewinner«, Anna Clauß in *Spiegel Online* vom 16.04.2020; Link: https://www.spiegel.de/familie/corona-krise-warum-der-lockdown-meinem-kind-guttut-a-f4345ea6-1054-4ce9-bb9a-88b14b84fef9

247 »Die Krise der Männer«, Jana Hensel in *Die Zeit* vom 13.04.2020; Link: https://www.zeit.de/gesellschaft/zeitgeschehen/2020-04/gleichberechtigung-coronavirus-maenner-frauen-wissenschaftler-politiker-systemrelevante-berufe

248 »Die unsichtbare Grundlage des Kapitalismus wird sichtbar«, Interview mit Sarah Speck in *Jungle World* vom 20.05.2020; Link: https://jungle.world/artikel/2020/21/die-unsichtbare-grundlage-des-kapitalismus-wird-sichtbar

249 »Der Gender-Streit: Was darf zu Mann und Frau gesagt werden?«, hart aber fair, ARD, 07.09.2015; Gäste: Sybille Mattfeldt-Kloth, Wolfgang Kubicki, Anne Wizorek, Sophia Thomalla, Anton Hofreiter, Birgit Kelle, Jörg Schönenborn; Link: https://programm.ard.de/TV/Programm/Jetzt-im-TV/?sendung=2810615436557335

250 Catcalling – Verbaler Annäherungsversuch eines Mannes, der gründlich danebengeht, weil unerwünscht, falsch formuliert, anzüglich und/oder sexuell aufgeladen. Cat wie Katze steht dabei für die Frau, die gerufen wird, der man auf der Straße hinterherpfeift und/oder eindeutige sexuelle Angebote unterbreitet. Beim Frauenmagazin *Brigitte* weiß man, dass dies vor allem Männer tun, die bei Frauen nicht gut ankommen und in anderen Lebensbereichen weitgehend erfolglos seien. Link: https://www.brigitte.de/liebe/sex-flirten/catcalling--so-kannst-du-dich-wehren-11591582.html

251 »Unter Schock – Sexismus«, Martin Niewendick in *Berliner Morgenpost* vom 15.10.2017, Link: https://www.morgenpost.de/berlin/article212237829/Unter-Schock-Sexismus.html

252 Lookism – Die Reduktion der Frau auf ihr Äußeres, in der Regel verübt durch positive oder anerkennende Kommentierung ihrer äußeren Erscheinung, ihrer Kleidung, Frisur oder Figur, anstatt ihre inneren Werte oder gar ihren Intellekt zu würdigen.

253 Victim Blaming – Dem Opfer die Schuld in die Schuhe schieben. Klassisches Beispiel wäre die Behauptung, dass eine vergewaltigte Frau selbst schuld daran sei, weil sie ja Minirock trug. Doch jedes In-Frage-Stellen einer Opferhaltung oder Opfererfahrung einer Frau gilt automatisch als Victim Blaming, denn das Opfer hat im sexistischen Kontext immer Recht.

254 Mansplaining – aus dem Amerikanischen zusammengesetzt aus man explaining – ein Mann erklärt etwas. Unerhört und sexistisch wird dieser wenig ungewöhnliche Vorgang dann, wenn ein Mann gegenüber einer Frau große Reden schwingt, ihr die Welt erklärt oder sie gar maßregelt oder korrigiert, da es impliziert, die Frau wisse das alles nicht längst selbst. Womensplaining existiert aus feministischer Sicht nicht, wenn Frauen Männern erklären, was zu tun sei, dann ist das immer angemessen und in der Regel unerlässlich.

255 Manspreading – aus dem Amerikanischen spreading – sich ausbreiten. Gerne in U-Bahnen und sonstigen öffentlichen Verkehrsmitteln zu beobachtendes, breitbeiniges Sitzen von Männern, sodass neben ihnen kein Platz mehr ist und sie damit mehr Raum einnehmen als aus weiblicher Sicht nötig, während Frauen bekanntlich nur sittsam mit geschlossenen Beinen sitzen. Keinen Fachbegriff kennt das feministische Lager jedoch zur Beschreibung des Phänomens, wenn Frauen ihre 100 Einkaufstaschen auf dem Nebensitz parken, um ihn für Mitreisende zu blockieren. Vorschlag: Hashtag #Bagspreading.

256 Whataboutismus – »Aber-was-ist-mit...«-Ismus. Der Hinweis auf ähnlich gelagerte Fälle, Ungereimtheiten in der Argumentation des Gegners oder auch Auslassungen von Parallelen und Fakten auf der Gegenseite der Debatte wird gemeinhin nicht als Erweiterung der Problemlage oder Argument, sondern als zu verurteilendes Ablenkungsmanöver vom Thema gewertet. Besonders verdächtig des Whataboutismus macht sich, wer mit Gegenfragen antwortet. Klassisches Beispiel übelsten Whataboutismus wäre etwa der Hinweis auf sexuelle Übergriffe von jungen Migranten, wenn gerade eifrig über die sexuellen Verfehlungen alter weißer Männer diskutiert wird.

257 Toxische Männlichkeit – Jedes normale männliche Verhalten, das früher als typische Männlichkeit bezeichnet worden wäre, heute jedoch als stereotyp und somit vergiftend für die Gesellschaft gilt. Besonders toxisch sind Machtstreben, Erfolgswille, Wettstreit und Durchsetzungskraft.

258 »Gegen die ›Übermannung‹: Ein neues Bündnis der Demokratie«, Pressemitteilung des Deutschen Frauenrates vom 06.03.2020; Link: https://www.frauenrat.de/gegen-die-uebermannung-ein-neues-buendnis-der-demokratie/

259 »Männlichkeit ist erklärungsbedürftig geworden«, Interview mit Prof. Dr. Paula-Irene Villa Braslavsky in *Augsburger Allgemeine Zeitung* vom 19.11.2019, Link: ht-

tps://www.augsburger-allgemeine.de/wissenschaft/Genderforscherin-Maennlichkeit-ist-erklaerungsbeduerftig-geworden-id56009346.html

260 »APA GUIDELINES for Psychological Practice with Boys and Men«, American Psychological Association, 2018, S. 2–4; Link: https://www.apa.org/about/policy/boys-men-practice-guidelines.pdf

261 »Die Woche, die Kevin Spaceys Karriere zerstörte«, Clara Ott in *Die Welt* vom 05.11.2017; Link: https://www.welt.de/vermischtes/article170339452/Die-Woche-die-Kevin-Spaceys-Karriere-zerstoerte.html

262 »Protest von Verlagsmitarbeitern gegen Regisseur erfolgreich«, *Der Tagesspiegel*, 06.03.2020; Link: https://www.tagesspiegel.de/kultur/woody-allen-buch-wegen-missbrauchsvorwuerfen-gestoppt-protest-von-verlagsmitarbeitern-gegen-regisseur-erfolgreich/25619788.html

263 »Genderopfer von #MeToo: NYU-Professorin Avital Ronell wird für ein Jahr beurlaubt«, *NZZ*, 26.08.2018; Link: https://www.nzz.ch/feuilleton/gender-opfer-von-metoo-nyu-professorin-avital-ronell-wird-fuer-ein-jahr-beurlaubt-ld.1414583

264 Unterstützerbrief an Andrew Hamilton, Präsident, und Katharine Fleming, Direktorin der New York University vom 11.05.2018, Erstunterzeichnerin Judith Butler; Link: https://leiterreports.typepad.com/blog/2018/06/blaming-the-victim-is-apparently-ok-when-the-accused-is-a-feminist-literary-theorist.html

265 »Fröhliche Wissenschaft«, Anton Pluschke in *Der Freitag*, Ausgabe 25/2018; Link: https://www.freitag.de/autoren/der-freitag/froehliche-wissenschaft

266 »Van der Bellen: ›Betrachte mich als männlichen Feministen‹«, *Der Standard*, 8.03.2019 Link: https://www.derstandard.de/story/2000099207341/van-der-bellenbetrachte-mich-als-maennlichen-feministen

267 »Justin Trudeau interrupts a woman to mansplain mankind«, *The Independent*, 06.02.2018; Link: https://www.independent.co.uk/news/world/americas/justin-trudeau-mankind-mansplaining-peoplekind-canada-pm-a8197776.html

268 »Justin Trudeau entlässt zwei Ex-Ministerinnen aus seiner Partei«, *Der Spiegel*, 03.04.2019; Link: https://www.spiegel.de/politik/ausland/kanada-justin-trudeau-entlaesst-zwei-ex-ministerinnen-aus-seiner-partei-a-1260939.html

269 »Bono named on Glamour magazine's Women of the Year list«, 02.11.2016; *BBC*, Link: https://www.bbc.com/news/entertainment-arts-37845314

270 Ronald Reagan, Präsident der USA, in der Rede zum Independence Day. Im Original: »Freedom is never more than one generation away from extinction. We didn't pass it to our children in the bloodstream. It must be fought for, protected, and handed on for them to do the same, or one day we will spend our sunset years telling our children and our children's children what it was once like in the United States where men were free.« Link: https://www.reagan.com/ronald-reagan-freedom-speech

271 »Transgender conference organisers give scholars traffic light ›safe space‹ badges to show whether they can cope with a conversation«, *Daily Mail*, 22.09.2019; Link: https://www.dailymail.co.uk/news/article-7490919/Transgender-conference-organisers-scholars-traffic-light-safe-space-badges.html

272 »›New York Times‹ – Meinungschef tritt nach Kommentar konservativen Senators zurück« *Die Welt*, 08.06.2020; Link: https://www.welt.de/vermischtes/article209141829/New-York-Times-Meinungschef-James-Bennet-tritt-nach-Kommentar-Kontroverse-zurueck.html

273 »Bari Weiss Resignation Letter«; Link: https://www.bariweiss.com/resignation-letter. Deutsche Übersetzung hier: »›New York Times‹ – nannten mich Nazi und Rassistin«; Bari Weiss in *Die Welt* vom 15.07.2020; Link: https://www.welt.de/debatte/kommentare/plus211637681/Bari-Weiss-Die-Wahrheit-steht-bei-der-New-York-Times-vorher-schon-fest.html

274 »Harry Miller: Police probe into ›transphobic' tweets unlawful«, *BBC News*, 14.02.2020; Link: https://www.bbc.com/news/uk-england-lincolnshire-51501202

275 »Auf einem Foto mit Jörg Meuthen – Filmförderung trennt sich von Chef«, *Die Welt*, 25.09.2019; Link: https://www.welt.de/vermischtes/article200885120/Foto-mit-Joerg-Meuthen-AfD-Filmfoerderung-trennt-sich-von-Mendig.html

276 »Spanische LGBT-Gruppe fordert von Papst Absetzung eines homophoben Bischofs«, *queer.de*, 26.09.2014; Link: https://www.queer.de/detail.php?article_id=22365

277 »Sagen, was ist«, Rudolf Augstein in *Der Spiegel* vom 20.11.1989; Link: https://www.spiegel.de/spiegel/print/d-13497809.html

278 »Wie machen wir Sprache gerechter?«, *Journalist*, Ausgabe Nr. 3, März 2019, 69. Jahrgang; Link: https://twitter.com/journ_online/status/1102520365014835202

279 Fachstelle »Gender, gruppenbezogene Menschenfeindlichkeit und Rechtsextremismus« der Amadeu Antonio Stiftung; Link: https://www.amadeu-antonio-stiftung.de/projekte/fachstelle-gender-und-rechtsextremismus/

280 »Rassismusvorwürfe gegen Frauenrechts-NGO«, *Die Presse*, 18.06.2020; Link: https://www.diepresse.com/5827801/rassismusvorwurfe-gegen-frauenrechts-ngo

281 »Adidas trennt sich von Personalchefin Karen Parkin«; *Handelsblatt*, 30.06.2020; Link: https://www.handelsblatt.com/unternehmen/handel-konsumgueter/sportartikelhersteller-adidas-trennt-sich-von-personalchefin-karen-parkin/25964350.html

282 »Die Verleumdung«, Judith Butler und Sabine Hark in *Die Zeit* vom 05.08.2017; Link: https://www.zeit.de/2017/32/gender-studies-feminismus-emma-beissreflex

283 »Der Rufmord«, Alice Schwarzer in *Die Zeit* vom 09.08.2017; Link: https://www.zeit.de/2017/33/gender-studies-judith-butler-emma-rassismus

284 »Butler erhebt »Rassismus«-Vorwurf« Vojin Saša Vukadinović in *EMMA* vom 28.06.2017; Link: https://www.emma.de/artikel/gender-studies-sargnaegel-des-feminismus-334569

285 Tweet der Antidiskriminierungsstelle des Bundes vom 01.07.2020; Link: https://twitter.com/ads_bund/status/1278243391076270080

286 woke – Zu Deutsch wach oder eher erwacht, um nicht zu sagen: erweckt aus der tiefen Blindheit gegenüber der Welt. Eigenschaft eines Menschen, der sich immer absolut achtsam, gendergerecht, antirassistisch, selbstkritisch, antiimperialistisch, antifaschistisch und antisexistisch verhält, weil er sich der Ungerechtigkeit der Welt voll bewusst ist und vor allem unwoke Menschen deswegen auch sofort erkennt, die

das nicht tun. Kurzum: Jemand, der woke ist, ist sehr nahe dran an der Inkarnation des unfehlbaren Gutmenschen mit politisch korrekter Haltung.

287 »Calls to remove ›racist‹ Ghandi statue in Leicester«; *BBC*, 12.06.2020; Link: https://www.bbc.com/news/uk-england-leicestershire-53025407?fbclid=IwAR-oko8Ocx3rB2figoq98XGnAN4HmoCnHenpOUVJw8sUBHw95zoAHVFCdELA

288 »US-Bürgerrechtsaktivist: Statuen zerstören, die Jesus als Weißen zeigen«, *IDEA*, 24.06.2020; Link: https://www.idea.de/frei-kirchen/detail/us-buergerrechtsaktivist-statuen-zerstoeren-die-jesus-als-weissen-zeigen-113404.html

289 »*Vom Winde verweht* ist nun Bestseller bei Amazon«, *Die Welt*, 11.06.2020; Link: https://www.welt.de/kultur/article209365499/Rassismus-Vom-Winde-verweht-ist-Bestseller-bei-Amazon.html

290 »A Letter on Justice and Open Debate«, Harper's Magazine, 07.07.2020; Link: https://harpers.org/a-letter-on-justice-and-open-debate/

291 No Hates Speech Movement, eine Initiative des Europarates; Link: https://no-hate-speech.de/de/netzwerk/

292 Tweet der Neuen deutschen Medienmacher*innen vom 03.06.2020; Link: https://twitter.com/NDMedienmacher/status/1268134666319597569

293 »›Check your Privilege!‹ – Warum genau das in Zeiten von Corona wichtig ist«, *NOIZZ*, 03.05.2020; Link: https://noizz.de/meinung/check-your-privilege-in-zeiten-von-corona-ist-besonders-wichtig/c3s14bm

294 »Alltag Rassismus: Warum liebe ich nur weiße Frauen?« Hannes Schrader in *Die Zeit/Campus* vom 14.06.2018; Link: https://www.zeit.de/campus/2018-05/dating-rassismus-hautfarbe-liebe-diversitaet/komplettansicht

295 »Trudeau entschuldigt sich für dunkel geschminktes Gesicht«, *NZZ*, 19.09.2019; Link: https://www.nzz.ch/international/trudeau-entschuldigt-sich-fuer-dunkel-geschminktes-gesicht-ld.1509752

296 »Kita verbietet Kindern Indianer-Kostüm«, *Nordkurier*, 05.03.2019; Link: https://www.nordkurier.de/kultur-und-freizeit/kita-verbietet-kindern-indianer-kostuem-0534747803.html

297 Tweet von Martina Renner am 16.07.2020; Link: https://twitter.com/MartinaRenner/status/1283635565544570880

298 »Antirassismus als Geschäftsmodell«, Jan-Philipp Hein in *Die Welt* vom 06.04.2020; Link: https://www.welt.de/politik/deutschland/plus207044985/Journalistin-Ferda-Ataman-Antirassismus-als-Geschaeftsmodell.html

299 Gregor Gysi im Interview mit dem *Tagesspiegel* vom 20.04.2019; Link: https://www.tagesspiegel.de/politik/osterinterview-mit-gysi-jesus-waere-heute-ein-kritischer-linker/24239792.html

300 Studienzentrum der EKD für Genderfragen, Hannover; Link: https://www.gender-ekd.de/studienzentrum/auftrag_und_geschichte.html

301 »Mehr Glitzer in Kirchentürmen!«, über den YouTube-Kanal ›Anders Amen‹ des Pastorinnen-Ehepaars Ellen und Steffi Radtke, *queer.de*, 22.01.2020, Link: https://www.queer.de/video-des-tages.php?vid=333

302 »Vulven-Malen auf dem Kirchentag«, *BILD*, 22.06.2019; Link: https://www.bild.de/regional/ruhrgebiet/ruhrgebiet-aktuell/workshop-beim-kirchentag-wer-geht-eigentlich-zum-vulva-malen-62795056.bild.html

303 »EKD will künftig in geschlechtergerechter Sprache kommunizieren«, *Chrismon*, 23.06.2020; Link: https://www.evangelisch.de/inhalte/171715/23-06-2020/ekd-will-kuenftig-geschlechtergerechter-sprache-kommunizieren

304 »Vatikan kritisiert Gender-Theorie«, *ZEIT Online*, 11.06.2019; Link: https://www.zeit.de/gesellschaft/zeitgeschehen/2019-06/katholische-kirche-vatikan-gender-theorie-geschlecht-papst-franziskus

305 »Bischof Voderholzer kommentiert Flyer ›Geschlechtssensibel: Gender katholisch gelesen‹«, Bistum Regensburg, 23.10.2015; Link: https://www.bistum-regensburg.de/news/bischof-voderholzer-kommentiert-flyer-geschlechtersensibel-gender-katholisch-gelesen-4121/

306 »Frauen fordern mehr Rechte in der katholischen Kirche«, *Bayrischer Rundfunk*, 29.02.2020; Link: https://www.br.de/nachrichten/bayern/frauen-fordern-mehr-rechte-in-der-katholischen-kirche,RrtOrRh

307 »Was ist der Sydonale Weg?«, Link: https://www.synodalerweg.de/was-ist-der-synodale-weg/

308 LuL, Abkürzung für Lehrerinnen und Lehrer, SuS, Abkürzung für Schülerinnen und Schüler. Gerne wird es im Schulbetrieb verwendet, um lästige Doppelnennungen von männlichen und weiblichen Schülern und Lehrern zu vermeiden, weil man zwar gendersensibel beide erwähnen will oder auch soll, gleichzeitig aber selbst genervt ist von der Ausformulierung, die zudem sehr viel Platz raubt.

Wahnsinn der Massen

Douglas Murray

Douglas Murray, Autor des The Sunday Times #1-Bestsellers »Der Selbstmord Europas«, widmet sich in seinem neuen Buch »Wahnsinn der Massen« den vielleicht polarisierendsten Themen unserer Zeit. Gleichberechtigung zwischen den Geschlechtern, zwischen Menschen unterschiedlicher Herkunft und sexueller Orientierung sind wichtige Errungenschaften unserer Gesellschaft. Doch in unserem Streben nach einer besseren Welt versetzen wir uns regelmäßig in eine Massenhysterie und schießen über das Ziel hinaus. Diese neuen Kulturkriege erleben die Menschen immer häufiger an ihren Arbeitsplätzen sowie den Universitäten und Schulen, oft im Namen der sozialen Gerechtigkeit oder Identitätspolitik.

352 Seiten | Hardcover | 24,99 € (D) | 25,70 € (A) | ISBN 978-3-95972-290-2